“双重”建设教材

任务规划与评估

主　编　柴　华　许强强　王杰娟
副主编　霍俞蓉　李小兰

哈爾濱工業大學出版社

内 容 简 介

本书是本科生实践课程“任务规划与评估”的基础教材，旨在探索构建以任务规划与评估的数学理论解决工程实际中军事应用问题的一般框架，使学生得以将理论知识转化为实践技能，锤炼解决实际问题的思维模式与方法手段。

本书还可供军事运筹等相关方向研究生参考使用。

图书在版编目(CIP)数据

任务规划与评估/柴华，许强强，王杰娟主编. 哈尔滨：哈尔滨工业大学出版社，2024.6. —ISBN 978－7－5767－1529－3

Ⅰ. E83

中国国家版本馆 CIP 数据核字第 20243WT695 号

策划编辑 薛 力
责任编辑 王会丽
封面设计 刘 乐
出版发行 哈尔滨工业大学出版社
社 址 哈尔滨市南岗区复华四道街 10 号 邮编 150006
传 真 0451－86414749
网 址 http://hitpress.hit.edu.cn
印 刷 哈尔滨博奇印刷有限公司
开 本 787 mm×1 092 mm 1/16 印张 13.5 字数 315 千字
版 次 2024 年 6 月第 1 版 2024 年 6 月第 1 次印刷
书 号 ISBN 978－7－5767－1529－3
定 价 97.00 元

前　言

21世纪以来，军事领域的信息化变革方兴未艾。任务规划与评估作为作战行动实施前后支撑指挥决策的环节，其重要性、复杂性和技术性正不断凸显。如何将现代工程化的先进技术理念与特定军事背景下的计算需求相结合，推动指挥决策水平的有效跃升，已成为相关军事学学科的研究热点和难点。本书是本科生实践课程“任务规划与评估”的基础教材，旨在探索构建以任务规划与评估的数学理论解决工程实际中军事应用问题的一般框架，使学生得以将理论知识转化为实践技能，锤炼解决实际问题的思维模式与方法手段。本书还可供军事运筹等相关方向研究生参考使用。

全书共8章。第1章主要介绍任务规划的概念、发展历程与未来趋势，以及一般步骤与工具手段等。第2章主要介绍一般线性规划模型及求解方法、整数线性规划模型及求解方法和线性目标规划模型及求解方法。第3章主要介绍无约束非线性规划模型及求解方法、约束非线性规划模型及求解方法、启发式求解方法。第4章主要介绍线性规划和非线性规划模型与方法在军事中的典型应用，包括兵力兵器与物资输送、武器目标分配等典型数学规划问题。第5章主要介绍作战评估的概念、发展历程与未来趋势，以及作战评估的方法手段。第6章以作战评估理论为重点，主要介绍作战评估框架、作战评估指标的分类和计算步骤，以及几种指标权重和指标标准的确定方法。第7章主要介绍建模仿真支撑下作战评估的方法手段，包括仿真评估概念、建模仿真基础，以及常用评估算法。第8章主要介绍作战评估典型应用，包括作战评估背景介绍、评估指标体系构建、作战评估系统设计与开发、作战评估仿真试验等内容。

全书第1、2、7、8章主要由柴华编写，第3～6章主要由许强强编写，附录部分由王杰娟编写，李小兰、王杰娟和霍俞蓉分别参与了第3章、第5章和第6章的编写，最后由柴华负责全书的统稿工作。

本书在编写过程中，吸收借鉴了国内外有关学者公开发表的相关文献和专著，在此一并感谢。由于编者能力有限，书中难免存在疏漏和不足之处，敬请各位读者批评指正。

编　者

2024年3月

目　录

第 1 章　任务规划概述……………………………………………………………… 1

1.1　任务规划的概念 ……………………………………………………… 1

1.2　发展历程与未来趋势 ………………………………………………… 4

1.3　一般步骤与工具手段 ………………………………………………… 7

1.4　任务规划的再认识…………………………………………………… 12

思考题 …………………………………………………………………… 15

第 2 章　线性规划理论 …………………………………………………………… 16

2.1　一般线性规划模型及求解方法……………………………………… 16

2.2　整数线性规划模型及求解方法……………………………………… 27

2.3　线性目标规划模型及求解方法……………………………………… 32

思考题 …………………………………………………………………… 35

第 3 章　非线性规划理论 ………………………………………………………… 36

3.1　无约束非线性规划模型及求解方法………………………………… 36

3.2　约束非线性规划模型及求解方法…………………………………… 57

3.3　启发式求解方法……………………………………………………… 77

思考题 …………………………………………………………………… 85

第 4 章　任务规划典型应用 ……………………………………………………… 86

4.1　一般线性规划在军事中的典型应用………………………………… 86

4.2　整数线性规划在军事中的典型应用………………………………… 88

4.3　线性目标规划在军事中的典型应用………………………………… 91

4.4　无约束非线性规划在军事中的典型应用…………………………… 96

4.5　约束非线性规划在军事中的典型应用 …………………………… 101

思考题………………………………………………………………………… 108

第 5 章　作战评估概述…………………………………………………………… 110

5.1　作战评估的概念 …………………………………………………… 110

5.2　发展历程与未来趋势 ……………………………………………… 113

5.3　作战评估的方法手段 ……………………………………………… 116

思考题………………………………………………………………………… 118

第 6 章　作战评估理论…………………………………………………………… 119

6.1　作战评估框架 ……………………………………………………… 119

6.2　作战评估指标 …… 129
6.3　指标权重确定 …… 136
思考题 …… 142
第7章　作战评估方法 …… 143
7.1　仿真评估概念 …… 143
7.2　建模仿真基础 …… 145
7.3　常用评估算法 …… 160
思考题 …… 167
第8章　作战评估典型应用 …… 168
8.1　作战评估背景介绍 …… 168
8.2　评估指标体系构建 …… 171
8.3　作战评估系统设计与开发 …… 175
8.4　作战评估仿真试验 …… 184
思考题 …… 191
附录　作战评估相关问题研究 …… 192
参考文献 …… 206

第1章　任务规划概述

所谓“谋定而后动”，强调的是行动之前要有周密的谋划。可见，古人的智慧对于现代战争而言仍具有较强的指导意义。随着信息化的日益发展，现代战争已由单一的对抗逐步转向体系之间的对抗，人员、武器装备、阵地等作战要素错综复杂。任务规划的本质就是通过精确计算、量化分析，实现作战资源优化配置、作战行动优化组合。

1.1　任务规划的概念

1.1.1　基本定义

规划(planning)，即研究约束条件下实现目标函数最优解的理论和方法。

任务规划(mission planning)，又称作战任务规划或作战规划，是指针对作战任务，综合分析我方作战资源、作战能力、作战环境和对手对抗措施，对打击目标、毁伤要求、使用部队、作战地域、武器装备、打击时机、协同保障、行动路线、飞行航迹等作战要素及作战活动进行筹划设计的过程。

1.1.2　概念辨析

(1) 任务规划与作战筹划。

作战筹划(operational design)，指对战争行动进行的运筹和谋划。

作战筹划不是西方国家军队的专利。早在 2 500 多年前，兵圣孙武就把“计篇”作为《孙子兵法》的开篇，所谓“计”就是指对战争的谋划筹划。孙武指出：“夫未战而庙算胜者，得算多也；未战而庙算不胜者，得算少也”。意思是说，如果战前对战争的筹划周密、胜战条件充分，则预计能够取胜，反之则难以取胜。作战筹划更是中国革命战争胜利的经验与法宝。毛泽东指出：“由于战争所特有的不确实性，实现计划性于战争，较之实现计划性于别的事业，是要困难得多的。然而，‘凡事预则立，不预则废’，没有事先的计划和准备，就不能获得战争的胜利。”起源于西方国家军队的作战任务规划开创了将现代工程化方法运用于战争筹划的先河。1991 年，美英联军实施沙漠风暴行动期间，诺曼施瓦茨科夫运用作战任务规划系统制定的战役计划指导联盟军队的行动协同，收到意想不到的效果。美国军队(简称美军)在之后的“持久自由行动”和“自由伊拉克行动”中，把制定战区战略和联合战役计划作为行动筹划阶段最优先的事务，从而使作战任务规划进入联合作战筹划和指挥领域。

关于任务规划与作战筹划的概念辨析。作战筹划，须运用批判性、创新性思维，对战略意图和敌我情况及战场环境加以深刻理解，对战役和战术行动做出总体构想，进而制定出符合实际的行动策略和方法以破解作战问题。任务规划，则是适应信息化战争的特点，围绕“任务式指挥”的主线，用智能化和工程化的方法设计战争，将作战行动明确化、具体化、精确化，以便快速形成作战方案、行动计划及任务指令，从而提高指挥员及其指挥机关的指挥效能。前者体现了用哲学思维对战争进行构思的过程，后者侧重于用智能化和工程化的技术提供战争设计的方法和手段。

(2) 任务规划与作战管理。

作战管理(battle management)，即依据上级命令、指示和指导对作战环境内的各种活动进行管理。

作战管理一词最早出现在20世纪60年代末期的美国空军，用于地面作战管理员基于地基雷达向战机进行远程目标指示和话音引导，确保先于对手发现和精确打击。其后，作战管理主要用于反导这类基于规则的自动交战系统。美国军队1993年提出的作战管理与指挥控制系统（battle management & command control,BM/C2）设计方案清晰描述了指挥控制、作战管理及通信保障之间的关系，其中作战管理包括交战计划和交战控制两部分，分别用于战前和战时阶段。这一时期，指挥控制与作战管理仍然相对独立，作战管理系统主要负责对各类传感器平台、武器平台、保障平台的控制，对部队的管控属于指挥控制系统的职责。近年来，作战管理的概念不断拓展，与指挥控制呈现逐渐融合的趋势。例如，美军新开发部署的空中作战和舰艇作战指挥系统已经直接命名为作战管理系统(battle management system,BMS)，其主要功能既包括计划筹划，又包括态势分析，既包括武器控制，又包括指令传输，既部署在国家及战区级指挥所，也部署在战术及武器平台指挥机构。2019年7月，美国太空发展局提出“下一代太空体系”构想，七层架构中的第5层即为“作战管理层”，即人工智能支持下的分布式作战管理和指挥控制系统，为闭合时敏目标杀伤链提供低时延指挥控制。

关于任务规划与作战管理的概念辨析。分析可知，伴随着美军“全域作战”“决策中心战”等作战概念的提出和发展，作战管理正逐步演化为集任务规划、指挥决策、兵力控制于一体的综合性概念。通过联合战场上动态、精准的作战管理，将计划制定、决策与实施的周期缩短至分秒量级，实现“以快致胜”。作为作战管理中核心的计算环节，任务规划的质量好坏直接决定了作战管理的成败，任务规划的方法、技术、功能模块已成为作战管理系统的重要组成部分。

1.1.3 主要分类

按照层次不同，任务规划可分为战略层、战役层、战术层与平台层。战略层任务规划，主要面向战略指导，其核心是战略设计，由国家元首、军队统帅在领域专家的辅助下，回答“为什么打”“和谁打”等问题，形成顶层战略方针；战役层任务规划，主要面向指挥决策，其核心是作战设计，由指挥员通过与参谋团队协作，以及上下级之间的交互沟通，形成对战场情况的判断和对作战的总体构想；战术层任务规划，主要面向部队行动，其核心是行动设计，由参谋人员和技术人员合作，对作战构想进行细化完善，完成方案计划的制定和行动指令的生成；平台层任务规划，主要面向装备运用，其核心是航迹设计等，由武器装备操作人员实施，按照上级下达的具体任务，优化设计武器装备飞行轨迹等特征，以期达到较优的作战效果。

1.1.4　重要意义

现代战争首战即决战，强调以快制胜。观察 — 判断 — 决策 — 行动(observation — orientation — decision — action，OODA) 决策周期论提出“敌对双方谁能更快更好地完成 OODA 这一循环程序，并能够干扰、迟滞甚至切断对手的循环，谁就可能有效生存并战胜对手”，这就是现代战争体系对抗、以快制胜的思维方式。该理论被写入美军联合指挥控制条令，并应用于伊拉克战争。任务规划是 OODA 循环的核心和关键，OODA 每一个环节都应基于周密的规划。观察要有策略，调整要有目标，决策要基于预案，行动要依据计划，这些都应源于科学完备的规划，依据明确的目标、条件、方法，从而先于对手完成循环，把信息优势转化为决策优势、行动优势，最终取得胜利。由此可见，任务规划可以说是作战管理的主线和 OODA 循环(伯伊德循环) 的基本支撑，贯穿于平战时、前后台、上下级，涉及全流程、全系统、全要素。平时，以任务规划为抓手，进行作战准备；战时，以任务规划为牵引，实施作战指挥。这是一个从研究战争、设计战争、实验战争、演练战争到实施战争、打赢战争的完整过程。态势感知、行动控制、武器打击、作战保障等要素都要紧紧围绕任务规划展开，通过信息流驱动，各个环节都按照预先规划展开行动，同时为规划的调整完善反馈信息，然后按照修订的规划继续行动，形成闭环。俄罗斯军事学术奠基人之一的苏沃洛夫元帅曾经说过：“指挥员应当两次战胜对手，首先在思维上，尔后在行动上”。信息化条件下，作战的复杂性空前增加，作战靠摸着石头过河已行不通。一流的军队必须有先进的理念和模式。人们常说，一流的军队设计战争，二流的军队应对战争，三流的军队尾随战争，未战而先胜首先是要在谋略上高人一筹，在筹划上先人一步。通过任务规划研究设计战争、牵引战争准备、指导战争实践，已成为世界军事强国的普遍做法并已取得了成功的经验。任务规划将作战理论、作战实验、指挥艺术、作战规则和作战方法等以数据、模型、知识等形式物化、汇聚在规划系统中，并以流程化、规范化、专业化的方式支撑指挥员和保障人员进行筹划活动，体现的是前瞻性、体系性、对抗性思维，是基于系统思想对作战活动进行规划和管理，必将改变传统的战争准备模式和作战指挥模式，是一场作战管理的革命。从某种意义上说，任务规划能力已成为体现国家军事软实力的重要标志。

有人认为，任务规划可有可无，以前没有规划照样打仗，照样打胜仗。这种观点，混淆了任务规划活动(planning)、成果(plan) 和系统(planning system)3 个概念。实际上，任务规划作为一项军事活动自古有之，它始终与人类战争史相生相伴，从孙膑的田忌赛马，拿破仑土伦战役的“集中兵力、各个击破” 到毛泽东的“四渡赤水”，其理论和方法也不断丰富和完善，从孙子的“庙算”，克劳塞维茨的《战争论》，到毛泽东的“人民战争理论”，所发展的是不断先进的手段，从用脑用手的“掐指一算” 到用地图用沙盘的“指点江山”，到采用计算机辅助决策系统的“神机妙算”。其能力也从武器平台航迹规划到战略战役决策，从单一军种到联合作战，从单机到基于网络，从固定规划到自适应规划而不断地增强。随着现代战争复杂性逐渐增强，武器装备信息化程度不断提高，任务规划系统的地位作用越来越重要，已成为指挥信息系统名副其实的大脑和灵魂。艾森豪威尔认为，规划不是万能的，但是没有规划是万万不能的(the plan is nothing, but planning is everything)。毛泽东在《论持久战》指出“没有事先的计划和准备，就不能获得战争的胜利”。战争不只存在实施状态，更重要的是其存在设计状态，实施是以设计为前提和基础。战争规律是贯穿于整个战争过程中各种矛盾的本质联系和发展的必然趋势。现代战争作战空间更加广阔、对抗节奏更加快捷、战场环境更加复杂、敌我博弈更加激烈。单凭人脑和传统的工具已难以跟上现代战争筹划对速度(态势变化)、维度(五维战场空间)、精度(精确交战)、强度(规模)和广度(政治、经济、外交、文化、宗教)的要求。任务规划实质上是一个不断发展完善的“棋谱”，有了它，指挥员应对各种复杂的作战局面才有底数，就如同“AlphaGo”一样，每一步棋后续的各种变化都可以尽在掌握之中，从而使其立于不败之地。另外，任务规划也将引领着作战准备工作进入精细化、工程化的高级状态。

1.2 发展历程与未来趋势

1.2.1 产生背景

现代任务规划的产生与战争的信息化变革密切相关。信息时代战争制胜的特点和规律集中体现在以下几个方面：一是先，即谋略制胜，崇尚设计战争，以预胜惰；二是多，即信息制胜，追求大数据条件下的信息优势，以明制暗；三是快，即速度制胜，谋求发现即摧毁，以快制慢；四是联，即联动制胜，讲求协同作战，以联制散；五是精，即精确制胜，通过能量的精确释放取得精确作战效果，以精制粗。

任务规划的产生反映了信息化战争的如下迫切需求：一是精确制导的需求，如航迹规划、制导规划等；二是打击时敏目标的需求，要求快速打击、自动接战；三是联合作战的需求，如武器协同、军兵种协同等；四是体系对抗的需求，如生存规划、突防规划等；五是新型作战样式的需求，如网络战、太空战等。

1.2.2 发展历程

现代任务规划的发展与计算机任务规划系统的研制与运用相辅相成。

美军基于计算机的任务规划系统自 20 世纪 70 年代起步，主要经历了起步、扩展和融合 3 个发展阶段。

(1) 起步阶段。20 世纪 70 年代中期至 80 年代中期，计算机技术飞速发展并开始在军事领域普及使用。此阶段的标志性成果是出现计算机辅助决策，作战指挥由纸上作业转变为电子地图作业。

(2) 扩展阶段。20 世纪 80 年代中期至 90 年代中期，陆海空三军各自研发主战武器任务规划系统，代表性的有“战斧”巡航导弹任务规划系统、空军的 MPSⅡ 任务支援系统，武器平台级的任务规划系统在此阶段得到迅猛发展。

(3) 融合阶段。20 世纪 90 年代中期以来，与指挥信息系统的发展脉络一致，随着各型任务规划系统的发展建设，军队上层开始意识到任务规划系统建设也不能各立门户、各自为战。由此，美军开始注重系统建设的统一规划，把任务规划系统作为指挥信息系统的一部分，注重不同系统之间的兼容与互联、互通、互操作，开发了各军种通用的任务规划系统。

经过近半个世纪的研究和实践,美军任务规划已基本形成集人员、流程、方法、工具于一体的完整体系架构,可进行体系化的战争设计和作战管理,如图 1.1 所示。从组织上讲,任务规划包含一套分工负责、协调工作的组织机构及配套的专业人员队伍,即指挥、参谋、作战、管理和研发等人员;从业务上讲,任务规划包含一套标准化、常态化的实施流程与相关规范,即分析作战任务、制定行动方案和分析行动方案等流程;从思想上讲,任务规划包含一套能够反映客观需求,将战略决策迅速落实到执行末端的指导方法,即描绘和解决打什么仗和靠什么打、如何用好作战力量、如何用好武器装备,以及如何像打仗一样训练等问题的方法;从形态上讲,任务规划包含一组上下通联、相互衔接、高效可靠的信息化系统,即战略、战役、战术等层级的系统。

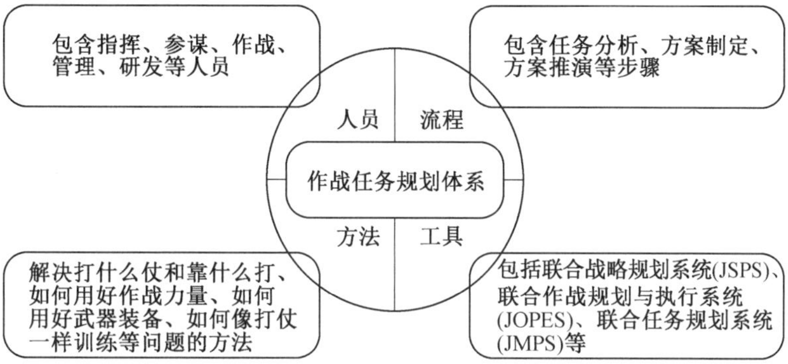

图 1.1　美军任务规划体系架构

图 1.2 给出了对应于美军联合作战指挥流程的任务规划系统体系。战略层规划系统主要是指联合战略规划系统(joint strategic planning system,JSPS),部署在(美国)国防部和参联会,由参联会主席负责,主要用于战略方针的规划,研究为什么打、和谁打,包括制定联合战略能力规划(joint strategic capabilities planning,JSCP)、国家军事策略(national military strategic,NMS)、参联会主席项目评估(chairman project assessment,CPA)及参联会发布的联合文件、政策和程序等。

战役层规划系统主要是联合作战规划与执行系统(joint operations planning and execution system,JOPES),部署在战区司令部、联合部队司令部及其他师以上部队司令部,主要用于周密规划和危机行动规划,通常是根据参联会发布的联合战略能力规划和各种指南性文件,或在危机来临时根据参联会主席发布的预先号令(warning order),拟制联合部队司令员的作战计划和作战命令,其中包含了分阶段兵力部署数据。

行动层规划系统主要包括两类:① 战役规划支撑系统;② 军兵种行动规划系统。各军兵种与 JOPES 对接的战役规划支撑系统有空军周密及危机行动规划与执行系统(DCAPES)、统一空中移动规划系统(CAMPS)、陆军计算机化移动规划与状态系统(COMPASS－A)、海军陆战队空地任务部队系统(MAGTFII),用于在周密规划及危机行动规划过程中为 JOPES 提供军兵种相关规划业务的支持。其中,DCAPES 用于支持空军兵力的移动、部署、使用、维持及重部署规划与执行功能;CAMPS 用于为美国空军军事空运司令部运输行动的排序、执行及监控提供支持;COMPASS－A 用于支持陆军兵力

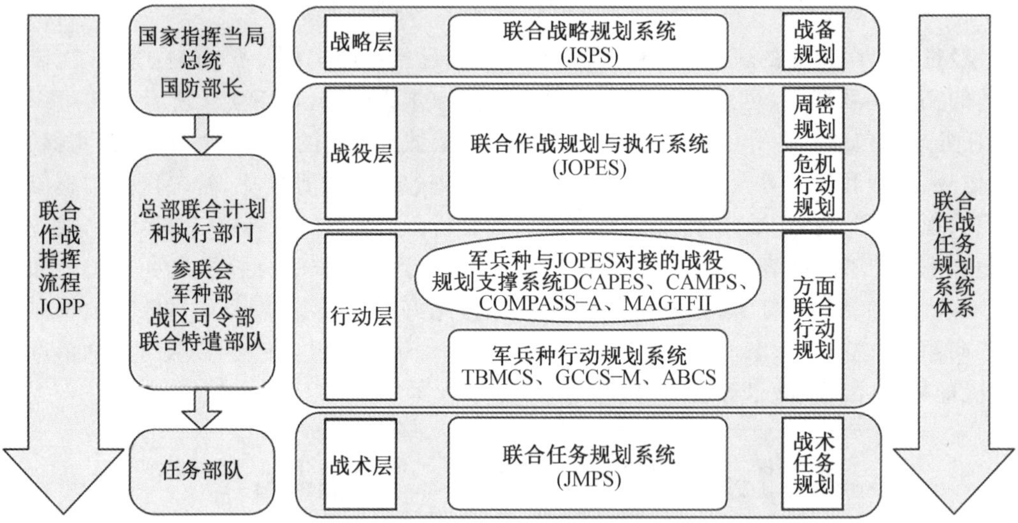

图 1.2 美军任务规划系统体系

的部署、重部署、移动规划与执行等功能；MAGTFII 用于支持海军陆战队兵力的部署、重部署、移动规划等功能。

联合作战规划与执行系统 JOPES 向下与军兵种行动规划系统对接。军兵种行动规划系统主要有空军战区战斗管理核心系统(TBMCS)、海军全球指挥控制系统(GCCS－M)、陆军战斗指挥系统(ABCS)，部署在军兵种指挥部及下级指挥部，主要任务是根据联合部队司令员的 OPLAN 或 OPORD，拟制联合行动计划及生成任务指令。TBMCS、GCCS－M、ABCS 分别负责各军种的行动规划，而各系统都能为不同层次指挥员提供统一、集成且可扩展的指挥控制系统，能够融合、关联、过滤、维护并显示友军、敌军、中立方的陆上、海上和空中力量，并将上述信息与获得的情报和环境信息整合，辅助指挥员的决策，且不同军种系统相互之间横向可以互联互通，方便进行行动规划层面的空地、空海协同。各军种行动规划系统的模块结构及运行模式以空军战区战斗管理核心系统 TBMCS 为例进行说明。TBMCS 具有高度模块化的特点，可分开组装，便于空中、地面及海上运输。TBMCS 在作战使用上可进一步分为两个层级：兵力运用层和作战单元层。其中部署在空中作战中心(air operations center，AOC)和空中支援作战中心(air support operations center，ASOC)的系统主要用于兵力运用层的联合空中作战规划，规划活动包括任务分析、行动方案拟制、行动方案分析与推演、行动方案比较、行动方案批准、计划生成等；部署在联队作战中心或基地指挥所的系统主要用于作战单元层的任务分配与协同，规划活动包括提供目标 / 效果 / 指导、打击目标制定、行动方案拟制、兵力 / 武器分配、任务指令生成与分发、任务规划与执行和效果评估等。

联合任务规划系统(joint mission planning system，JMPS)是美军最新一代全军通用的战术层任务规划系统。该系统通过统一的底层架构、通用的功能组件与专用的规划组件组合，形成了适用于各种规划层次、军事任务和军兵种部队的任务规划系统。由于 JMPS 具有统一、灵活的结构，小巧的体积(基于计算机)，美国国防部计划将所有平台移植至基于计算机的 JMPS 系统。该系统自 2005 年开始装备部队，目前 F－16、F－22、B－

1B 等多个型号已完成换装，基本取代了 N－PFPS、PFPS、MPS、AMPS 等原有的战术层任务规划系统。

1.2.3　未来趋势

未来信息化战争对任务规划的要求可概括为“四性四化”。

（1）前瞻性，体现战争设计。

（2）融合性，体现作战指挥与武器装备、作战运用紧密融合。

（3）协同性，体现从互联、互通、互操作到互理解、互遵循、互协同。

（4）精确性，即精确指挥、精确交战、精确保障。

（5）标准化，体现在数据信息和作战规则中。

（6）流程化，体现在作战流程、指挥流程、信息流程的程序化中。

（7）智能化，即依托科学计算提高决策水平。

（8）自动化，可基于规则实现自动规划决策。

随着战争形态的深化变革和新型作战样式的不断拓展，未来作战中的任务规划将呈现以下趋势。

（1）由打击固定目标规划向打击时敏目标乃至动态目标规划拓展。

（2）由事先规划向实时在线规划拓展。

（3）由火力要素规划为主向全要素规划拓展。

（4）由独立作战规划向联合作战规划拓展。

（5）由基于自主条件规划向基于对抗条件规划拓展。

1.3　一般步骤与工具手段

1.3.1　一般步骤

以美军核打击作战计划的制定为例，阐述任务规划的一般步骤，主要分为 4 个阶段。

（1）高级政策阶段。总统确定核力量运用指导方针。一般来讲，每届总统都会制定任期的核战略指导，阐明核战略的概念、目标和方针，并以总统决策令（President Decision Directive，PDD）或国家安全委员会备忘录（National Security Council Memorandum，NSCM）等方式签署发布。指导文件主要包括国家核战略考虑、战争目标、作战对象、制约因素和战略力量运用要求等内容。

（2）设计阶段。国防部部长根据总统指令的要求，制定《核武器运用政策》（Nuclear Weapons Employment Policy，NUWEP）。该文件主要确定核武器运用的设想、打击选择方案、打击目标的类型和打击目的及制约因素等。

（3）战略计划阶段。由参谋长联席会议依据《核武器运用政策》制定《联合战略能力计划》（Joint Strategic Capabilities Plan，JSCP）。提出核打击计划制定的作战指导和能力要求，主要包括打击目标、毁伤标准、打击优先级、打击力量的分配原则、核后备力量的需求、编成等，同时明确核力量相关机构的职责。

(4) 作战计划阶段。战略司令部和军种职能司令部制定出核作战计划，包括目标毁伤方案的确定、目标瞄准点构建、弹头和发射平台的使用、核毁伤效果、航迹、到达目标的时间及打击任务分配、指挥协同要求等。

表 1.1 给出了每一阶段的主要内容、决策者或组织、成果形式，重点对第 4 阶段的工作进行了细化。

作战计划阶段的操作流程分为确定作战指导、选择打击目标及制定毁伤方案、任务区分与合成、中期评估与调整、任务规划和实施、评估与分析 6 个步骤。每一步骤确定的内容见表 1.1。

表 1.1 美军核打击作战计划制定过程

步骤		主要内容	决策者或组织	成果形式
(1) 确定作战指导	战略	核战略概念、战争目标、打击对象、制约因素和运用要求	总统	总统决策令 PDD
	政策	作战构想、打击选择方案、打击目标类型、毁伤意图	国防部部长	核武器运用政策 NUWEP
	意图	打击目标优先级、攻击方法、毁伤标准、限制条件、指挥协同	参联会主席	联合战略能力计划 JSCP 等
(2) 目标选择 / 瞄准点配置	选择打击目标	确定打击目标清单	战略司令部全球打击司令部目标选择部门	联合综合优先目标清单 JIPTL
	制定毁伤方案	确定打击目标的最佳武器类型，瞄准点、爆心投影点、破坏程度、毁伤概率	战略司令部全球打击司令部计划部门	
(3) 核力量配置、核武器应用、发射时间规划与冲突检测（任务区分与合成）		核弹头的分配、运载平台的分时段需求、参战部队的打击任务分配、弹道计算、发射时序规划等	战略司令部全球打击司令部计划部门	核作战计划文件 SIOP、OPLAN 等
(4) 联合计划中期变化生成和分发（中期评估与调整）		突击配置、目标结构、目标位置和攻击时间等中期变化信息	战略司令部计划分部洲际弹道导弹攻击计划小组	中期变化文书
(5) 任务规划和实施		武器系统突击配置数据（推进系统更换程序、制导更换程序、再入大气层运载工具的数量，运载工具的类型）、再入大气层的角度 / 间距，目标经度 / 纬度，攻击方案确定、延迟时间和国家代码	第 20 航空队第 625 战略作战中队武器和战术飞行计划部门	瞄准数据文件（力量指导电文 FDM）发至各发射控制中心加载，实施自动再瞄准

续表1.1

步骤	主要内容	决策者或组织	成果形式
(6) 评估与分析	毁伤效果评估 武器系统和弹药有效性评估 再次攻击目标方案	战略司令部能力和资源综合局	评估报告、补充打击建议

1.3.2　工具手段

(1) 人机结合。

任务规划是一种“人在回路”的决策模式，指挥员具有不可替代性，应当建立指挥员“沉浸式”决策的机制和方法。早在 1991 年，钱学森就深刻指出：“我们要研究的问题不是智能机，而是人与机器相结合的智能系统，不能把人排除在外，应该是一个人机智能系统”。因此，如何让指挥员与规划系统融合，是任务规划系统发展需要重点关注的问题。2010 年，周献中教授团队在自然科学基金申请中首次提出了基于“人件服务(humanware service)”的新型决策系统概念。“人件(humanware)”一词，原指与计算机互动的人的条件，而这里的人件是人和接口以及相关关系的描述，是新型决策系统的一个构件。“人件服务”的核心思想是人不再是使用者，而是系统的组件，该组件具有人的决策思维功能，并作为决策流程中的重要节点。基于此，新型决策系统的架构包含了“软件＋硬件＋人件”。引入人件服务的概念，可解决诸如战场态势类不可编码知识的应用和接口问题。

对任务规划系统来讲，重点是研究以人为主体，把不同指挥员的价值取向、指挥风格和指挥谋略反映到指挥决策当中。其中，价值组件主要反映指挥员在不同条件下的价值观如威慑阶段，讲求不战而屈人之兵；正常情况下，主要分析成本收益关系，美军称之为交换比；极端条件下，如生死存亡时刻要不惜一切代价。风格组件主要体现指挥习惯，如彭德怀的特点是勇猛顽强，讲求“狭路相逢勇者胜”；粟裕的风格是出其不意，用兵如神。谋略组件主要体现指挥艺术，如声东击西、田忌赛马。环境组件主要是战略环境，政治、经济、外交、文化背景等约束条件。

为了提高人的决策水平，可将人工智能技术引入人件，使人件服务具备自学习和自适应能力，创造有利于发挥人的主动性和创造性的决策环境，并能逐渐进化出取代使用者的机器组件，这种组件被称为“湿件”。“湿件”代表了人的智力活动，具备与外界的互动能力，能够体现复杂的学习活动。未来作战任务规划系统发展趋势将是“软件＋硬件＋湿件”架构的智能化系统。

(2) 虚实结合。

任务规划要能够有效指导未来作战，必须要尽可能“实”，即态势预测的符合性、方案构想的合理性、行动计划的操作性要尽可能强。从管理学角度看，任务规划系统必须建立和完善以下机制。一是激励机制，即解决作为任务规划基础依据的作战规则等先验知识从何处来的问题。当前，虽然以大数据为代表的信息技术为此奠定了坚实的技术基础，但在以和平为主基调的国际环境下，由于战争实践缺乏，实战条件下的大样本数据从何而来不可避免地成为“瓶颈”。二是监督机制，即解决任务规划成果的合理性如何检验的问题。战前检验缺乏实际战争背景，战中检验方法要跳出正向推理与反向评估方法之间的“悖论”。为此，出现了作战实验的方法，即所谓的战争从实验室走来。但是，如何做到“模拟不虚”“仿真不假”，成为作战实验与作战仿真的关键。中国科学院的王飞跃教授2004年提出的平行系统的概念以及用于研究复杂系统的ACP(人工社会(artificial societies)、计算机实验(compuptional experiments)、平行执行(parallel execution))方法，提供了解决问题的新思路。平行系统由真实系统与虚拟系统组成，并建立起二者之间的交互。虚拟系统可接入真实系统数据进行实时在线仿真，指导真实系统；真实系统为虚拟系统提供实时数据，为虚拟系统的参数优化调整提供支持，两者共生互利，将仿真变为实时在线主动式仿真，使平行仿真系统成为指挥信息系统核心能力的组成部分。

任务规划贯穿OODA环，借鉴平行系统理论，建立任务规划系统的平行系统，可提高决策的准确性、适用性和有效性。平行系统可以是人工系统与真实系统的平行激励模式，也可以是红方系统与蓝方系统的平行对抗模式，还可以是人工系统与仿真系统的平行运行模式。同时，既可以是双平行模式，也可以是多平行模式。可以探索平行系统的交互模式，适时选择不同模式。图1.3所示为任务规划仿真平行系统构想。其中，平行系统不仅要构建与任务规划系统平行的仿真系统，而且要通过平行执行和动态演化不断逼近任务规划系统，通过仿真实验和反馈控制，一是可以推演产生作战规则，二是可以模拟运行检验评估规划成果。通过两个系统的平行执行、双向交互，进行演化逼近和反馈控制，对规划进行模拟、推演、试验、分析。当然，还可以探索更为复杂的混合模式。

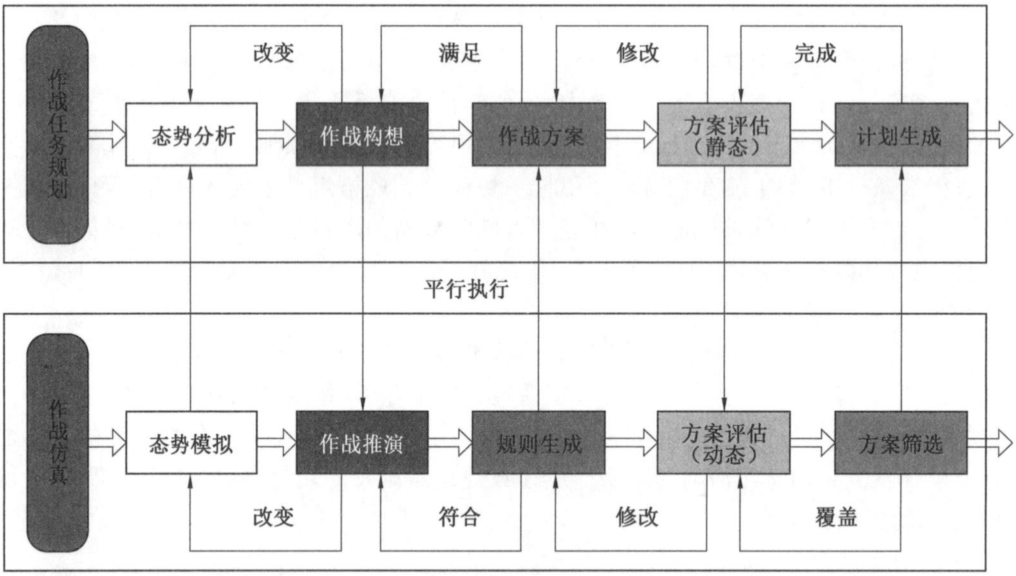

图1.3 任务规划仿真平行系统构想

(3) 正逆结合。

任务规划是一个反复迭代的过程，既要重视正向推理生成方案计划，也要重视逆向反馈发现矛盾问题；既要重视任务的分解，也要重视任务的合成评价、冲突消解。美军联合作战计划的制定是一个连续的过程。在这个过程中，对计划的审核贯彻始终。以制定周密计划为例：在制定作战方针阶段，联合司令确定作战方针后，参联会要对其进行审查，评估作战方针对参联会主席赋予任务和指示的符合程度；在制定计划阶段，参联会要对兵力计划、支援计划、核计划、运输计划等进行评价，对不足之处提出解决方案；在计划审查阶段，参联会主席与参联会其他成员、各军种、国防部各部门一起，运用充足性、可行性、可接受性以及与联合条令的一致性等准则，对联合司令呈送的作战计划进行最后的审查，以确定国家指挥当局指派的任务是否得到满足，资源是否得到了有效的运用，还要找出在兵力和资源能力方面的不足之处。

在上述过程中，一是要建立逆向思维方式，重视开展不可行性分析或者风险分析。不可行性分析主要在于发现隐藏的问题，找出潜在的风险，并提出相应的对策和措施。将可行性分析和不可行性分析结合，能够为决策者提供正反两面的信息，帮助决策者多角度考虑问题，全面权衡利弊，做到风险预测与规避，减少失误。企业战略决策常用的强弱危机综合分析法(SWOT 法)被美军在规划中广泛采用，也说明不可行性分析在任务规划中的重要性。二是要完备评价环境角色和要素。拿破仑说："作战计划应考虑到对手每一可能行动，而制定必要的应对策略。作战计划可因环境、将领才能、部队种类和素质以及战场地形而随时加以修改"。为确保规划的完备性、合理性，在规划评价环境中：从角色看，不仅要包括传统的红方、蓝方、白方，还应当有黄方(中立)、橙方(友好)、黑方(其他敌对方)；从思维方式看，要立足与"聪明"的对手对抗，毛泽东在《论持久战》中告诫我们："我之计划宁可放在敌人少犯错误的假定上，才是可靠的做法"。要强化对手任务规划要素，通过双方规划活动的对抗博弈，检验和完善任务规划成果；从要素看，要构建包含政治、军事、经济、社会、基础设施、物理环境以及时代特征等要素的集合体。

1.3.3　技术层次

根据参与研究的主体、成果应用的方向、面向的背景需求不同，任务规划技术的发展主线可划分为理论探索、应用研究、工程实现 3 个层次，发展各有侧重，最终目的均是为任务规划系统实现提供具体支撑。

(1) 理论探索层次。

任务规划相关理论发展主要经历了 3 个阶段，第 1 阶段以军事运筹学、控制理论等相关理论为基础，主要目标是实现辅助计算；第 2 阶段以专家系统、智能优化等相关理论为基础，主要目标是实现辅助决策，降低人的工作负荷；第 3 阶段以深度学习、数据挖掘等人工智能领域的最新理论成果为基础，主要目标是实现决策的自主化和智能化。

(2) 应用研究层次。

应用研究是理论成果与工程实现的纽带与桥梁，近年来随着基础理论的发展和军事应用领域对任务规划系统需求的不断提高，大量研究人员积极参与到任务规划应用研究当中。关于任务规划技术应用最早主要集中在飞行器的任务规划领域，包括飞行器任务分配、航路规划、载荷规划等，并逐渐从单飞行器规划到多飞行器协同规划，从飞行器规划扩展到陆、海、天等多领域平台规划，从单武器装备规划到多武器平台协同规划。

(3) 工程实现层次。

任务规划技术在巡航导弹领域得到首次工程实现。随着作战理论、作战样式、新型装备的发展，任务规划系统开发的深度与广度不断拓展。经过多年的发展，实现了从单武器平台到多军兵种联合、从射前预案规划到全程指挥控制的跨越，构建了相对完整的任务规划技术工程应用体系。从工程实践经验看，任务规划技术工程化的特点是“基础在平台、核心在模型、关键在数据”。平台的重点是满足网络化、服务化、国产化和自主可控的需求，模型重点是通用化，且支持多领域模型快速积累和复用，数据的重点是种类完备且具有标准的数据保障规范体系。

1.4 任务规划的再认识

(1) 任务规划的范畴(大或小)。

任务规划源于武器平台规划，已从战术层次延伸至战役战略层次；战时火力规划是任务规划的核心和基础，也已拓展到各个作战要素、各个作战阶段。从层次上看，任务规划包含战略、战役、战术和武器平台规划。美军作战任务规划坚持整体筹划、分层设计。美军参联会第5—0号出版物《联合作战计划纲要》指出：“联合作战计划的制定是在战略级、战役级和战术级各层次同时进行的连续过程。”在战略层，采用联合战略规划系统产生联合战略能力规划，是战役级规划的基本指导。在战役层，使用联合作战规划与执行系统产生联合作战规划(operation plan，OPLAN)，对作战行动进行设计，对作战任务进行分解。在战术/平台层，采用联合任务规划系统产生任务加载数据(task load data)，是对武器平台控制的方法手段。同时，各层级之间上下贯通衔接。以美军核作战任务规划过程为例，从该国总统的核战略、国防部长的核武器运用政策，参联会主席的核战略能力要求，到战略司令部和各军种计划部门的作战计划，乃至上弹的数据瞄准文件，环环相扣，紧密衔接。一级与一级之间指示明确，要求具体，指标量化，内容规范。从内容上看，任务规划既包括意图筹划、毁伤筹划，也包括兵力筹划、战场筹划、武器筹划；既包括火力筹划，也包括指挥与保障筹划；既包括作战行动筹划，也包括作战准备筹划；既包括技术筹划，也包括战术筹划，这是现代战争体系作战、整体联动特点的基本要求。因此，适应现代战争制胜特点规律，一定要树立大规划的观念，做好做足规划这篇大文章。要进行完整、立体和综合的规划，避免将任务规划碎片化、平面化、单一化和技术化。任务规划是汇聚思想，行动控制是传递思想、实践思想，两者结合才能完成从思想到行动的完整过程。

(2) 任务规划的定位(信息化或科学化)。

任务规划的本质是根据任务目标、依据给定的资源和约束条件，运用科学规划的方法产生一系列的作战行动序列，以实现作战目标的达成。也就是说，它是为作战服务的，任务目标由指挥员的决心确定，由指挥机关的命令细化，规划不能脱离指挥员而独立存在。资源与约束，则包括部队能力、作战空间、作战时间、行动流程之间的相互关系，以及战场态势等。科学规划就是对作战资源包括时间、空间和有关部队以及作战过程进行科学配置、优化和选择。实际上就是将做什么、如何做、谁来做进行具体化。命令是由指挥员下达的，但最后要由任务规划人员和系统将其具体化，形成可行的作战方案。

之所以需要任务规划，是因为战争的规模、范围、形态发生了重大的改变。战争的规模变大、范围变大、装备变复杂、行动变快，导致作战筹划单靠人力很难完成，因此需要用信息化系统来做规划。但使用信息化系统来做规划，其核心还是对各类作战资源的科学配置和优化，以及对作战行动过程的科学调度和安排。从这个角度来说，任务规划本质上是对指挥决策的科学管理革命，而不是信息化革命，这是需要特别强调的一点。

科学规划就是提出科学建议。如联合战役大规模空中突击行动，会涉及多个机场的多个部队执行多个子任务。在给定的战场时空条件下，如果只规划一架飞机的装载和突击任务非常容易，但是如果涉及多个机场的多个部队就很困难。它会涉及多种不同类型的作战飞机以及相应弹药，然后执行多个子任务，打击多个目标等，就需要对整个战场的空间、时间、资源、能力、任务和协同进行全面规划。而且这些规划的目的就是实现资源的优化和过程的优化。如果仅仅如此，就与工业过程管理没有太大区别，但要完成作战任务，就必须适应对抗带来的影响。如机场遭到打击、油库被炸、跑道被破坏、该完成的计划没有按时完成等，这些与工业过程规划完全不同。在这种情况下形成作战方案计划，才是任务规划提交科学建议的真正内涵。

实现作战科学筹划的理论基础是军事运筹学，而不是信息科学，尽管它会用到大量的信息技术。军事运筹学非常经典的“十论”，实际上就准确地反映了任务规划的内涵：武器射击论、目标搜索论、随机格斗论、作战损耗论、规划论、排队论、对策论、决策论、存储论，以及作战模拟论。它们就是实现科学筹划与决策最基本的理论工具和方法。所以说，任务规划的核心在于科学分析与决策，而不只是进行“数据化”或“信息化”。因此，在进行任务规划系统设计时不能本末倒置，忘记了任务规划系统最应该做的事情。扎扎实实地做好规划系统的基础性工作，把对作战资源和过程的配置、优化和选择的运筹分析，放到更加重要的地位，才是做好任务规划系统的根本。这里，首先要求规划人员真正了解作战规划的基本原理和算法，尤其是军事运筹学的基础知识，至少对军事运筹学的“十论”应该熟悉。同时，也要求指挥人员必须熟悉科学指挥和决策的基本方法，包括熟悉任务规划的基本原理和流程，而不是简单地靠规划人员帮他去做。不能战马已经换成坦克了，指挥员还在想着骑兵的那套战术。

(3) 任务规划的要求(精确或快变)。

战争复杂性给精确计划带来很大的难题，就是所谓“炮声一响，计划作废”，任何精确的计划都不可能实施。这是为什么呢？是因为战场上存在着各种不确定性，不可能事先都考虑得面面俱到。作战也不是流水线作业，人不会像机器那样精确，总会产生执行的偏差。每个人都有适应性，战场上也会出现各种意外，而这种意外不一定非要有原因才会发生。作战计划是在强对抗条件下的计划，预定计划在对抗条件下会因为分支过多逐步走向混沌，也就是说根本不知道会出现什么情况。这种情况下如果还期望着精确计划，那只能说是一厢情愿，是不可能的。所以，通过规划产生出来的一系列作战序列，也就不可能事先都能完全确定下来。

任务规划的作用体现在以下 4 个方面。

① 通过制定规划熟悉作战行动的完整过程，这是指挥科学化、精确化的必然要求，改变过去“大概其”的做法。

② 通过熟悉规划增强对作战过程的深刻理解。理清楚行动之间的相互关系，加强对上级作战意图的把握。

③ 通过推演规划发现作战计划中存在的问题。因为复杂系统的一个重要特点就是“只有动起来才能发现问题”,不动根本不知道问题在哪里。

④ 任务规划的制定实际上是作战行动的基线预案(baseline)。基线预案是实现战役战术意图的基础,也是任何变化的基础。

所以,不能精确计划不是指不做计划,而是要让计划更加灵活。因此,这就要求任务规划系统必须能够适应战场复杂多变的情况,规划的结果也必须能够适应未来可能的变化,即起点和终点间的途径可变,但是目标不变。因此,计划就不能太僵硬,并且还能给指挥员提供多种决策,让其进行决策和权衡。因此,任务规划系统最重要的功能应该是“快变”,能在目标不变的情况下对基线预案进行快速调整,并能在新态势下对所有子任务“联动”进行重新规划。这种“快变”,对一架飞机打一个目标非常容易做到,但对多架飞机从多个机场起飞打击多个目标,而且任务目标之间还要协调的时候,要做到就很不容易了。因为必须要把它放到联合作战视角下,需要联动进行修正。这就意味着任务规划不是一成不变的,而是需要不断调整。调整依据即其基线预案,因此基线预案应是具体和精确的。精确不是指精确到非常细,而是基本可行,在这个基础上进行快变才有可能。

“快变”也会带来很多需求。对指挥人员,要求必须能够准确地下达符合意图的计划改变指令,并能对规划结果及时做出选择。对于指挥控制系统,要求必须能够提供对手情报数据、部队追踪数据,以及规划执行情况等数据。如果指控系统都提供不了这些数据,任务规划系统就很难实现“快变”,所以难题在于这些数据能否及时准确地获得。对规划人员,要求能够完成指挥员与任务规划系统的无缝对接,准确地转换指令,而不能违背指挥员的意志。要求任务规划系统能够快速地进行算法优化和计算,为综合联动分析提供选择方案,这就要求系统本身有快速转换的能力。其难点在于能否在允许的时限内完成计划的调整。

(4) 任务规划的评估(战前推演与战中分析)。

任务规划的评估是验证构想、发现问题的必要过程。该评估必须建立在整体、动态、对抗的基础上,因为规划的制定经常是局部、单方、静态计划的产物,因而更需要全面动态的检验。任务规划的评估包括战前指挥层规划评估、执行层规划评估和战中规划执行效果评估。前两者属于慢评估,而后者则属于快评估。

① 战前指挥层规划评估。

战前指挥层规划评估一般采用兵棋推演及配套的战前演习方式,由指挥员主导并参与,重点推演任务规划系统生成的作战方案及后勤保障规划方案。执行层规划评估是战前的行动前评估,一般用仿真模拟计算,由规划人员主导,按指挥员意图进行,重点评估低层次的任务规划方案的可行性。如部队机动规划、导弹突防路径规划、部队运输装载规划等。

下面重点讨论兵棋推演的问题。美军利用兵棋推演规划方案是非常多的,“内窥 03”演习就是典型的代表。它将伊拉克战争之前所有的计划进行了详细推演,并带上了所有的部队指挥机关,按照实际作战流程,使用兵棋系统进行了 9 天的演习,取得的成果是完整地推演了作战方案,并对不合理处进行了修订,结合作战演习对参战人员进行了训练,战后证明推演起到了关键作用。这种方式直接且有效,但组织起来代价太大,也很难有机会。

如果将任务规划结果直接利用兵棋系统进行推演是否可行？要回答这个问题就要看采用什么推演类型。

第一种是演习式推演。演习式推演也就是对接实际指挥系统以演习方式推演，这种方式相对简单，由兵棋系统执行规划任务，包括人工建立的蓝军方案计划，由指挥员判断作战态势，需要兵棋系统支持人机结合的推演方式。

第二种是分析式推演。分析式推演利用作战模拟系统对规划进行推演，兵棋系统充当作战模拟系统的角色，但是需要增加系统分析的内容。这是一种纯粹的规划方案推演方式，要求系统具有自动推演和态势理解的能力。这种方式也需要引入蓝军，不管是人的方式引入还是智能方案的方式引入。从系统设计来说，要完成分析式推演，系统设计会更为复杂一些。

规划评估的目的不在于胜负，而是为了激发创新，发现问题，管控风险，比对优选。美军在《联合作战计划制订流程》中指出："兵棋推演所使用的模型即使再准确，科学也只能依据既有的规则来模拟作战行动，永远无法模拟战场上无限的、充斥艺术色彩的可能。指挥员永远不要认为，经兵棋推演后胜算较大的方案，在实际应用时也会在现实中取得同样的推演结果"。战争复杂性的存在，导致不能对任何方案得出未来实际作战胜利或者失败的结论。兵棋推演只是发现问题，管控风险的手段。

② 战中规划执行效果评估。

由于联合作战任务规划涉及面更广，规划执行效果的评估十分困难，因此联合作战任务规划评估确定的指标很难完整，各种指标和度量会有缺失，获取的数据也会不全面，数据总会有遗漏或无法获得。而且，态势感知的不对称，也会使得不同的指挥员或指挥机关人员，获得的信息和对对手意图的判断解释也可能不一致，最后导致态势认知上的不一致。即使不同经验的指挥员对态势也会有不同的看法，因为认知是很灵活的东西。

联合作战态势评估与其说是科学不如说是艺术。战争的复杂性导致在不确定性环境中进行预测和评估及如何精确都有问题。因而，任务规划系统必须要与指挥信息系统互联，建立密切的数据情报关系；也需要借鉴新的科学方法，包括大数据、复杂网络、深度学习等；更要利用优秀指挥员和参谋人员的经验和智慧。所以，未来任务规划系统肯定是以"人机智能结合、系统共生进化"方式发展的，这应该成为任务规划系统最重要的一个趋势。

思考题

1. 试结合案例分析比较任务规划与作战筹划的异同。

2. 如何理解艾森豪威尔的观点"规划不是万能的，但是没有规划是万万不能的"。

3. 试分析一次作战活动中，可能包含哪些层次或哪些内容的任务规划。

第 2 章　线性规划理论

线性规划(linear programming) 是运筹学的一个重要分支。自 1947 年丹捷格提出了一般线性规划问题的求解方法 —— 单纯形法之后,线性规划在理论上趋向成熟,在实用中日益广泛与深入。特别是在计算机能够处理成千上万个约束条件和决策变量的线性规划问题之后,线性规划的适用领域更为广泛了。从解决技术问题的最优化设计到工业、农业、商业、交通运输业、军事、经济计划和管理决策等领域,线性规划都可以发挥作用,它已成为现代科学管理的重要手段之一。

2.1　一般线性规划模型及求解方法

2.1.1　数学模型

线性规划问题通常具有如下特征。

(1) 求一组未知变量(决策变量) 以便使得某目标函数达到最大或最小,该目标函数为决策变量与有关的价值系数构成的线性函数。

(2) 决策变量需满足一定的约束条件,这些约束条件可由一组线性等式或线性不等式来表示。

(3) 决策变量的取值通常非负且连续。

综上,可给出一般线性规划问题的数学模型,即

$$\max(\min) z = c_1x_1 + c_2x_2 + \cdots + c_nx_n = \sum_{j=1}^{n} c_jx_j \tag{2.1}$$

$$\text{s.t.} \begin{cases} a_{11}x_1 + a_{12}x_2 + \cdots + a_{1n}x_n \leqslant (=, \geqslant) b_1 \\ a_{21}x_1 + a_{22}x_2 + \cdots + a_{2n}x_n \leqslant (=, \geqslant) b_2 \\ \quad\vdots \\ a_{m1}x_1 + a_{m2}x_2 + \cdots + a_{mn}x_n \leqslant (=, \geqslant) b_m \\ x_j \geqslant 0, j = 1, 2, \cdots, n \end{cases} \tag{2.2}$$

在上述模型中,式(2.1) 称为目标函数,式(2.2) 称为约束条件,$x_j\,(j=1,2,\cdots,n)$ 称为决策变量,$c_j\,(j=1,2,\cdots,n)$ 称为价值系数,$b_i\,(i=1,2,\cdots,m)$ 称为资源系数,$a_{ij}\,(i=1,2,\cdots,m;j=1,2,\cdots,n)$ 称为技术系数。

将上述模型改写为矩阵和向量形式,有

$$\max(\min) z = \boldsymbol{c} \cdot \boldsymbol{x} \tag{2.3}$$

$$
\text{s.t.}\begin{cases}\boldsymbol{A}\cdot\boldsymbol{x}=\sum_{j=1}^{n}\boldsymbol{P}_j x_j\leqslant(=,\geqslant)\boldsymbol{b}\\ \boldsymbol{x}\geqslant 0\end{cases}\tag{2.4}
$$

其中

$$
\boldsymbol{A}=\begin{bmatrix}a_{11} & a_{12} & \cdots & a_{1n}\\ a_{21} & a_{22} & \cdots & a_{2n}\\ \vdots & \vdots & & \vdots\\ a_{m1} & a_{m2} & \cdots & a_{mn}\end{bmatrix},\quad \boldsymbol{P}_j=\begin{bmatrix}a_{1j}\\ a_{2j}\\ \vdots\\ a_{mj}\end{bmatrix},\quad \boldsymbol{b}=\begin{bmatrix}b_1\\ b_2\\ \vdots\\ b_m\end{bmatrix},\quad \boldsymbol{c}=\begin{bmatrix}c_1\\ c_2\\ \vdots\\ c_n\end{bmatrix}^{\mathrm{T}},\quad \boldsymbol{x}=\begin{bmatrix}x_1\\ x_2\\ \vdots\\ x_n\end{bmatrix}
$$

注意，线性规划问题的数学模型实质上隐含着如下重要假设。

① 比例性。即随着决策变量 $x_j(j=1,2,\cdots,n)$ 的变化，其在约束条件与目标函数中的对应项严格成比例变化。

② 可加性。即约束条件与目标函数均由决策变量 $x_j(j=1,2,\cdots,n)$ 的比例项求和得到，决策变量是独立的，相互之间不发生关联也没有交叉。

③ 可分性。即允许决策变量取值为非整数值。

④ 确定性。即模型中的价值系数、资源系数与技术系数均为确定的已知量。

2.1.2　标准形式

由于目标函数和约束条件的差异，因此线性规划问题可以有多种不同的表达形式，不妨约定线性规划问题的标准表达形式如下：

$$
\max z=c_1x_1+c_2x_2+\cdots+c_nx_n=\sum_{j=1}^{n}c_jx_j\tag{2.5}
$$

$$
\text{s.t.}\begin{cases}a_{11}x_1+a_{12}x_2+\cdots+a_{1n}x_n=b_1\\ a_{21}x_1+a_{22}x_2+\cdots+a_{2n}x_n=b_2\\ \qquad\vdots\\ a_{m1}x_1+a_{m2}x_2+\cdots+a_{mn}x_n=b_m\\ x_j\geqslant 0,j=1,2,\cdots,n\end{cases}\tag{2.6}
$$

在上述标准形式中，要求目标函数取极大值，约束条件均为等式，决策变量均为非负值，且约束条件右端的资源系数均为非负值。对于不符合标准形式的线性规划问题，可通过下列方法化为标准形式。

① 若目标函数为求极小值 $\min z$，可引入变量代换 $z'=-z$，则 $\min z$ 等价于 $\max z'=\max(-z)$。

② 若某约束条件的右端项 b_i 小于 0，可将该约束条件等式两端同乘 -1，则等式右端项必大于 0。

③ 若某约束条件为不等式，则可在该约束条件中引入非负的松弛变量，将其转化为等式约束条件，松弛变量在实际问题中对应于未被充分利用的资源，不应影响目标函数的取值，因此其在目标函数中的系数为 0。具体操作可通过例题说明。

④ 若存在取值无约束的变量 x_k，则可令 $x_k=x_k'-x_k''(x_k'\geqslant 0,x_k''\geqslant 0)$，将其代入原模型即可。

例 2.1 将下列线性规划问题转化为标准形式。

$$\min z = x_1 - x_2 + x_3$$

$$\begin{cases} 2x_1 + x_2 + 3x_3 \leqslant 11 \\ x_1 - 2x_2 + x_3 \geqslant 3 \\ -x_1 - x_2 + 2x_3 = 6 \\ x_1, x_2 \geqslant 0, x_3 \text{ 无约束} \end{cases}$$

解

① 将 x_3 替换为 $x_4 - x_5$，其中 $x_4 \geqslant 0, x_5 \geqslant 0$。

② 在第一个约束不等式的左端加上非负松弛变量 x_6。

③ 在第二个约束不等式的左端减去非负松弛变量 x_7。

④ 令 $z' = -z$，将 $\min z$ 改为 $\max z'$，即可得到该问题的标准形式，即

$$\max z' = -x_1 + x_2 - (x_4 - x_5) + 0x_6 + 0x_7$$

$$\begin{cases} 2x_1 + x_2 + 3(x_4 - x_5) + x_6 = 11 \\ x_1 - 2x_2 + (x_4 - x_5) - x_7 = 3 \\ -x_1 - x_2 + 2(x_4 - x_5) = 6 \\ x_1, x_2, x_4, x_5, x_6, x_7 \geqslant 0 \end{cases}$$

2.1.3 求解方法

(1) 针对标准形式的线性规划问题，有

$$\max z = \sum_{j=1}^{n} c_j x_j \tag{2.7}$$

$$\sum_{j=1}^{n} a_{ij} x_j = b_i, \quad i = 1, 2, \cdots, m \tag{2.8}$$

$$x_j \geqslant 0, \quad j = 1, 2, \cdots, n \tag{2.9}$$

(2) 给出解的相关概念。

① 可行解。满足约束条件式(2.8)和式(2.9)的解，称为线性规划问题的可行解。全部可行解的集合称为可行域。

② 最优解。使目标函数式(2.7)达到最大值的可行解称为最优解。

基 对于约束方程组式(2.8)的 $m \times n$ 阶系数矩阵 $\boldsymbol{A}$（设 $m < n$），其秩为 m，$\boldsymbol{B}$ 是矩阵 $\boldsymbol{A}$ 的一个 $m \times m$ 阶的满秩子矩阵，称 $\boldsymbol{B}$ 是线性规划问题的一个基。设

$$\boldsymbol{B} = \begin{bmatrix} a_{11} & a_{12} & \cdots & a_{1m} \\ a_{21} & a_{22} & \cdots & a_{2m} \\ \vdots & \vdots & & \vdots \\ a_{m1} & a_{m2} & \cdots & a_{mm} \end{bmatrix} = (\boldsymbol{P}_1, \boldsymbol{P}_2, \cdots, \boldsymbol{P}_m)$$

矩阵 $\boldsymbol{B}$ 中的每一个列向量 $\boldsymbol{P}_j (j = 1, 2, \cdots, m)$ 称为基向量，与基向量 $\boldsymbol{P}_j$ 对应的变量 x_j 称为基变量。决策变量中除基变量以外的变量称为非基变量。

基解 在约束方程组式(2.8)中，令所有非基变量 $x_{m+1} = x_{m+2} = \cdots = x_n = 0$，又因为有 $|\boldsymbol{B}| \neq 0$，根据克莱姆法则(Cramer rule)，由 m 个约束方程可解出 m 个基变量的唯一解

为 $\boldsymbol{X}_B=[x_1,x_2,\cdots,x_m]^{\mathrm{T}}$。将这个解加上取 0 的非基变量有

$$\boldsymbol{X}=[x_1,x_2,\cdots,x_m,0,\cdots,0]^{\mathrm{T}}$$

$\boldsymbol{X}$ 称为线性规划问题的基解。显然在基解中变量取非零值的个数不大于 m，故基解的总数不超过 C_n^m 个。

③ 基可行解。满足非负约束条件式(2.9)的基解称为基可行解。

④ 可行基。对应于基可行解的基称为可行基。

2.1.4　线性规划问题的几何意义

(1) 相关的几何概念。

① 凸集。设 $\boldsymbol{C}$ 是 n 维欧氏空间中的一个点集，若任意两点 $\boldsymbol{X}_1\in\boldsymbol{C}$ 和 $\boldsymbol{X}_2\in\boldsymbol{C}$ 的连线上的所有点均在集合 $\boldsymbol{C}$ 内，即满足 $a\boldsymbol{X}_1+(1-a)\boldsymbol{X}_2\in\boldsymbol{C}$，$(0<a<1)$，则称 $\boldsymbol{C}$ 为凸集。

实心圆、实心球体、实心立方体等都是凸集，圆环不是凸集。从直观上讲，凸集没有凹入部分，其内部没有空洞。

② 顶点。设 $\boldsymbol{C}$ 为凸集，$\boldsymbol{X}\in\boldsymbol{C}$，若 $\boldsymbol{C}$ 中不存在不同的两点 $\boldsymbol{X}_1\in\boldsymbol{C}$ 和 $\boldsymbol{X}_2\in\boldsymbol{C}$ 满足

$$\boldsymbol{X}=a\boldsymbol{X}_1+(1-a)\boldsymbol{X}_2,\quad 0<a<1$$

则称 X 为凸集 $\boldsymbol{C}$ 的顶点。

(2) 线性规划问题的几个基本定理。

定理 2.1　若线性规划问题存在可行解，则该问题的可行域 $\boldsymbol{D}=\{\boldsymbol{X}\mid\sum_{j=1}^{n}\boldsymbol{P}_jx_j=\boldsymbol{b},\ x_j\geqslant 0\}$ 是凸集。

证明　若问题的可行域 $\boldsymbol{C}$ 是凸集，则根据凸集定义，$\boldsymbol{C}$ 内任意两点 $\boldsymbol{X}_1$、$\boldsymbol{X}_2$ 连线上的点也必然在 $\boldsymbol{C}$ 内，下面给予证明。

设 $\boldsymbol{X}_1=[x_{11},x_{12},\cdots,x_{1n}]^{\mathrm{T}}$，$\boldsymbol{X}_2=[x_{21},x_{22},\cdots,x_{2n}]^{\mathrm{T}}$ 为 $\boldsymbol{C}$ 内任意两点，即 $\boldsymbol{X}_1\in\boldsymbol{C}$，$\boldsymbol{X}_2\in\boldsymbol{C}$，将 $\boldsymbol{X}_1$、$\boldsymbol{X}_2$ 代入约束条件有

$$\sum_{j=1}^{n}\boldsymbol{P}_jx_{1j}=\boldsymbol{b},\quad \sum_{j=1}^{n}\boldsymbol{P}_jx_{2j}=\boldsymbol{b} \tag{2.10}$$

$\boldsymbol{X}_1$，$\boldsymbol{X}_2$ 连线上任意一点可以表示为

$$\boldsymbol{X}=a\boldsymbol{X}_1+(1-a)\boldsymbol{X}_2,\quad 0<a<1 \tag{2.11}$$

将式(2.10)代入式(2.11)得

$$\begin{aligned}\sum_{j=1}^{n}\boldsymbol{P}_jx_j&=\sum_{j=1}^{n}\boldsymbol{P}_j[ax_{1j}+(1-a)x_{2j}]\\&=\sum_{j=1}^{n}\boldsymbol{P}_jax_{1j}+\sum_{j=1}^{n}\boldsymbol{P}_jx_{2j}-\sum_{j=1}^{n}\boldsymbol{P}_jax_{2j}\\&=a\boldsymbol{b}+\boldsymbol{b}-a\boldsymbol{b}=\boldsymbol{b}\end{aligned}$$

因此 $\boldsymbol{X}=a\boldsymbol{X}_1+(1-a)\boldsymbol{X}_2\in\boldsymbol{C}$。因为集合中任意两点连线上的点均在集合内，所以 $\boldsymbol{C}$ 为凸集。

引理 2.1　线性规划问题的可行解 $\boldsymbol{X}=[x_1,x_2,\cdots,x_n]^{\mathrm{T}}$ 为基可行解的充分必要条件是 $\boldsymbol{X}$ 的正分量所对应的系数列向量是线性独立的。

证明 ① 必要性。由基可行解的定义可知该定理显然成立。

② 充分性。若可行解 $\boldsymbol{X}$ 的正分量所对应的系数向量 $\boldsymbol{P}_1,\boldsymbol{P}_2,\cdots,\boldsymbol{P}_k$ 线性独立，则必有 $k\leqslant m$；当 $k=m$ 时，它们恰好构成一个基，从而 $\boldsymbol{X}=[x_1,x_2,\cdots,x_m,0,\cdots,0]^{\mathrm{T}}$ 为相应的基可行解；当 $k<m$ 时，则一定可以从其余列向量中找出 $m-k$ 个与 $\boldsymbol{P}_1,\boldsymbol{P}_2,\cdots,\boldsymbol{P}_k$ 构成一个基，其对应的解恰为 $\boldsymbol{X}$，所以根据定义 $\boldsymbol{X}$ 为基可行解。

定理 2.2 线性规划问题的基可行解 $\boldsymbol{X}$ 对应于该问题可行域(凸集)的顶点。

证明 本定理需证明：$\boldsymbol{X}$ 是可行域顶点 $\Leftrightarrow\boldsymbol{X}$ 是基可行解。下面采用反证法，即证明：$\boldsymbol{X}$ 不是可行域顶点 $\Leftrightarrow\boldsymbol{X}$ 不是基可行解。

① 证明 $\boldsymbol{X}$ 不是基可行解 $\Rightarrow\boldsymbol{X}$ 不是可行域顶点。

假设 $\boldsymbol{X}$ 的前 m 个分量为正，故有

$$\sum_{j=1}^{m}\boldsymbol{P}_j x_j=\boldsymbol{b} \tag{2.12}$$

由引理可知，$\boldsymbol{P}_1,\boldsymbol{P}_2,\cdots,\boldsymbol{P}_m$ 线性相关，即存在一组不全为零的数 $\delta_i(i=1,2,\cdots,m)$，使得

$$\delta_1\boldsymbol{P}_1+\delta_2\boldsymbol{P}_2+\cdots+\delta_m\boldsymbol{P}_m=\boldsymbol{0} \tag{2.13}$$

式(2.13)乘一个不为零的数 μ 得

$$\mu\delta_1\boldsymbol{P}_1+\mu\delta_2\boldsymbol{P}_2+\cdots+\mu\delta_m\boldsymbol{P}_m=\boldsymbol{0} \tag{2.14}$$

式(2.14)加式(2.12)得

$$(x_1+\mu\delta_1)\boldsymbol{P}_1+(x_2+\mu\delta_2)\boldsymbol{P}_2+\cdots+(x_m+\mu\delta_m)\boldsymbol{P}_m=\boldsymbol{b}$$

式(2.14)减式(2.12)得

$$(x_1-\mu\delta_1)\boldsymbol{P}_1+(x_2-\mu\delta_2)\boldsymbol{P}_2+\cdots+(x_m-\mu\delta_m)\boldsymbol{P}_m=\boldsymbol{b}$$

令

$$\boldsymbol{X}_1=[(x_1+\mu\delta_1),(x_2+\mu\delta_2),\cdots,(x_m+\mu\delta_m),0,\cdots,0]$$
$$\boldsymbol{X}_2=[(x_1-\mu\delta_1),(x_2-\mu\delta_2),\cdots,(x_m-\mu\delta_m),0,\cdots,0]$$

又 μ 可以这样来选取，使得对于所有 $i=1,2,\cdots,m$ 有

$$x_i\pm\mu\delta_i\geqslant 0$$

因此 $\boldsymbol{X}_1\in\boldsymbol{C},\boldsymbol{X}_2\in\boldsymbol{C}$，又 $\boldsymbol{X}=\frac{1}{2}\boldsymbol{X}_1+\frac{1}{2}\boldsymbol{X}_2$，即 $\boldsymbol{X}$ 不是可行域顶点。

② 证明 $\boldsymbol{X}$ 不是可行域顶点 $\Rightarrow\boldsymbol{X}$ 不是基可行解。

设 $\boldsymbol{X}=[x_1,x_2,\cdots,x_r,0,\cdots,0]$ 不是可行域的顶点，因而可以找到可行域内另外两个不同点 $\boldsymbol{Y}$ 和 $\boldsymbol{Z}$，有 $\boldsymbol{X}=a\boldsymbol{Y}+(1-a)\boldsymbol{Z},0<a<1$，或可写为

$$x_j=ay_j+(1-a)z_j,\quad 0<a<1;\ j=1,2,\cdots,n$$

因 $a>0,1-a>0$，故当 $x_j=0$ 时，必有 $y_j=z_j=0$。

考虑到 $\boldsymbol{X}$、$\boldsymbol{Y}$、$\boldsymbol{Z}$ 均为可行解，那么由

$$\sum_{j=1}^{n}\boldsymbol{P}_j x_j=\sum_{j=1}^{r}\boldsymbol{P}_j x_j=\boldsymbol{b}$$

可知有

$$\sum_{j=1}^{n} \boldsymbol{P}_j y_j = \sum_{j=1}^{r} \boldsymbol{P}_j y_j = \boldsymbol{b} \tag{2.15}$$

$$\sum_{j=1}^{n} \boldsymbol{P}_j z_j = \sum_{j=1}^{r} \boldsymbol{P}_j z_j = \boldsymbol{b} \tag{2.16}$$

式(2.15)减式(2.16)得

$$\sum_{j=1}^{r} (y_j - z_j) \boldsymbol{P}_j = 0 \tag{2.17}$$

因 $y_j - z_j$ 不全为零,故 $\boldsymbol{P}_1, \boldsymbol{P}_2, \cdots, \boldsymbol{P}_r$ 线性相关,即 $\boldsymbol{X}$ 不是基可行解。

定理 2.3　若线性规划问题有最优解,一定存在一个基可行解是最优解。

证明　设 $\boldsymbol{X}_1, \boldsymbol{X}_2, \cdots, \boldsymbol{X}_k$ 是可行域的顶点,若 $\boldsymbol{X}_0$ 不是顶点,且目标函数在 $\boldsymbol{X}_0$ 处达到最优 $z^* = \boldsymbol{CX}_0$。

因为 $\boldsymbol{X}_0$ 不是顶点,所以它可以用可行域的顶点线性表示为

$$\boldsymbol{X}_0 = \sum_{i=1}^{k} \alpha_i \boldsymbol{X}_i, \quad \alpha_i > 0, \sum_{i=1}^{k} \alpha_i = 1$$

因此

$$\boldsymbol{CX}_0 = \boldsymbol{C} \sum_{i=1}^{k} \alpha_i \boldsymbol{X}_i = \sum_{i=1}^{k} \alpha_i \boldsymbol{CX}_i \tag{2.18}$$

在所有的顶点中必然能找到某一个点 $\boldsymbol{X}_m$,使 $\boldsymbol{CX}_m$ 是所有 $\boldsymbol{CX}_i$ 中最大者。此时用 $\boldsymbol{X}_m$ 代替式(2.18)中的所有 $\boldsymbol{X}_i$,能够得到

$$\sum_{i=1}^{k} \alpha_i \boldsymbol{CX}_i \leqslant \sum_{i=1}^{k} \alpha_i \boldsymbol{CX}_m = \boldsymbol{CX}_m$$

由此得到

$$\boldsymbol{CX}_0 \leqslant \boldsymbol{CX}_m$$

根据假设,$\boldsymbol{CX}_0$ 是最大值,所以只能有

$$\boldsymbol{CX}_0 = \boldsymbol{CX}_m$$

即目标函数在顶点 $\boldsymbol{X}_m$ 处也达到最大值。

有时目标函数可能在多个顶点处达到最大值。此时在这些顶点的凸组合上也达到最大值,称这种线性规划问题有无穷多个最优解。

根据以上定理,可以得出以下结论。

线性规划问题的所有可行解构成的集合是凸集,也可能是无界域,它们有有限个顶点,该线性规划问题的每个基可行解对应于可行域的一个顶点;若该线性规划问题有最优解,必定可在某顶点上得到。单纯形法利用上述规律,解决了如何有效寻找最优解的问题,接下来介绍单纯形法原理。

2.1.5　单纯形法原理

单纯形法求解线性规划问题的基本思路是:先找出一个基可行解,判断其是否为最优解,若为否,则转换到相邻的基可行解,并使目标函数值不断增大,一直找到最优解为止。

(1) 确定初始基可行解。

对于标准形式的线性规划问题:

$$\max z = \sum_{j=1}^{n} c_j x_j \tag{2.19}$$

$$\sum_{j=1}^{n} \boldsymbol{P}_j x_j = \boldsymbol{b} \tag{2.20}$$

$$x_j \geqslant 0, \quad j = 1, 2, \cdots, n \tag{2.21}$$

在约束条件式(2.20)的系数矩阵中总会存在一个单位矩阵：

$$(\boldsymbol{P}_1, \boldsymbol{P}_2, \cdots, \boldsymbol{P}_m) = \begin{bmatrix} 1 & 0 & \cdots & 0 \\ 0 & 1 & \cdots & 0 \\ \vdots & \vdots & & \vdots \\ 0 & 0 & \cdots & 1 \end{bmatrix} \tag{2.22}$$

当该线性规划问题的约束条件均为“$\leqslant$”表达式时，其为转换成标准形式而引入的松弛变量的系数矩阵即为单位矩阵。对于约束条件为“$\geqslant$”表达式或等式的情况，可以构造人工基，人为地产生一个单位矩阵。

如前所述，在式(2.22)中，$\boldsymbol{P}_1, \boldsymbol{P}_2, \cdots, \boldsymbol{P}_m$ 称为基向量，与基向量对应的变量 $x_1, x_2, \cdots, x_m$ 称为基变量，决策变量中除基变量以外的变量称为非基变量。若令所有非基变量等于 0，即可找到上述线性规划问题的一个解：

$$\boldsymbol{X} = [x_1, x_2, \cdots, x_m, x_{m+1}, \cdots, x_n]^{\mathrm{T}} = [b_1, b_2, \cdots, b_m, 0, \cdots, 0]^{\mathrm{T}}$$

由于 $b_i \geqslant 0$，因此 $\boldsymbol{X}$ 满足约束式(2.21)，是一个基可行解。

(2) 从一个基可行解转换为相邻的基可行解。

定义 两个基可行解称为相邻的，如果它们之间变换且仅变换一个基变量。

设初始基可行解中的前 m 个为基变量，即

$$\boldsymbol{X}^{(0)} = [x_1^0, x_2^0, \cdots, x_m^0, 0, \cdots, 0]^{\mathrm{T}}$$

代入约束条件式(2.20)有

$$\sum_{i=1}^{m} \boldsymbol{P}_i x_i^0 = \boldsymbol{b} \tag{2.23}$$

写出式(2.23)系数矩阵的增广矩阵：

$$\begin{array}{ccccccccc} \boldsymbol{P}_1 & \boldsymbol{P}_2 & \cdots & \boldsymbol{P}_m & \boldsymbol{P}_{m+1} & \cdots & \boldsymbol{P}_j & \cdots & \boldsymbol{P}_n & \boldsymbol{b} \end{array}$$

$$\left[\begin{array}{cccccccccc|c} 1 & 0 & \cdots & 0 & a_{1,m+1} & \cdots & a_{1,j} & \cdots & a_{1n} & b_1 \\ 0 & 1 & \cdots & 0 & a_{2,m+1} & \cdots & a_{2,j} & \cdots & a_{2n} & b_2 \\ \vdots & \vdots & & \vdots & \vdots & & \vdots & & \vdots & \vdots \\ 0 & 0 & \cdots & 1 & a_{m,m+1} & \cdots & a_{m,j} & \cdots & a_{mn} & b_m \end{array}\right]$$

因 $\boldsymbol{P}_1, \boldsymbol{P}_2, \cdots, \boldsymbol{P}_m$ 是一个基向量，其他向量 $\boldsymbol{P}_j$ 可由这个基向量的线性组合来表示，故有

$$\boldsymbol{P}_j = \sum_{i=1}^{m} a_{ij} \boldsymbol{P}_i$$

或

$$\boldsymbol{P}_j - \sum_{i=1}^{m} a_{ij} \boldsymbol{P}_i = 0 \tag{2.24}$$

将式(2.24)乘一个正数 θ 得

$$\theta\Big(\boldsymbol{P}_j - \sum_{i=1}^{m} a_{ij}\boldsymbol{P}_i\Big) = 0 \tag{2.25}$$

式(2.23)加式(2.25)并整理后有

$$\sum_{i=1}^{m}(x_i^0 - \theta a_{ij})\boldsymbol{P}_i + \theta\boldsymbol{P}_j = \boldsymbol{b} \tag{2.26}$$

由式(2.26)可找到满足约束方程组 $\sum_{j=1}^{n}\boldsymbol{P}_j x_j = \boldsymbol{b}$ 的另一个解 $\boldsymbol{X}^{(1)}$，即

$$\boldsymbol{X}^{(1)} = [x_1^0 - \theta a_{1j}, x_2^0 - \theta a_{2j}, \cdots, x_m^0 - \theta a_{mj}, 0, \cdots, \theta, \cdots, 0]^{\mathrm{T}}$$

其中，θ 是 $\boldsymbol{X}^{(1)}$ 的第 j 个坐标的值。要想使 $\boldsymbol{X}^{(1)}$ 是一个基可行解，须满足 $\boldsymbol{X}^{(1)}$ 中非零分量的数目不大于 m 个且均为正，同时这些分量所对应的系数列向量线性独立。这一目标可以通过对 θ 适当取值来得到，即令

$$\theta = \min_i\left\{\frac{x_i^0}{a_{ij}} \,\middle|\, a_{ij} > 0\right\} = \frac{x_l^0}{a_{lj}} \tag{2.27}$$

此时

$$x_i^0 - \theta a_{ij}\begin{cases} = 0, & i = l \\ \geqslant 0, & i \neq l \end{cases}$$

且 $\boldsymbol{X}^{(1)}$ 中的非零分量对应的向量加上 $\boldsymbol{b}$ 列可形成如下的增广矩阵：

$$\begin{array}{ccccccccc} \boldsymbol{P}_1 & \boldsymbol{P}_2 & \cdots & \boldsymbol{P}_{l-1} & \boldsymbol{P}_j & \boldsymbol{P}_{l+1} & \cdots & \boldsymbol{P}_m & \boldsymbol{b} \end{array}$$

$$\left[\begin{array}{cccccccc|c}
1 & 0 & \cdots & 0 & a_{1,j} & 0 & \cdots & 0 & b_1 \\
0 & 1 & \cdots & 0 & a_{2,j} & 0 & \cdots & 0 & b_2 \\
\vdots & \vdots & & \vdots & \vdots & \vdots & & \vdots & \vdots \\
0 & 0 & \cdots & 1 & a_{l-1,j} & 0 & \cdots & 0 & b_{l-1} \\
0 & 0 & \cdots & 0 & a_{l,j} & 0 & \cdots & 0 & b_l \\
0 & 0 & \cdots & 0 & a_{l+1,j} & 1 & \cdots & 0 & b_{l+1} \\
\vdots & \vdots & & \vdots & \vdots & \vdots & & \vdots & \vdots \\
0 & 0 & \cdots & 0 & a_{m,j} & 0 & \cdots & 1 & b_m
\end{array}\right]$$

由于 $a_{l,j} > 0$，因此上述增广矩阵左半部分元素组成的 $m \times m$ 行列式不为零，因此 $\boldsymbol{X}^{(1)}$ 中的非零分量对应的向量线性独立。

对上述增广矩阵进行行的初等变换，先将第 l 行乘 $1/a_{l,j}$，然后将第 l 行分别乘 $-a_{i,j}$ 并加到各行上去，此时增广矩阵的左半部分化为单位矩阵，而最后一列变为

$$\boldsymbol{b}^{(1)} = [b_1 - \theta a_{1j}, b_2 - \theta a_{2j}, \cdots, b_{l-1} - \theta a_{l-1,j}, \theta, b_{l+1} - \theta a_{l+1,j}, \cdots, b_m - \theta a_{mj}]^{\mathrm{T}}$$

至此，得到了 $\boldsymbol{X}^{(1)}$ 作为与 $\boldsymbol{X}^{(0)}$ 相邻的基可行解，且由基向量组成的矩阵仍为单位矩阵。

(3) 最优性检验和解的判别。

将基可行解 $\boldsymbol{X}^{(0)}$ 和 $\boldsymbol{X}^{(1)}$ 分别代入目标函数，有

$$z^{(0)} = \sum_{i=1}^{m} c_i x_i^0$$

$$
\begin{aligned}
z^{(1)} &= \sum_{i=1}^{m} c_i (x_i^0 - \theta a_{ij}) + \theta c_j \\
&= \sum_{i=1}^{m} c_i x_i^0 + \theta \left(c_j - \sum_{i=1}^{m} c_i a_{ij} \right) \\
&= z^{(0)} + \theta \left(c_j - \sum_{i=1}^{m} c_i a_{ij} \right)
\end{aligned} \tag{2.28}
$$

式(2.28)中,因为 $\theta > 0$ 为给定的,所以只要有 $c_j - \sum_{i=1}^{m} c_i a_{ij} > 0$,就有 $z^{(1)} > z^{(0)}$。$c_j - \sum_{i=1}^{m} c_i a_{ij}$ 通常简写为 $c_j - z_j$ 或 σ_j,它是对线性规划问题的解进行最优性检验的标志。由此可以给出用单纯形法求解线性规划问题时,计算结果的判别规则,如下。

① 当所有的 $\sigma_j \leqslant 0$ 时,表明现有顶点(基可行解)的目标函数值比相邻各顶点(基可行解)的目标函数值都大,根据线性规划问题的可行域是凸集的证明及凸集的性质,可以判定现有顶点对应的基可行解即为最优解。

② 当所有的 $\sigma_j \leqslant 0$,且对某个非基变量 x_j 有 $\sigma_j = 0$,且按式(2.27)可以找到 $\theta > 0$ 时,表明可以找到另一顶点(基可行解),目标函数值也达到最大。由于该两点连线上的点也属可行域内的点,且目标函数值相等,即该线性规划问题有无穷多最优解。

③ 如果存在某个 $\sigma_j > 0$,且 $\boldsymbol{P}_j \leqslant 0$,此时该线性规划问题具有无界解(或称无最优解);当不满足 $\boldsymbol{P}_j \leqslant 0$ 时,可以通过基变换继续寻找最优解。

④ 对求解结果为无可行解的判别将在下文中进行讨论。

2.1.6 单纯形法计算步骤

(1) 单纯形表。

为了便于理解计算关系,现设计一种计算表,称为单纯形表,其功能与增广矩阵相似,下面来建立这种计算表。

不妨考虑如下形式的线性规划问题:

$$
\max z = \sum_{j=1}^{n} c_j x_j \tag{2.29}
$$

$$
\begin{cases}
x_1 + a_{1,m+1} x_{m+1} + \cdots + a_{1n} x_n = b_1 \\
x_2 + a_{2,m+1} x_{m+1} + \cdots + a_{2n} x_n = b_2 \\
\quad \vdots \\
x_m + a_{m,m+1} x_{m+1} + \cdots + a_{mn} x_n = b_m \\
x_j \geqslant 0, j = 1, 2, \cdots, n
\end{cases} \tag{2.30}
$$

将式(2.29)、式(2.30)组成 $n+1$ 个变量、$m+1$ 个方程的方程组,有

$$
\begin{aligned}
x_1 + a_{1,m+1} x_{m+1} + \cdots + a_{1n} x_n &= b_1 \\
x_2 + a_{2,m+1} x_{m+1} + \cdots + a_{2n} x_n &= b_2 \\
&\vdots \\
x_m + a_{m,m+1} x_{m+1} + \cdots + a_{mn} x_n &= b_m
\end{aligned}
$$

$$-z+c_1x_1+c_2x_2+\cdots+c_mx_m+c_{m+1}x_{m+1}+\cdots+c_nx_n=0$$

将上述方程组写成增广矩阵：

$$\begin{array}{cccccccc|c} -z & x_1 & x_2 & \cdots & x_m & x_{m+1} & \cdots & x_n & b \\ 0 & 1 & 0 & \cdots & 0 & a_{1,m+1} & \cdots & a_{1n} & b_1 \\ 0 & 0 & 1 & \cdots & 0 & a_{2,m+1} & \cdots & a_{2n} & b_2 \\ & & & & \vdots & & & & \\ 0 & 0 & 0 & \cdots & 1 & a_{m,m+1} & \cdots & a_{mn} & b_m \\ 1 & c_1 & c_2 & \cdots & c_m & c_{m+1} & \cdots & c_n & 0 \end{array}$$

在目标函数中，将 $x_1,x_2,\cdots,x_m$ 替换为 $x_{m+1},\cdots,x_n$ 的表达式，有

$$\begin{array}{cccccccc|c} -z & x_1 & x_2 & \cdots & x_m & x_{m+1} & \cdots & x_n & b \\ 0 & 1 & 0 & \cdots & 0 & a_{1,m+1} & \cdots & a_{1n} & b_1 \\ 0 & 0 & 1 & \cdots & 0 & a_{2,m+1} & \cdots & a_{2n} & b_2 \\ & & & & \vdots & & & & \\ 0 & 0 & 0 & \cdots & 1 & a_{m,m+1} & \cdots & a_{mn} & b_m \\ 1 & 0 & 0 & \cdots & 0 & c_{m+1}-\sum_{i=1}^{m}c_ia_{i,m+1} & \cdots & c_n-\sum_{i=1}^{m}c_ia_{i,n} & -\sum_{i=1}^{m}c_ib_i \end{array}$$

根据上述增广矩阵设计的计算表，见表 2.1。

表 2.1　根据增广矩阵设计的计算表

$c_j \rightarrow$			c_1	$\cdots$	c_m	$\cdots$	c_j	$\cdots$	c_n
$\boldsymbol{C}_B$	$\boldsymbol{X}_B$	$\boldsymbol{b}$	x_1	$\cdots$	x_m	$\cdots$	x_j	$\cdots$	x_n
c_1	x_1	b_1	1	$\cdots$	0	$\cdots$	a_{1j}	$\cdots$	a_{1n}
c_2	x_2	b_2	0	$\cdots$	0	$\cdots$	a_{2j}	$\cdots$	a_{2n}
$\vdots$	$\vdots$	$\vdots$	$\vdots$		$\vdots$		$\vdots$		$\vdots$
c_m	x_m	b_m	0	$\cdots$	1	$\cdots$	a_{mj}	$\cdots$	a_{mn}
c_j-z_j			0	$\cdots$	0	$\cdots$	$c_j-\sum_{i=1}^{m}c_ia_{i,j}$	$\cdots$	$c_n-\sum_{i=1}^{m}c_ia_{i,n}$

表 2.1 中，$\boldsymbol{X}_B$ 列中填入基变量；$\boldsymbol{C}_B$ 列中填入基变量的价值系数；$\boldsymbol{b}$ 列中填入约束方程组右端的常数；c_j 行中填入所有变量的价值系数；变量 x_i 下方填入其系数向量 $\boldsymbol{P}_i$；最后一行称为检验数行，列出了非基变量的检验数。

(2) 计算步骤。

① 确定初始基可行解，列出初始单纯形表；

② 计算非基变量 x_j 的检验数：

$$\sigma_j=c_j-\sum_{i=1}^{m}c_ia_{i,j}$$

若 $\sigma_j\leqslant 0,j=m+1,m+2,\cdots,n$，则已得到最优解，终止计算；若存在 $\sigma_j>0$ 且 $\boldsymbol{P}_j\leqslant 0$，则该问题为无界解，终止计算；否则转入下一步。

③ 根据 $\max(\sigma_j>0)=\sigma_k$，确定 x_k 为换入变量，按 θ 规则计算

$$\theta=\min_i\left\{\frac{b_i}{a_{ik}}\,\middle|\,a_{ik}>0\right\}=\frac{b_l}{a_{lk}}$$

可确定 x_l 为换出变量，转入下一步。

④ 用换入变量 x_k 替换基变量中的换出变量 x_l，得到一个新的基：

$$(\boldsymbol{P}_1,\boldsymbol{P}_2,\cdots,\boldsymbol{P}_{l-1},\boldsymbol{P}_k,\boldsymbol{P}_{l+1},\cdots,\boldsymbol{P}_m)$$

以 a_{lk} 为主元素进行变换，将 x_k 对应的列向量 $\boldsymbol{P}_k$ 变换为单位向量，即

$$\boldsymbol{P}_k=\begin{bmatrix}a_{1k}\\a_{2k}\\\vdots\\a_{lk}\\\vdots\\a_{mk}\end{bmatrix}\Rightarrow\begin{bmatrix}0\\0\\\vdots\\1\\\vdots\\0\end{bmatrix}$$

列出新的单纯形表。

⑤ 重复 ② ~ ④，直到终止。

2.1.7　单纯形法的进一步讨论

(1) 人工变量法。

形如式(2.5)与式(2.6)的线性规划问题标准形式中，其约束条件的系数矩阵并不一定都含有单位矩阵。此时，需要添加人工变量，以便得到初始基可行基。以下对这一问题加以讨论。

针对式(2.6)给出的一般形式的约束条件为

$$\begin{cases}a_{11}x_1+a_{12}x_2+\cdots+a_{1n}x_n=b_1\\a_{21}x_1+a_{22}x_2+\cdots+a_{2n}x_n=b_2\\\qquad\vdots\\a_{m1}x_1+a_{m2}x_2+\cdots+a_{mn}x_n=b_m\\\qquad x_j\geqslant 0,j=1,2,\cdots,n\end{cases}$$

分别给每一个约束方程加入人工变量 $x_{n+1},x_{n+2},\cdots,x_{n+m}$，得到

$$\begin{cases}a_{11}x_1+a_{12}x_2+\cdots+a_{1n}x_n+x_{n+1}=b_1\\a_{21}x_1+a_{22}x_2+\cdots+a_{2n}x_n+x_{n+2}=b_2\\\qquad\vdots\\a_{m1}x_1+a_{m2}x_2+\cdots+a_{mn}x_n+x_{n+m}=b_m\\x_j\geqslant 0,j=1,2,\cdots,n,n+1,n+2,\cdots,n+m\end{cases}$$

以 $x_{n+1},x_{n+2},\cdots,x_{n+m}$ 为基变量，可得到一个单位矩阵。令非基变量 $x_1,x_2,\cdots,x_n$ 为零，便可得到一个初始基可行解

$$\boldsymbol{X}^{(0)}=[0,\cdots,0,b_1,b_2,\cdots,b_m]^{\mathrm{T}}$$

以下讨论如何求解含有人工变量的线性规划问题。

① 大 M 法。

一个标准形式的线性规划问题，其约束条件方程组均为等式，加入人工变量后，为使

原来的等式仍然满足，在最优解中人工变量取值必须为零。为此，令目标函数中人工变量的系数为任意大的负值 $-M$。$-M$ 称为"惩罚因子"，即只要人工变量取值大于零，目标函数就不可能实现最优。目标函数要实现最大化，就必须把人工变量从基变量换出。

② 两阶段法。

用大 M 法处理人工变量，在手工计算求解时不会碰到麻烦。但用计算机求解时，可能会因截断误差而产生计算错误。为了克服这一问题，可以将添加人工变量后的线性规划问题分两个阶段来求解，称为两阶段法。

两阶段法的第一阶段是先求解一个目标函数中只包含人工变量的线性规划问题，即令目标函数中其他变量的系数取零，人工变量的系数取某个正的常数(一般取 1)，在保持原问题约束条件不变的情况下求这个目标函数极小化时的解。显然在第一阶段中，当人工变量取值为 0 时，目标函数值也为 0。此时的最优解就是原线性规划问题的一个基可行解。如果第一阶段求解结果最优解的目标函数不为 0(大于 0)，也即最优解的基变量中含有非零的人工变量，则表明原线性规划问题无可行解。

当第一阶段求解结果表明问题有可行解时，第二阶段是在原问题中去除人工变量，并从此可行解(即第一阶段的最优解)出发，继续寻找问题的最优解。

(2) 单纯形法计算中的几个问题。

① 目标函数极小化时解的最优性判别。一些文献中规定求目标函数值的极小化作为线性规划的标准形式，这时只需以所有检验数 $\sigma_j \geqslant 0$ 作为判别表中解是否最优的标志。

② 退化。按最小比值 θ 来确定换出的基变量时，有时出现存在两个以上相同的最小比值，从而使下一个表的基可行解中出现一个或多个基变量等于零的退化解。退化解出现的原因是模型中存在多余的约束，使多个基可行解对应同一顶点。当存在退化解时，就有可能出现迭代计算的循环，尽管可能性极其微小。为避免出现计算的循环，1974 年勃兰特提出了一个简便有效的规则：a. 当存在多个 $\sigma_j > 0$ 时，始终选取下标值为最小的变量作为换入变量；b. 当计算 θ 值出现两个以上相同的最小比值时，始终选取下标值为最小的变量作为换出变量。

③ 无可行解的判别。前面介绍了用单纯形法求解时如何判别问题结局属唯一最优解、无穷多最优解和无界解。当线性规划问题中添加人工变量后，无论用人工变量法还是两阶段法，因初始单纯形表中的解含非零人工变量，故实质上是非可行解。当求解结果出现 $\sigma_j \leqslant 0$ 时，如基变量中仍含有非零的人工变量(两阶段法求解时第一阶段目标函数值不等于零)，表明问题无可行解。

2.2　整数线性规划模型及求解方法

要求一部分或全部决策变量必须取整数值的规划问题称为整数规划(integer programming)。不考虑整数条件，由余下的目标函数和约束条件构成的规划问题称为该整数规划问题的松弛问题(slack problem)。若松弛问题是一个线性规划，则称该整数规划为整数线性规划(integer linear programming)。

本节介绍整数线性规划的相关理论，后面章节在提到整数规划时，均特指整数线性规划。

2.2.1 数学模型

整数线性规划问题可以分为以下几种类型。

① 纯整数线性规划(pure integer linear programming) 指全部决策变量都必须取整数值的整数线性规划。有时，也称为全整数规划。

② 混合整数线性规划(mixed integer linear programming) 指决策变量中有一部分必须取整数值，另一部分可以不取整数值的整数线性规划。

③0－1 型整数线性规划(zero－one integer linear programming) 指决策变量只能取 0 或 1 的整数线性规划。

整数线性规划问题数学模型的一般形式为

$$\max(\min) z=\sum_{j=1}^{n} c_j x_j \tag{2.31}$$

$$\text{s.t.}\begin{cases}\sum_{j=1}^{n} a_{ij} x_j \leqslant (=,\geqslant) b_i, & i=1,2,\cdots,m \\ x_j \geqslant 0, & j=1,2,\cdots,n \\ x_1,x_2,\cdots,x_n \text{ 中部分或全部取整数} \end{cases} \tag{2.32}$$

整数线性规划及其松弛问题，从解的特点上来说，二者之间既有密切的联系，又有本质的区别。

松弛问题作为一个线性规划问题，其可行解的集合是一个凸集，任意两个可行解的凸组合仍为可行解。整数规划问题的可行解集合是它的松弛问题可行解集合的一个子集，任意两个可行解的凸组合不一定满足整数约束条件，因而不一定仍为可行解。由于整数规划问题的可行解一定也是它的松弛问题的可行解(反之则不一定)，因此前者最优解的目标函数值不会优于后者最优解的目标函数值。

在一般情况下，松弛问题的最优解不会刚好满足变量的整数约束条件，因而不是整数规划问题的可行解，自然就不是最优解。此时，若对松弛问题的最优解中不符合整数要求的分量简单地取整，所得到的解不一定是整数规划问题的最优解，甚至也不一定是整数规划问题的可行解。

2.2.2 割平面法

考虑纯整数规划问题：

$$\max z=\sum_{j=1}^{n} c_j x_j \tag{2.33}$$

$$\sum_{j=1}^{n} a_{ij} x_j = b_i, \quad i=1,2,\cdots,m \tag{2.34}$$

$$x_j \geqslant 0, \quad j=1,2,\cdots,n \tag{2.35}$$

$$x_1,x_2,\cdots,x_n \text{ 全部取整数} \tag{2.36}$$

设其中 $a_{ij}(i=1,2,\cdots,m;j=1,2,\cdots,n)$ 和 $b_i(i=1,2,\cdots,m)$ 皆为整数(若不为整数，则可乘一个倍数化为整数)。

纯整数规划的松弛问题由式(2.33) ~ (2.35) 构成，是一个线性规划问题，可以用单纯形法求解。在松弛问题的最优单纯形表中，记 Q 为 m 个基变量的下标集合，K 为 $n-m$ 个非基变量的下标集合，则 m 个约束方程可表示为

$$x_i+\sum_{j\in K}\bar{a}_{ij}x_j=\bar{b}_i,\quad i\in Q \tag{2.37}$$

而对应的最优解为 $\boldsymbol{X}^*=[x_1^*,x_2^*,\cdots,x_n^*]^{\mathrm{T}}$，其中

$$x_j^*=\begin{cases}\bar{b}_j, & j\in Q\\ 0, & j\in K\end{cases} \tag{2.38}$$

若各 $\bar{b}_j(j\in Q)$ 皆为整数，则 $\boldsymbol{X}^*$ 满足式(2.36)，因而就是纯整数规划问题的最优解；若各 $\bar{b}_j(j\in Q)$ 不全为整数，则 $\boldsymbol{X}^*$ 不满足式(2.36)，因而就不是纯整数规划问题的可行解，自然也不是最优解。

用割平面法(cutting plane approach) 解整数规划时，若其松弛问题的最优解 $\boldsymbol{X}^*$ 不满足式(2.36)，则从 $\boldsymbol{X}^*$ 的非整分量中选取一个，用以构造一个线性约束条件，将其加入原松弛问题中，形成一个新的线性规划，然后求解。若新的最优解满足整数要求，则它就是整数规划问题的最优解；否则，重复上述步骤，直到获得整数最优解为止。

为最终获得整数最优解，每次增加的线性约束条件应当具备两个基本性质：其一是已获得的不符合整数要求的松弛问题最优解不满足该线性约束条件，从而不可能在以后的解中再出现；其二是凡整数可行解均满足该线性约束条件，因而整数最优解始终被保留在每次形成的线性规划可行域中。

下面介绍构造割平面约束的一种思路。

在 $\bar{b}_j(j\in Q)$ 中，若 $\bar{b}_{i_0}(i_0\in Q)$ 不是整数，则其在式(2.37) 中对应的约束方程为

$$x_{i_0}+\sum_{j\in K}\bar{a}_{i_0,j}x_j=\bar{b}_{i_0} \tag{2.39}$$

其中，x_{i_0} 和 $x_j(j\in K)$ 按式(2.36) 应为整数；$\bar{b}_{i_0}$ 按假设不是整数；$\bar{a}_{i_0,j}(j\in K)$ 可能是整数也可能不是整数。

分解 $\bar{a}_{i_0,j}$ 和 $\bar{b}_{i_0}$ 为两部分，一部分是不超过该数的最大整数，另一部分是余下的小数，即

$$\bar{a}_{i_0,j}=N_{i_0,j}+f_{i_0,j},\quad N_{i_0,j}\leqslant\bar{a}_{i_0,j}\text{ 且为整数},0\leqslant f_{i_0,j}<1(j\in K) \tag{2.40}$$

$$\bar{b}_{i_0}=N_{i_0}+f_{i_0},\quad N_{i_0}<\bar{b}_{i_0}\text{ 且为整数},0<f_{i_0}<1 \tag{2.41}$$

将式(2.40) 和式(2.41) 代入式(2.39)，移项后得

$$x_{i_0}+\sum_{j\in K}N_{i_0,j}x_j-N_{i_0}=f_{i_0}-\sum_{j\in K}f_{i_0,j}x_j \tag{2.42}$$

式(2.42) 中，等号左边是一个整数，因而要求等号右边也是整数，又因为等号右边小于 1，因此有 $f_{i_0}-\sum_{j\in K}f_{i_0,j}x_j\leqslant 0$，即

$$\sum_{j\in K}(-f_{i_0,j})x_j\leqslant -f_{i_0} \tag{2.43}$$

现在，来考察线性约束条件式(2.43) 的性质。

一方面，由于式(2.43)中 $j \in K$，因此若将 $\boldsymbol{X}^*$ 代入，则各 x_j 作为非基变量皆为0，因而有

$$0 \leqslant -f_{i_0}$$

这与式(2.41)矛盾，因此 $\boldsymbol{X}^*$ 不满足式(2.43)。

另一方面，满足式(2.34)～(2.36)的任何一个整数可行解 $\boldsymbol{X}$ 一定也满足式(2.37)，当然也就满足式(2.39)，因而 $\boldsymbol{X}$ 必定满足式(2.42)和式(2.43)。由此可知，任何整数可行解一定能满足式(2.43)。

综上所述，线性约束条件式(2.43)具备所需要的两个基本性质。将式(2.43)和式(2.33)～(2.35)合并，构成一个新的线性规划问题。记 R 为原松弛问题可行域，R' 为新的线性规划问题的可行域。从几何意义上看，式(2.43)实际上对 R 做了一次"切割"，在留下的 R' 中，保留了原松弛问题的所有整数可行解，而不符合整数要求的 $\boldsymbol{X}^*$ 被"切割"掉了。随着"切割"过程的不断继续，整数规划最优解最终有机会成为某个线性规划可行域的顶点，作为该线性规划的最优解而被获得。

割平面法在1958年由高莫瑞(R. E. Gomory)首先提出，故又称Gomory割平面法。在割平面法中，每次增加的用于"切割"的线性约束称为割平面约束或Gomory约束。构造割平面约束的方法很多，式(2.43)是最常用的一种，它可以从相应松弛问题的最终单纯形表中直接产生。

经验表明，若从最优单纯形表中选择具有最大小数部分的非整分量所在行构造割平面约束，往往可以提高"切割"效果，减少"切割"次数。

2.2.3 分支定界法

分支定界法(branch and bound method)是一种隐枚举法(implicit enumeration)，可用于求解纯整数或混合整数规划问题，于20世纪60年代由Land Doig和Dakin等人提出。由于该方法灵活且便于用计算机求解，因此目前已成为解整数规划的重要方法。大部分整数规划商业软件，如CPLEX和BARON等都是基于分支定界法框架开发的。分支定界法的关键是分支和定界。

设有最大化的整数规划问题 A，其对应的松弛问题为 B，从求解问题 B 开始，若其最优解不符合 A 的整数条件，那么 B 的最优目标函数值必是 A 的最优目标函数值 z^* 的一个上界，记作 $\bar{z}$；而 A 的任意可行解的目标函数值将是 z^* 的一个下界，记作 $\underline{z}$。分支定界法就是将 B 的可行域分成子区域(称为分支)的方法，逐步减小 $\bar{z}$ 和增大 $\underline{z}$，最终求到 z^*。下面举例说明分支定界法的基本思想和一般步骤。

例 2.2 求解问题 A

$$\max\ z = 40x_1 + 90x_2 \quad ①$$
$$\begin{cases} 9x_1 + 7x_2 \leqslant 56 & ② \\ 7x_1 + 20x_2 \leqslant 70 & ③ \\ x_1, x_2 \geqslant 0 & ④ \\ x_1, x_2 \text{ 为整数} & ⑤ \end{cases} \tag{2.44}$$

解

先不考虑条件 ⑤，即求解相应的松弛问题 B(式 ① ～ ④)，得最优解为

$$x_1=4.81,\quad x_2=1.82,\quad z=356$$

可见其不符合整数条件 ⑤，但 $z=356$ 是问题 A 的最优目标函数值 z^* 的一个上界，记作 $\bar{z}=356$。而 $x_1=0$，$x_2=0$ 时，显然是问题 A 的一个整数可行解，其相应的 $z=0$ 是 z^* 的一个下界，记作 $\underline{z}=0$。因而有 $0\leqslant z^*\leqslant 356$。

分支定界法的解法是基于其中非整数变量的解进行分支的。例如，基于 $x_1=4.81$，对原问题 B 增加两个约束条件：

$$x_1\leqslant 4,\quad x_1\geqslant 5$$

可将原问题 B 分解为两个子问题 B_1 和 B_2，给每支增加了一个约束条件，如图 2.1 所示，这并不影响问题 A 的可行域。求解子问题 B_1 和 B_2 得最优解如下：

问题 B_1

$$x_1=4.00,\quad x_2=2.10,\quad z_1=349$$

问题 B_2

$$x_1=5.00,\quad x_2=1.57,\quad z_2=341$$

显然，仍没有得到全部变量是整数的解。因 $z_1>z_2$，故将 $\bar{z}$ 改为 349。因而有 $0\leqslant z^*\leqslant 349$。

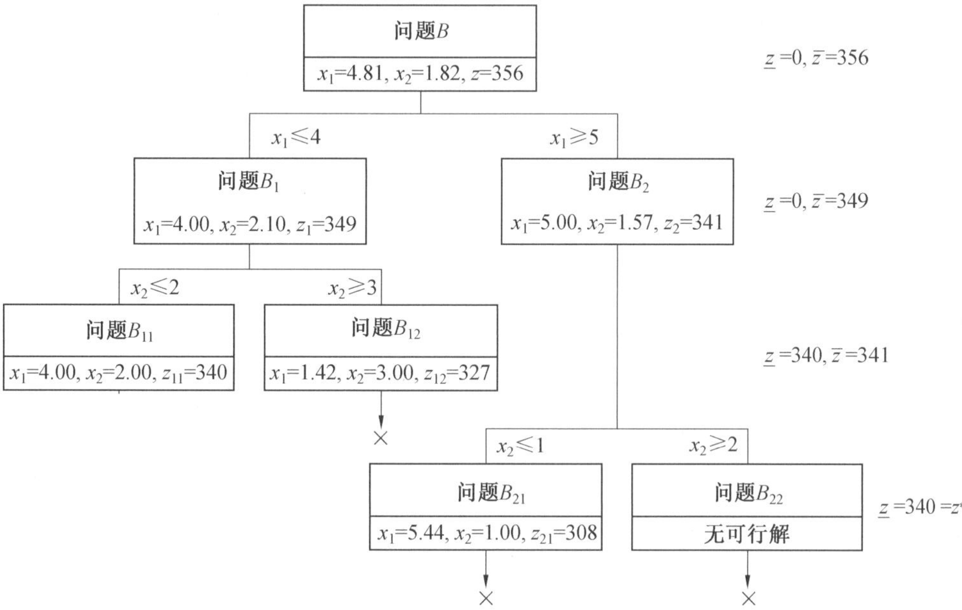

图 2.1　分支定界法原理

继续对问题 B_1 和 B_2 进行分解，因 $z_1>z_2$，故先分解 B_1 为两支。增加条件 $x_2\leqslant 2$ 者，称为问题 B_{11}；增加条件 $x_2\geqslant 3$ 者，称为问题 B_{12}。求解子问题 B_{11} 和 B_{12}，其最优解如图 2.1 所示。

可见问题 B_{11} 的解已都是整数，它的目标函数值 $z_{11}=340$，可取为$\underline{z}$，而它大于 $z_{12}=327$，所以再分解问题 B_{12} 已无必要。而问题 B_2 的解 $z_2=341$，所以 z^* 可能在 $340\leqslant z^*\leqslant$

341之间有整数解。于是继续分解问题B_2并求解，如图2.1所示。子问题B_{21}对应非整数最优解，且$z_{21}=308<z_{11}$，子问题B_{22}无可行解。于是可以断定

$$z^*=\underline{z}=z_{11}=340$$

问题B_{11}的解即为问题A的最优解。

归纳以上解题过程，可知用分支定界法求解整数规划(最大化)问题的步骤如下。

将要求解的整数规划问题称为问题A，将与其对应的松弛问题称为问题B。

① 解问题B，可能得到以下情况之一。

a. 问题B没有可行解，此时问题A也没有可行解，停止计算。

b. 问题B有最优解，且符合问题A的整数条件，则问题B的最优解即为问题A的最优解，停止计算。

c. 问题B有最优解，但不符合问题A的整数条件，则将问题B的最优解的目标函数值作为问题A的最优目标函数值z^*的一个上界$\bar{z}$。

② 用观察法找到问题A的一个整数可行解，如可取$x_j=0, j=1,2,\cdots,n$试探，求得其目标函数值，作为问题A的最优目标函数值z^*的一个下界$\underline{z}$，这时有

$$\underline{z}\leqslant z^*\leqslant\bar{z}$$

③ 进行迭代。

第一步：分支，在问题B的最优解中任选一个不符合整数条件的变量x_j，其值为b_j，以$[b_j]$表示小于b_j的最大整数。构造两个约束条件：

$$x_j\leqslant[b_j], x_j\geqslant[b_j]+1$$

将这两个约束条件分别加入问题B，形成两个子问题B_1和B_2并求解。

定界，以每个子问题为一分支，标明求解的结果，与其他问题(不包括已被分支的问题)的解进行比较，找出最优目标函数值最大者作为新的上界$\bar{z}$。从求解结果已符合整数条件的各分支子问题中，找出目标函数值为最大者作为新的下界$\underline{z}$，若无符合条件者，取$\underline{z}=0$。

第二步：比较与剪支，各分支的最优目标函数值中若有小于$\underline{z}$者，则剪掉这支，以后不再考虑。若大于$\underline{z}$，且不符合整数条件，则重复第一步骤。直到最后得到$z^*=\underline{z}$为止。

分支定界法可用于求解纯整数规划问题和混合整数规划问题。

2.3 线性目标规划模型及求解方法

线性规划在实践中得到了广泛的应用，但也暴露出两方面的不足：一是不能处理多目标的优化问题；二是其约束条件过于刚性化，不允许约束资源有丝毫超差。也就是说，在处理实际问题时，线性规划存在着由其“刚性”本质所注定的某些固有的局限性。现代决策强调定量分析和定性分析相结合，强调硬技术和软技术相结合，强调矛盾和冲突的合理性，强调妥协和让步的必要性。线性规划无法胜任这些要求。

1961年，查恩斯(A. Charnes)和库伯(W. W. Cooper)提出了目标规划(goal programming)的有关概念和数学模型。经过几十年的发展，目标规划的相关理论不断完善。目标规划在处理实际决策问题时，承认各项决策要求(即使是冲突的)的存在有其

合理性；在做最终决策时，不强调其绝对意义上的最优性。由于目标规划在一定程度上弥补了线性规划的局限性，因此被认为是一种更加贴近实际的决策工具。

本节介绍线性目标规划的相关理论，后面章节在提到目标规划时，均特指线性目标规划。

2.3.1 数学模型

先引入目标规划的数学模型涉及的一些基本概念。

① 正、负偏差变量 d^+、d^-。

对每一个决策目标，引入正、负偏差变量 d^+ 和 d^-，分别表示决策值超出或者不足目标值的部分。按定义应有 $d^+\geqslant 0, d^-\geqslant 0, d^+\cdot d^-=0$。

② 绝对约束和目标约束。

绝对约束是指必须严格满足的约束条件，如线性规划问题中的约束条件都是绝对约束。绝对约束是硬约束，对它的满足与否，决定了解的可行性。目标约束是目标规划特有的概念，是一种软约束，目标约束中决策值和目标值之间的差异用偏差变量表示。线性规划问题的目标函数，在给定目标值和加入正、负偏差变量后可变换为目标约束。也可根据问题的需要将绝对约束变换为目标约束。

③ 优先因子和权系数。

一个规划问题常常有若干目标，但决策者在衡量这些目标时，往往有主次或轻重缓急的不同。要求第一位达到的目标赋予优先因子 P_1，次位的目标赋予优先因子 P_2…… 并规定 $P_k \gg P_{k+1}(k=1,2,\cdots,K)$，表示 P_k 比 P_{k+1} 有更大的优先权。即首先保证 P_1 级目标的实现，这时可不考虑次级目标；而 P_2 级目标是在实现 P_1 级目标的基础上考虑的；以此类推。若要区别具有相同优先因子的两个目标的差别，这时可分别赋予它们不同的权系数，这些都由决策者视具体情况而定。

④ 目标规划的目标函数。

目标规划的目标函数（又称为准则函数或达成函数）由各目标约束的偏差变量及相应的优先因子和权系数构成。由于目标规划追求的是尽可能接近各既定目标值，也就是使各有关偏差变量尽可能小，所以其目标函数只能是极小化。应用时，有三种基本表达式，具体如下。

a. 要求恰好达到目标值。即正、负偏差变量都要尽可能地小，因此有

$$\min\{f(d^+ + d^-)\}$$

b. 要求不超过目标值，即允许达不到目标值，就是正偏差变量要尽可能地小，因此有

$$\min\{f(d^+)\}$$

c. 要求不低于目标值，即允许超过目标值，就是负偏差变量要尽可能地小，因此有

$$\min\{f(d^-)\}$$

对每一个具体的目标规划问题，可以根据决策者的要求和赋予各目标的优先因子来构造目标函数。

目标规划数学模型的一般形式为

$$\min\left\{P_l\left(\sum_{k=1}^{K}(W_{lk}^{-}d_k^{-}+W_{lk}^{+}d_k^{+})\right),l=1,2,\cdots,L\right\}$$

$$\text{s. t.}\begin{cases}\sum_{j=1}^{n}c_{kj}x_j+d_k^{-}-d_k^{+}=g_k, & k=1,2,\cdots,K\\ \sum_{j=1}^{n}a_{ij}x_j\leqslant(=,\geqslant)\,b_i, & i=1,2,\cdots,m\\ x_j\geqslant 0, & j=1,2,\cdots,n\\ d_k^{-},d_k^{+}\geqslant 0, & k=1,2,\cdots,K\end{cases} \tag{2.45}$$

式中，g_k 为第 k 个目标约束的预期目标值；W_{lk}^{-} 和 W_{lk}^{+} 为 P_l 优先因子对应各目标的权系数。

在建立目标规划数学模型时，需要确定预期目标值、优先级和权系数等，应综合运用各种决策技术，尽可能地减少主观片面性。

2.3.2 求解方法

目标规划的数学模型实际上是最小化模型的线性规划，可以用单纯形法求解。需要注意的是，因为目标规划问题的目标函数都是求最小化，所以应将检验数的最优准则调整为

$$c_j-z_j\geqslant 0,\quad j=1,2,\cdots,n$$

下面介绍求解目标规划问题的 3 种不同方法。

(1) 检验数分列的单纯形法。

① 建立初始单纯形表，在表中将检验数行按优先因子个数分别列成 K 行，置 $k=1$，即对应优先因子行中的第 1 行开始计数。

② 检查该行中是否存在负数，且对应列的前 $k-1$ 行的系数是零。若有负数取其中最小者对应的变量为换入变量，转 ③；若无负数，则转 ⑤。

③ 按最小比值规则确定换出变量，当存在两个和两个以上相同的最小比值时，选取具有较高优先级别的变量为换出变量。

④ 按单纯形法进行基变换运算，建立新的计算表，返回 ②。

⑤ 当 $k=K$ 时，计算结束。表中的解即为满意解。否则置 $k=k+1$，返回到 ②。

(2) 对优先因子给定权重的计算方法。

由于前述目标规划中的优先因子应满足 $P_1\gg P_2\gg P_3\gg\cdots$，因此不妨在模型中假设优先因子 P_k 的权重等于10^{k-1}，由此可将目标规划模型表示为

$$\min\left\{\sum_{l=1}^{L}10^{L-l}\left(\sum_{k=1}^{K}(W_{lk}^{-}d_k^{-}+W_{lk}^{+}d_k^{+})\right)\right\}$$

$$\text{s. t.}\begin{cases}\sum_{j=1}^{n}c_{kj}x_j+d_k^{-}-d_k^{+}=g_k, & k=1,2,\cdots,K\\ \sum_{j=1}^{n}a_{ij}x_j\leqslant(=,\geqslant)\,b_i, & i=1,2,\cdots,m\\ x_j\geqslant 0, & j=1,2,\cdots,n\\ d_k^{-},d_k^{+}\geqslant 0, & k=1,2,\cdots,K\end{cases} \tag{2.46}$$

此时就不需要在单纯形法计算中将优先级分列，只需按一般单纯形法进行计算即可。

(3) 优先级分层优化的计算方法。

因目标规划求解时，遵循从高优先级到低优先级逐层优化的原则，故为保证较低层级的优化在较高层级优化的约束范围内进行，可将上一层级目标的优化值作为约束，加到下一层级的模型中，这种方法也称为字典序计算法。

思考题

1. 现要做 100 套钢架，每套需用长为 2.9 m、2.1 m 和 1.5 m 的元钢各一根。已知原料长为 7.4 m，问如何下料，使用的原料最省。

2. 用分支定界法求解：

$$\max z = x_1 + x_2$$

$$\begin{cases} x_1 + \dfrac{9}{14}x_2 \leqslant \dfrac{51}{14} \\ -2x_1 + x_2 \leqslant \dfrac{1}{3} \\ x_1, x_2 \geqslant 0 \\ x_1, x_2 \text{ 为整数} \end{cases}$$

3. 用以下表达式作为目标规划的目标函数，试述其逻辑是否正确。

(1) $\max z = d^- + d^+$

(2) $\max z = d^- - d^+$

(3) $\min z = d^- + d^+$

(4) $\min z = d^- - d^+$

第 3 章　非线性规划理论

线性规划的目标函数和约束条件都是其自变量的线性函数，如果目标函数或约束条件中包含有自变量的非线性函数，则这样的规划问题就属于非线性规划。很多工程设计优化问题的表达式中，含有变量的非线性函数。在管理问题中，如著名的马克维茨(Markowitz)投资优化组合模型，存储论中平均总费用与订货批量的关系，产品定价的决策与车间设施布局等，都涉及非线性函数的情况，这些问题均需用非线性规划的模型来表达，并借助于非线性规划的解法来求解。

3.1　无约束非线性规划模型及求解方法

3.1.1　基本概念

1. 非线性规划数学模型

非线性规划数学模型的一般形式是

$$\begin{cases} \min f(\boldsymbol{X}) \\ \quad h_i(\boldsymbol{X})=0, \quad i=1,2,\cdots,m \\ \quad g_j(\boldsymbol{X})\geqslant 0, \quad i=1,2,\cdots,l \end{cases} \tag{3.1}$$

其中，$\boldsymbol{X}=[x_1,x_2,\cdots,x_n]^{\mathrm{T}}$ 是 n 维欧氏空间 E_n 中的点(向量)；目标函数 $f(\boldsymbol{X})$ 和约束函数 $h_i(\boldsymbol{X})$、$g_i(\boldsymbol{X})$ 为 $\boldsymbol{X}$ 的实函数。

有时，也将非线性规划的数学模型写成

$$\begin{cases} \min f(\boldsymbol{X}) \\ \quad g_j(\boldsymbol{X})\geqslant 0, \quad i=1,2,\cdots,l \end{cases} \tag{3.2}$$

即约束条件中不出现等式，如果有某一约束条件为等式 $g_j(\boldsymbol{X})=0$，则可用如下两个不等式约束替代它：

$$\begin{cases} g_j(\boldsymbol{X})\geqslant 0 \\ -g_j(\boldsymbol{X})\geqslant 0 \end{cases}$$

模型式(3.2)也常表示成另一种形式：

$$\begin{cases} \min f(\boldsymbol{X}) \quad \boldsymbol{X}\in R\in E_n \\ \quad R=\{\boldsymbol{X}\mid g_j(\boldsymbol{X})\geqslant 0, \quad (j=1,2,\cdots,l)\} \end{cases} \tag{3.3}$$

其中，R 为问题的可行域。

若某个约束条件是“$\leqslant$”不等式的形式，只需用“-1”乘这个约束的两端，即可将其变成“$\geqslant$”的形式。此外，由于 $\max f(\boldsymbol{X})=-\min[-f(\boldsymbol{X})]$，且这两种情况下求出的最优解相同(若有最优解存在),因此当需使目标函数极大化时,只需求其负函数极小化即可。

2. 几个定义

下面给出有关局部极小和全局极小的定义。

设 $f(\boldsymbol{X})$ 为定义在 n 维欧氏空间 E_n 的某一区域 R 上的 n 元实函数(可记为 $f(\boldsymbol{X}):R\subset E_n\to E_1$),对于 $\boldsymbol{X}^*\in R$,如果存在某个 $\varepsilon>0$,使所有与 $\boldsymbol{X}^*$ 的距离小于 ε 的 $\boldsymbol{X}\in R$(即 $\boldsymbol{X}\in R$ 且 $\|\boldsymbol{X}-\boldsymbol{X}^*\|<\varepsilon$),都有 $f(\boldsymbol{X})\geqslant f(\boldsymbol{X}^*)$,则称 $\boldsymbol{X}^*$ 为 $f(\boldsymbol{X})$ 在 R 上的局部极小点,$f(\boldsymbol{X}^*)$ 为局部极小值。若对于所有 $\boldsymbol{X}\neq\boldsymbol{X}^*$ 且与 $\boldsymbol{X}^*$ 的距离小于 ε 的 $\boldsymbol{X}\in R$,都有 $f(\boldsymbol{X})>f(\boldsymbol{X}^*)$,则称 $\boldsymbol{X}^*$ 为 $f(\boldsymbol{X})$ 在 R 上的严格局部极小点,$f(\boldsymbol{X}^*)$ 为严格局部极小值。

设 $f(\boldsymbol{X})$ 为定义在 E_n 的某一区域 R 上的 n 元实函数,若存在 $\boldsymbol{X}^*\in R$,对所有 $\boldsymbol{X}\in R$ 都有 $f(\boldsymbol{X})\geqslant f(\boldsymbol{X}^*)$,则称 $\boldsymbol{X}^*$ 为 $f(\boldsymbol{X})$ 在 R 上的全局极小点,$f(\boldsymbol{X}^*)$ 为全局极小值。若对于所有 $\boldsymbol{X}\in R$ 且 $\boldsymbol{X}\neq\boldsymbol{X}^*$,都有 $f(\boldsymbol{X})>f(\boldsymbol{X}^*)$,则称 $\boldsymbol{X}^*$ 为 $f(\boldsymbol{X})$ 在 R 上的严格全局极小点,$f(\boldsymbol{X}^*)$ 为严格全局极小值。

若将上述定义中的不等式反号,则可得到相应极大点和极大值的定义。

下面仅就极小点和极小值加以说明,而且主要研究局部极小。

3. 极值点存在的条件

现说明极值点存在的必要条件和充分条件。

定理 3.1 (必要条件)

设 R 是 n 维欧氏空间 E_n 上的某一开集,$f(\boldsymbol{X})$ 在 R 上有连续一阶偏导数,且存在 $\boldsymbol{X}^*\in R$ 取得局部极值,则必有

$$\frac{\partial f(\boldsymbol{X}^*)}{\partial x_1}=\frac{\partial f(\boldsymbol{X}^*)}{\partial x_2}=\cdots=\frac{\partial f(\boldsymbol{X}^*)}{\partial x_n}=0 \tag{3.4}$$

或写成

$$\nabla f(\boldsymbol{X}^*)=0 \tag{3.5}$$

此处

$$\nabla f(\boldsymbol{X}^*)=\left(\frac{\partial f(\boldsymbol{X}^*)}{\partial x_1},\frac{\partial f(\boldsymbol{X}^*)}{\partial x_2},\cdots,\frac{\partial f(\boldsymbol{X}^*)}{\partial x_n}\right) \tag{3.6}$$

为函数 $f(\boldsymbol{X})$ 在点 $\boldsymbol{X}^*$ 处的梯度。

由数学分析可知,$\nabla f(\boldsymbol{X})$ 的方向为 $f(\boldsymbol{X})$ 的等值面(等值线)的法线(在点 $\boldsymbol{X}$ 处)方向,沿这个方向函数值增加最快。满足式(3.4)或式(3.5)的点称为稳定点(驻点)。

定理 3.2 (充分条件)

设 R 是 n 维欧氏空间 E_n 上的某一开集,$f(\boldsymbol{X})$ 在 R 上有连续二阶偏导数,若 $\nabla f(\boldsymbol{X}^*)=0$,且 $\nabla f(\boldsymbol{X}^*)$ 正定,则 $\boldsymbol{X}^*\in R$ 为 $f(\boldsymbol{X})$ 的严格局部极小点。此处

$$\nabla^2 f(\boldsymbol{X}^*)=\begin{bmatrix}\dfrac{\partial^2 f(\boldsymbol{X}^*)}{\partial x_1^2} & \dfrac{\partial^2 f(\boldsymbol{X}^*)}{\partial x_1 x_2} & \cdots & \dfrac{\partial^2 f(\boldsymbol{X}^*)}{\partial x_1 x_n}\\ \dfrac{\partial^2 f(\boldsymbol{X}^*)}{\partial x_2 x_1} & \dfrac{\partial^2 f(\boldsymbol{X}^*)}{\partial x_2^2} & \cdots & \dfrac{\partial^2 f(\boldsymbol{X}^*)}{\partial x_2 x_n}\\ \vdots & \vdots & & \vdots\\ \dfrac{\partial^2 f(\boldsymbol{X}^*)}{\partial x_n x_1} & \dfrac{\partial^2 f(\boldsymbol{X}^*)}{\partial x_n x_2} & \cdots & \dfrac{\partial^2 f(\boldsymbol{X}^*)}{\partial x_n^2}\end{bmatrix} \tag{3.7}$$

为 $f(\boldsymbol{X})$ 在点 $\boldsymbol{X}^*$ 处的黑塞(Hesse) 矩阵。

证明从略。

例 3.1 研究函数 $f(\boldsymbol{X})=x_1^2-x_2^2$ 是否存在极值点。

解 先由极值点存在的必要条件求出稳定点：

$$\frac{\partial f(\boldsymbol{X})}{\partial x_1}=2x_1,\quad \frac{\partial f(\boldsymbol{X})}{\partial x_2}=-2x_2$$

令 $\nabla f(\boldsymbol{X})=0$,即 $2x_1=0$ 和 $-2x_2=0$,得稳定点为

$$\boldsymbol{X}=[x_1,x_2]^{\mathrm{T}}=[0,0]^{\mathrm{T}}$$

再用充分条件进行检验,有

$$\frac{\partial^2 f(\boldsymbol{X})}{\partial x_1^2}-2,\quad \frac{\partial^2 f(\boldsymbol{X})}{\partial x_2^2}=\quad 2,\quad \frac{\partial^2 f(\boldsymbol{X})}{\partial x_1\partial x_2}-\frac{\partial^2 f(\boldsymbol{X})}{\partial x_2\partial x_1}=0$$

从而有

$$\nabla^2 f(\boldsymbol{X}^*)=\begin{bmatrix}2 & 0\\ 0 & -2\end{bmatrix}$$

由于其黑塞矩阵 $\nabla^2 f(\boldsymbol{X}^*)$ 不定,因此 $\boldsymbol{X}=[0,0]^{\mathrm{T}}$ 不是极值点,而是一个鞍点。

4. 凸函数和凹函数

凸集、凸函数及凸函数的极值的性质,是研究非线性规划问题所不可或缺的内容。凸集的概念在讲线性规划时已做过说明,因而这里简要说明一下凸函数的有关问题。

(1) 定义。

设 $f(\boldsymbol{X})$ 为定义在 n 维欧氏空间 E_n 中的某个凸集 R_c 上的函数,若对任何实数 $\alpha(0<\alpha<1)$ 及 R_c 中的任意两点 $\boldsymbol{X}^{(1)}$ 和 $\boldsymbol{X}^{(2)}$,恒有

$$f(\alpha\boldsymbol{X}^{(1)}+(1-\alpha)\boldsymbol{X}^{(2)})\leqslant\alpha f(\boldsymbol{X}^{(1)})+(1-\alpha)f(\boldsymbol{X}^{(2)})\tag{3.8}$$

则称 $f(\boldsymbol{X})$ 为定义在 R_c 上的凸函数。

若对每一个 $\alpha(0<\alpha<1)$ 和任意两点 $\boldsymbol{X}^{(1)}\neq\boldsymbol{X}^{(2)}\in R_c$,恒有

$$f(\alpha\boldsymbol{X}^{(1)}+(1-\alpha)\boldsymbol{X}^{(2)})<\alpha f(\boldsymbol{X}^{(1)})+(1-\alpha)f(\boldsymbol{X}^{(2)})\tag{3.9}$$

则称 $f(\boldsymbol{X})$ 为定义在 R_c 上的严格凸函数。

若将式(3.8) 和式(3.9) 中的不等号反向,则可得到凹函数和严格凹函数的定义。显然,若函数 $f(\boldsymbol{X})=-g(\boldsymbol{X})$ 是凸函数(严格凸函数),则 $g(\boldsymbol{X})$ 一定是凹函数(严格凹函数)。

凸函数和凹函数的集合意义十分明显,若函数图形上任意两点的连线都不在这个图形的下方,它就是下凸的。凹函数则是向下凹的(上凸的)。线性函数既可以看成凸函数,也可以看成凹函数。

(2) 凸函数的性质。

性质 1 设 $f(\boldsymbol{X})$ 为定义在凸集 R_c 上的凸函数,则对任意实数 $\beta\geqslant0$,函数 $\beta f(\boldsymbol{X})$ 也是定义在 R_c 上的凸函数。

性质 2 设 $f_1(\boldsymbol{X})$ 和 $f_2(\boldsymbol{X})$ 为定义在凸集 R_c 上的两个凸函数,则这两个凸函数的和 $f(\boldsymbol{X})=f_1(\boldsymbol{X})+f_2(\boldsymbol{X})$ 仍为定义在 R_c 上的凸函数。

由以上两个性质可以得到,有限个凸函数的非负线性组合

$$\beta_1 f_1(\boldsymbol{X}) + \beta_2 f_2(\boldsymbol{X}) + \cdots + \beta_m f_m(\boldsymbol{X})$$
$$\beta_i \geqslant 0, \quad i = 1, 2, \cdots, m$$

仍为凸函数。

性质 3　设 $f(\boldsymbol{X})$ 为定义在凸集 R_c 上的凸函数，则对每一个实数 β，集合（称为水平集合）

$$S_\beta = \{\boldsymbol{X} \mid \boldsymbol{X} \in R_c, f(\boldsymbol{X}) \leqslant \beta\} \tag{3.10}$$

是凸集。

(3) 凸函数的判定。

要判定一个函数是不是凸函数，可直接依据定义去判别；对于可微凸函数，也可用下述两个条件判定。

① 一阶条件。设 R_c 为 E_n 上的开凸集，$f(\boldsymbol{X})$ 在 R_c 上可微，则 $f(\boldsymbol{X})$ 为 R_c 上的凸函数的充要条件是，对任意不同两点 $\boldsymbol{X}^{(1)} \in R_c$ 和 $\boldsymbol{X}^{(2)} \in R_c$，恒有

$$f(\boldsymbol{X}^{(2)}) \geqslant f(\boldsymbol{X}^{(1)}) + \nabla f(\boldsymbol{X}^{(1)})^{\mathrm{T}} (\boldsymbol{X}^{(2)} - \boldsymbol{X}^{(1)}) \tag{3.11}$$

若式(3.11) 为严格不等式，那么它就是严格凸函数的充要条件。若将式(3.11) 中的不等号反向，则可得到凹函数（严格不等号时为严格凹函数）的充要条件。

② 二阶条件。设 R_c 为 E_n 上的开凸集，$f(\boldsymbol{X})$ 在 R_c 上二阶可微，则 $f(\boldsymbol{X})$ 为 R_c 上的凸函数（凹函数）的充要条件是，对所有 $\boldsymbol{X} \in R_c$，其黑塞矩阵半正定（半负定）。

若 $f(\boldsymbol{X})$ 的黑塞矩阵对所有 $\boldsymbol{X} \in R_c$ 都是正定（负定）的，则 $f(\boldsymbol{X})$ 为 R_c 上的严格凸函数（严格凹函数）。

例 3.2　证明 $f(\boldsymbol{X}) = x_1^2 + x_2^2$ 为严格凸函数。

证明　先用一阶条件证明：

任取两个不同的点 $\boldsymbol{X}^{(1)} = [a_1, b_1]^{\mathrm{T}}$ 和 $\boldsymbol{X}^{(2)} = [a_2, b_2]^{\mathrm{T}}$，有

$$f(\boldsymbol{X}^{(1)}) = a_1^2 + b_1^2, \quad f(\boldsymbol{X}^{(2)}) = a_2^2 + b_2^2, \quad \nabla f(\boldsymbol{X}^{(1)}) = [2a_1, 2b_1]^{\mathrm{T}}$$

接下来，看

$$a_2^2 + b_2^2 > a_1^2 + b_1^2 + (2a_1, 2b_1) \begin{bmatrix} a_2 - a_1 \\ b_2 - b_1 \end{bmatrix}$$

或

$$a_2^2 + b_2^2 > a_1^2 + b_1^2 + 2a_1 a_2 - 2a_1^2 + 2b_1 b_2 - 2b_1^2$$

或

$$(a_2 - a_1)^2 + (b_2 - b_1)^2 > 0$$

是否成立，由于 $\boldsymbol{X}^{(1)} \neq \boldsymbol{X}^{(2)}$，因此上式成立，从而得证。

下面用二阶条件证明：

$$\frac{\partial f(\boldsymbol{X})}{\partial x_1} = 2x_1, \quad \frac{\partial f(\boldsymbol{X})}{\partial x_2} = 2x_2, \quad \frac{\partial^2 f(\boldsymbol{X})}{\partial x_1^2} = 2$$
$$\frac{\partial^2 f(\boldsymbol{X})}{\partial x_2^2} = 2, \quad \frac{\partial^2 f(\boldsymbol{X})}{\partial x_1 x_2} = \frac{\partial^2 f(\boldsymbol{X})}{\partial x_2 x_1} = 0$$

其黑塞矩阵为

$$\nabla^2 f(\boldsymbol{X}) = \begin{bmatrix} 2 & 0 \\ 0 & 2 \end{bmatrix}$$

因 $\nabla^2 f(\boldsymbol{X})$ 正定，故 $f(\boldsymbol{X})$ 为严格凸函数。

③ 凸函数的极值。前面已指出，函数的局部极小值并不一定等于它的最小值。前者只不过反映了函数的局部性质。而最优化的目的往往是要求函数在整个域内的最小值(最大值)。为此，必须求出其所有的极小值并加以比较(有时需考虑其边界值)，以便从中选出最小值。然而，对于定义在凸集上的凸函数来说，其任一极小值就等于其最小值。而且，它的极小点形成一个凸集。

现设 $f(\boldsymbol{X})$ 是定义在凸集 R_c 上的可微函数，如果存在点 $\boldsymbol{X}^* \in R_c$，使得对于所有的 $\boldsymbol{X} \in R_c$，都有

$$\nabla f(\boldsymbol{X}^*)(\boldsymbol{X}-\boldsymbol{X}^*) \geqslant 0 \tag{3.12}$$

则 $\boldsymbol{X}^*$ 就是 $f(\boldsymbol{X})$ 在 R_c 上的最小点(全局极小点)。

上述结论可由凸函数的一阶判定条件直接推出。

若 $\boldsymbol{X}^*$ 是 R_c 的内点，则向量 $\boldsymbol{X}-\boldsymbol{X}^*$ 在 n 维欧氏空间 E_n 中可取任一方向，这意味着这时可用式 $\nabla f(\boldsymbol{X}^*)=0$ 代替式(3.12)，可知在这种情况下，$\nabla f(\boldsymbol{X})=0$ 不仅是极值点存在的必要条件，同时也是其充分条件。

5. 凸规划

现考虑非线性规划式(3.2)，若其中的 $f(\boldsymbol{X})$ 为凸函数，$g_j(\boldsymbol{X})(j=1,2,\cdots,l)$ 全为凹函数(即所有 $-g_j(\boldsymbol{X})$ 全为凸函数)，则称这种规划为凸规划。

凸规划具有下述性质。

(1) 可行解集为凸集。

(2) 最优解集为凸集(假定最优解存在)。

(3) 任何局部最优解也是其全局最优解。

(4) 若目标函数为严格凸函数，且最优解存在，则其最优解必唯一。

考虑凸规划：

$$\begin{cases} \min f(\boldsymbol{X}) \\ \quad g_j(\boldsymbol{X}) \geqslant 0, \quad j=1,2,\cdots,l \\ \quad f(\boldsymbol{X}), -g_j(\boldsymbol{X}) \text{ 为凸函数} \end{cases} \tag{3.13}$$

以 R_c 表示其可行解的集合。若任取 $\boldsymbol{X}^{(1)} \in R_c$，$\boldsymbol{X}^{(2)} \in R_c$，则对任意 $\alpha \in (0,1)$，有

$$g_j(\alpha\boldsymbol{X}^{(1)}+(1-\alpha)\boldsymbol{X}^{(2)}) \geqslant \alpha g_j(\boldsymbol{X}^{(1)})+(1-\alpha)g_j(\boldsymbol{X}^{(2)}) \geqslant 0,$$
$$j=1,2,\cdots,l$$

即 $\boldsymbol{X}^{(1)}+(1-\alpha)\boldsymbol{X}^{(2)} \in R_c$。这就证明了性质(1)。

由于凸规划的可行域为凸集，$f(\boldsymbol{X})$ 为凸函数，可知性质(2) 和性质(3) 成立。下面用反证法证明性质(4)。

设其最优解不唯一，即存在最优解 $\boldsymbol{X}^{(1)} \in R_c$ 和 $\boldsymbol{X}^{(2)} \in R_c$，且 $\boldsymbol{X}^{(1)} \neq \boldsymbol{X}^{(2)}$，而 $f(\boldsymbol{X}^{(1)})=f(\boldsymbol{X}^{(2)})$。现任取 $\alpha \in (0,1)$，由于 R_c 为凸集，因此有

$$\boldsymbol{X}^{(1)}+(1-\alpha)\boldsymbol{X}^{(2)} \in R_c$$

根据严格凸函数的定义，有

$$f(\alpha\boldsymbol{X}^{(1)}+(1-\alpha)\boldsymbol{X}^{(2)}) < \alpha f(\boldsymbol{X}^{(1)})+(1-\alpha)f(\boldsymbol{X}^{(2)})=f(\boldsymbol{X}^{(1)})$$

这说明还有比 $\boldsymbol{X}^{(1)}$ 和 $\boldsymbol{X}^{(2)}$ 更好的解，从而引出矛盾。

由于线性函数既可视为凸函数，又可视为凹函数，因此线性规划也属于凸规划。

例 3.3　验证下述非线性规划为凸规划：

$$\begin{cases} \min f(\boldsymbol{X}) = x_1^2 + x_2^2 - 4x_1 + 4 \\ \quad g_1(\boldsymbol{X}) = x_1 - x_2 + 2 \geqslant 0 \\ \quad g_2(\boldsymbol{X}) = -x_1^2 + x_2 - 2 \geqslant 0 \\ \quad g_3(\boldsymbol{X}) = x_1 \geqslant 0 \\ \quad g_4(\boldsymbol{X}) = x_2 \geqslant 0 \end{cases}$$

解　第 1、3、4 个约束条件都是自变量的线性函数，把它们看成凸函数和凹函数都可以，现视它们为凹函数。

第 2 个约束条件的黑塞矩阵为

$$\nabla^2 g_2(\boldsymbol{X}) = \begin{bmatrix} -2 & 0 \\ 0 & 0 \end{bmatrix}$$

因其半负定，故 $g_2(\boldsymbol{X})$ 也为凹函数。

目标函数 $f(\boldsymbol{X})$ 的黑塞矩阵为

$$\nabla^2 f(\boldsymbol{X}) = \begin{bmatrix} 2 & 0 \\ 0 & 2 \end{bmatrix}$$

因其正定，故 $f(\boldsymbol{X})$ 为严格凸函数。

从而可知该非线性规划为凸规划。其有唯一的极小点 $\boldsymbol{X}^* = [0.58, 1.34]^{\mathrm{T}}$，$f(\boldsymbol{X}^*) = 3.8$。

6. 下降迭代算法

由前面所述可知，对于可微函数来说，为了求得最优解，可令其梯度等于零，由此求得稳定点。然后再用充分条件进行判别，以求出最优解。对于某些较简单的函数，这样做有时可行；但对一般 n 元函数 $f(\boldsymbol{X})$ 来说，由条件 $\nabla f(\boldsymbol{X}) = 0$ 得到的常常是一个非线性方程组，求解相当困难。此外，很多实际问题往往很难求出或根本求不出目标函数对各自变量的偏导数，从而使一阶必要条件难以应用。因此，除了个别的情形之外，常直接使用迭代法。

迭代法的基本思想是：从最优点的某一个初始估计 $\boldsymbol{X}^{(0)}$ 出发，按照一定的规则(即所谓算法)，先找一个比 $\boldsymbol{X}^{(0)}$ 更好的点 $\boldsymbol{X}^{(1)}$(对极小化问题来说，$f(\boldsymbol{X}^{(1)})$ 比 $f(\boldsymbol{X}^{(0)})$ 更小；对极大化问题来说，$f(\boldsymbol{X}^{(1)})$ 比 $f(\boldsymbol{X}^{(0)})$ 更小)，再找比 $\boldsymbol{X}^{(1)}$ 更好的点 $\boldsymbol{X}^{(2)}$ …… 如此继续，就产生了一个解点的序列 $\{\boldsymbol{X}^{(k)}\}$。若该点列有一极限点 $\boldsymbol{X}^*$，即

$$\lim_{k \to \infty} \| \boldsymbol{X}^{(k)} - \boldsymbol{X}^* \| = 0 \tag{3.14}$$

就称该点列收敛于 $\boldsymbol{X}^*$。对于某一算法来说，要求它产生的点列 $\{\boldsymbol{X}^{(k)}\}$ 中的某一点本身就是最优点，或者该点列的极限点 $\boldsymbol{X}^*$ 就是问题的最优点。

对于极小化问题，要求由选取的某一算法所产生的解得序列 $\{\boldsymbol{X}^{(k)}\}$，其对应的目标函数值 $f(\boldsymbol{X}^{(k)})$ 应是逐步减小的，即要求

$$f(\boldsymbol{X}^{(0)}) > f(\boldsymbol{X}^{(1)}) > \cdots > f(\boldsymbol{X}^{(k)}) > \cdots$$

具有这种性质的算法称为下降迭代算法。

下降迭代算法的一般迭代格式如下。

(1) 选取某一初始点 $\boldsymbol{X}^{(0)}$，令 $k:=0$（$:=0$ 为赋值号，$k:=0$ 表示将 0 赋给变量 k）。

(2) 确定搜索方向。若已得出某一迭代点 $\boldsymbol{X}^{(k)}$，且 $\boldsymbol{X}^{(k)}$ 不是极小点。这时，就从 $\boldsymbol{X}^{(k)}$ 出发确定一搜索方向 $\boldsymbol{P}^{(k)}$，沿这个方向应能找到使目标函数值下降的点。对于约束极值问题，有时（视所用的算法而定）还要求这样的点是可行点。

(3) 确定步长。沿 $\boldsymbol{P}^{(k)}$ 方向前进一个步长，得新点 $\boldsymbol{X}^{(k+1)}$，即在由 $\boldsymbol{X}^{(k)}$ 出发的射线

$$\boldsymbol{X}=\boldsymbol{X}^{(k)}+\lambda\boldsymbol{P}^{(k)},\quad \lambda\geqslant 0$$

上，通过选定步长（因子）$\lambda=\lambda_k$，得下一个迭代点

$$\boldsymbol{X}^{(k+1)}=\boldsymbol{X}^{(k)}+\lambda_k\boldsymbol{P}^{(k)}$$

使得

$$f(\boldsymbol{X}^{(k+1)})=f(\boldsymbol{X}^{(k)}+\lambda_k\boldsymbol{P}^{(k)})<f(\boldsymbol{X}^{(k)})$$

(4) 检验新得到的点是否为要求的极小点或近似极小点，若满足要求，迭代停止；否则，令 $k:=k+1$，返回第(2)步继续迭代。

在以上步骤中，选定搜索方向对算法起着关键性的作用，各种算法的区分，主要在于确定搜索方向的方法不同。

在许多算法中，步长的选定是由使目标函数值沿搜索方向下降最多（在极小化问题中）为依据的，即沿射线 $\boldsymbol{X}^{(k)}+\lambda_k\boldsymbol{P}^{(k)}$ 求 $f(\boldsymbol{X})$ 的极小，即选取 λ_k，使

$$f(\boldsymbol{X}^{(k)}+\lambda_k\boldsymbol{P}^{(k)})=\min_{\lambda} f(\boldsymbol{X}^{(k)}+\lambda_k\boldsymbol{P}^{(k)}) \tag{3.15}$$

由于这一项工作是以 λ 为变量的一元函数 $f(\boldsymbol{X}^{(k)}+\lambda_k\boldsymbol{P}^{(k)})$ 的极小点 λ_k，因此称这一过程为（最优）一维搜索或线搜索，由此确定的步长称为最佳步长。

一维搜索有一个重要的性质，就是在搜索方向上所得最优点处的梯度和该搜索方向正交。

定理 3.3 设目标函数 $f(\boldsymbol{X})$ 具有连续一阶偏导数，$\boldsymbol{X}^{(k+1)}$ 按下述规则产生

$$\begin{cases} f(\boldsymbol{X}^{(k)}+\lambda_k\boldsymbol{P}^{(k)})=\min\limits_{\lambda} f(\boldsymbol{X}^{(k)}+\lambda_k\boldsymbol{P}^{(k)}) \\ \boldsymbol{X}^{(k+1)}=\boldsymbol{X}^{(k)}+\lambda_k\boldsymbol{P}^{(k)} \end{cases}$$

则有

$$\nabla f(\boldsymbol{X}^{(k+1)})^{\mathrm{T}}\boldsymbol{P}^{(k)}=0 \tag{3.16}$$

证明 构造函数 $\varphi(\lambda)=f(\boldsymbol{X}^{(k)}+\lambda\boldsymbol{P}^{(k)})$，则

$$\begin{cases} \varphi(\lambda_k)=\min\limits_{\lambda}\varphi(\lambda) \\ \boldsymbol{X}^{(k+1)}=\boldsymbol{X}^{(k)}+\lambda_k\boldsymbol{P}^{(k)} \end{cases}$$

即 λ_k 为 $\varphi(\lambda)$ 的极小点。另外有

$$\varphi'(\lambda)=\nabla f(\boldsymbol{X}^{(k)}+\lambda\boldsymbol{P}^{(k)})\boldsymbol{P}^{(k)}$$

由 $\varphi'(\lambda)|_{\lambda=\lambda_k}=0$，得

$$\nabla f(\boldsymbol{X}^{(k)}+\lambda\boldsymbol{P}^{(k)})\boldsymbol{P}^{(k)}=\nabla f(\boldsymbol{X}^{(k+1)})\boldsymbol{P}^{(k)}=0$$

由于函数 $f(\boldsymbol{X})$ 在某点的梯度和过该点的等值面的切线正交，因此一维（最优）搜索的搜索方向和其上最优点处函数的等值面相切。

因真正的极值点 $\boldsymbol{X}^*$ 事先并不知道，故在实用上只能根据相继两次迭代得到的计算结果的变化来判断是否已达到要求，从而建立终止迭代计算的准则。常用的终止迭代准则有以下几种。

(1) 根据相继两次迭代结果的绝对误差。

$$\| \boldsymbol{X}^{(k+1)} - \boldsymbol{X}^{(k)} \| \leqslant \varepsilon_1$$

$$| f(\boldsymbol{X}^{(k+1)}) - f(\boldsymbol{X}^{(k)}) | \leqslant \varepsilon_2$$

(2) 根据相继两次迭代结果的相对误差。

$$\frac{\| \boldsymbol{X}^{(k+1)} - \boldsymbol{X}^{(k)} \|}{\| \boldsymbol{X}^{(k)} \|} \leqslant \varepsilon_3 \tag{3.17}$$

$$\frac{| f(\boldsymbol{X}^{(k+1)}) - f(\boldsymbol{X}^{(k)}) |}{| f(\boldsymbol{X}^{(k)}) |} \leqslant \varepsilon_4 \tag{3.18}$$

式(3.17)和式(3.18)中的分母要求不等于和不接近于零。

(3) 根据函数梯度的模足够小。

$$\| \nabla f(\boldsymbol{X}^{(k)}) \| \leqslant \varepsilon_5$$

以上各式中的 ε_1、ε_2、ε_3、ε_4 和 ε_5 为足够小的正数。

3.1.2　无约束极值问题求解算法

无约束极值问题可表述为

$$\min f(\boldsymbol{X}), \quad \boldsymbol{X} \in E_n \tag{3.19}$$

在求解上述问题时常使用迭代法。迭代法大体可分为两大类：一类是在迭代过程中仅用到函数值，而不要求函数的解析性质，这类方法称为非梯度类算法；另一类要用到函数的一阶导数和(或)二阶导数，这类方法称为梯度类算法。

1. 非梯度类算法

一般来说，非梯度类算法的收敛速度较慢，只是在变量较少时才适用。但非梯度类算法的迭代步骤简单，特别是当目标函数的解析表达式十分复杂，甚至写不出具体表达式时，它们的导数很难求得，或根本不存在，这时就只有用非梯度类算法求解。非梯度类算法很多，这里仅介绍斐波那契(Fibonacci)法和 0.618 法。

(1) 斐波那契法(分数法)。

设 $y=f(t)$ 是区间$[a,b]$上的单变量下单峰函数，它在该区间上有唯一极小点 t^*，而且函数在 t^* 之左严格下降，在 t^* 之右严格上升。若在此区间之内任取两点 a_1 和 b_1，且 $a_1 < b_1$，并计算函数值 $f(a_1)$ 和 $f(b_1)$，则可能有以下两种情况。

①$f(a_1) < f(b_1)$：此时极小点 t^* 必在区间$[a,b_1]$内。

②$f(a_1) \geqslant f(b_1)$：此时极小点 t^* 必在区间$[a_1,b]$内。

这说明，只要在搜索区间$[a,b]$内取两个不同点，并算出它们的函数值加以比较，即可把包含极小点的区间由$[a,b]$缩小为$[a,b_1]$或$[a_1,b]$。这时，如果要继续缩小搜索区间$[a,b_1]$或$[a_1,b]$，就只需在新的区间内再取一点算出其函数值，与 $f(a_1)$ 或 $f(b_1)$ 加以比较即可。只要按上述方法使缩小后的区间始终包含极小点 t^*，则区间缩得越小，就越接近于函数的极小点，但计算函数值的次数也就越多。这表明区间的缩短率和函数值的次数有关。现在要问，计算 n 次函数值能把包含极小点的区间缩小到什么程度呢？或者说，计算函数值 n 次能把原来多大的区间缩小成长度为 1 个单位的区间呢？

现用 F_n 表示计算 n 次函数值能将其缩短为 1 个单位长度区间的最大原区间长度，则显然有

$$F_0 = F_1 = 1 \tag{3.20}$$

其原因是，只有当原区间长度本来就等于一个单位区间长度时才不必计算函数值；此外，只计算一次函数值无法将区间缩短，只有原区间长度本来就是一个单位区间长度时才行。

现考虑 F_2。设想在区间 $[a,b]$ 内取两个不同点 a_1 和 b_1，并计算它们的函数值以缩短区间，缩短后的区间为 $[a,b_1]$ 或 $[a_1,b]$。由于 a_1 和 b_1 是不同的两个点，因而 $[a,b_1]$ 或 $[a_1,b]$ 这两个区间长度的区间之和必大于 $[a,b]$ 的长度。这说明计算两次函数值一般无法把长度大于 2 个单位长度的区间缩短成单位区间。但是，可以把计算函数值的点（今后称为试点）选得尽量靠近区间 $[a,b]$ 的中点，对于长度等于 2 个单位长度的区间，缩短后的区间长度等于单位长度的 $1+\varepsilon$ 倍（ε 为任意小的正数），从而使缩短后的区间长度接近于 1 个单位长度，由此得到 $F_2=2$。

用上述类似的方法可得

$$F_3 = 3, \quad F_4 = 5, \quad F_5 = 8, \quad \cdots$$

序列 $\{F_n\}$ 服从于一个一般递推公式：

$$F_n = F_{n-1} + F_{n-2}, \quad n \geqslant 2 \tag{3.21}$$

使用式(3.21)可依次计算出各 F_n 的值(表 3.1)。

表 3.1　各 F_n 的值

n	0	1	2	3	4	5	6	7	8	9	10	11	12
F_n	1	1	2	3	5	8	13	21	34	55	89	144	233

由以上讨论可知，计算 n 次函数值所能得到的最大缩短率（缩短后的区间长度与原区间长度之比）为 $1/F_n$。要想把区间 $[a_0,b_0]$ 的长度缩短为原来区间长度的 $\delta(\delta<1)$ 倍或更小，即缩短后的区间长度

$$b_{n-1} - a_{n-1} \leqslant (b_0 - a_0)\delta \tag{3.22}$$

只要 n 足够大，能使下式成立即可。

$$F_n \geqslant \frac{1}{\delta} \tag{3.23}$$

其中，δ 为区间缩短的相对精度。

有时给出区间缩短的绝对精度 η，即要求

$$b_{n-1} - a_{n-1} \leqslant \eta$$

显然 δ 和 η 之间应有如下关系：

$$\eta = (b_0 - a_0)\delta \tag{3.24}$$

现将用斐波那契法缩短区间的步骤总结如下。

① 确定试点的个数 n。根据缩短率 δ，即可用式(3.23)算出 F_n，然后由表 3.1 确定最小的 n。

② 选取前两个试点的位置。由式(3.21)可知第一次缩短时两个试点位置为

$$\begin{cases} t_1 = a_0 + \dfrac{F_{n-2}}{F_n}(b_0 - a_0) \\ \quad = b_0 + \dfrac{F_{n-1}}{F_n}(a_0 - b_0) \\ t_1' = a_0 + \dfrac{F_{n-1}}{F_n}(b_0 - a_0) \end{cases} \tag{3.25}$$

它们在区间内的位置是对称的。

③ 计算函数值 $f(t_1)$ 和 $f(t_1')$,并比较它们的大小。

若 $f(t_1) < f(t_1')$,则取

$$a_1 = a_0,\quad b_1 = t_1',\quad t_2' = t_1$$

并令

$$t_2 = b_1 + \frac{F_{n-2}}{F_{n-1}}(a_1 - b_1)$$

否则,取

$$a_1 = t_1,\quad b_1 = b_0,\quad t_2 = t_1'$$

并令

$$t_2' = a_1 + \frac{F_{n-2}}{F_{n-1}}(b_1 - a_1)$$

④ 计算 $f(t_2)$ 和 $f(t_2')$(其中的一个已经算出),如第 ③ 步那样一步步迭代。计算试点的一般公式为

$$\begin{cases} t_k = b_{k-1} + \dfrac{F_{n-k}}{F_{n-k+1}}(a_{k-1} - b_{k-1}) \\ t_k' = a_{k-1} + \dfrac{F_{n-k}}{F_{n-k+1}}(b_{k-1} - a_{k-1}) \end{cases} \tag{3.26}$$

其中,$k = 1,2,\cdots,n-1$。

⑤ 当进行至 $k = n-1$ 时,有

$$t_{n-1} = t_{n-1}' = \frac{1}{2}(a_{n-2} + b_{n-2})$$

这就无法借比较函数值 $f(t_{n-1})$ 和 $f(t_{n-1}')$ 的大小以确定最终区间,为此取

$$\begin{cases} t_{n-1} = \dfrac{1}{2}(a_{n-2} + b_{n-2}) \\ t_{n-1}' = a_{n-2} + \left(\dfrac{1}{2} + \varepsilon\right)(b_{n-2} - a_{n-2}) \end{cases} \tag{3.27}$$

其中,ε 为任意小的数。在 t_{n-1} 和 t_{n-1}' 这两点中,以函数值较小者为近似极小点,相应的函数值为近似极小值。并得最终区间 $[a_{n-1}, t_{n-1}']$ 或 $[t_{n-1}, b_{n-2}]$。

由上述分析可知,斐波那契法使用对称搜索的方法,逐步缩短所考察的区间,它能以尽量少的函数求值次数,达到预定的某一缩短率。

例 3.4　试用斐波那契法求函数 $f(t) = t^2 - t + 2$ 的近似极小点和近似极小值,要求缩短后的区间不大于区间 $[-1,3]$ 的 0.08 倍。

解　容易验证在此区间上函数 $f(t)=t^2-t+2$ 为严格凸函数。为了进行比较，给出其精确解是 $t^*=0.5$，$f(t^*)=1.75$。

已知 $a_0=-1$，$b_0=3$，$\delta=0.08$，$F_n\geqslant 1/\delta=1/0.08=12.5$，查表 3.1，得 $n=6$，则有

$$t_1=b_0+\frac{F_5}{F_6}(a_0-b_0)=3-\frac{8}{13}(-1-3)=0.538$$

$$t_1'=a_0+\frac{F_5}{F_6}(b_0-a_0)=-1+\frac{8}{13}[3-(-1)]=1.462$$

$$f(t_1)=0.538^2-0.538+2=1.751$$

$$f(t_1')=1.462^2-1.462+2=2.675$$

由于 $f(t_1)<f(t_1')$，因此取 $a_1=-1$，$b_1=1.462$，$t_2'=0.538$，则有

$$t_2=b_1+\frac{F_4}{F_5}(a_1-b_1)=1.462+\frac{5}{8}(-1-1.462)=-0.077$$

$$f(t_2)=(-0.077)^2-(-0.077)+2=2.083$$

由于 $f(t_2)>f(t_2')=1.751$，因此取 $a_2=-0.077$，$b_2=1.462$，$t_3=0.538$，则有

$$t_3'=a_2+\frac{F_3}{F_4}(b_2-a_2)=-0.077+\frac{3}{5}(1.462+0.077)=0.846$$

$$f(t_3')=0.846^2-0.846+2=1.870$$

由于 $f(t_4)>f(t_4')=1.751$，因此取 $a_4=0.231$，$b_4=0.846$，$t_4'=0.538$，则有

$$t_4=b_3+\frac{F_2}{F_3}(a_3-b_3)=0.846+\frac{2}{3}(-0.077-0.846)=0.231$$

$$f(t_4)=0.231^2-0.231+2=1.822$$

由于 $f(t_4)>f(t_4')=1.751$，故取 $a_4=0.231$，$b_4=0.846$，$t_5=0.538$，现令 $\varepsilon=0.01$，则有

$$t_5'=a_4+\left(\frac{1}{2}+\varepsilon\right)(b_4-a_4)=0.231+(0.5+0.01)(0.846-0.231)=0.545$$

$$f(t_5')=0.545^2-0.545+2=1.752>f(t_5)=1.751$$

故取 $a_5=0.231$，$b_5=0.545$。由于 $f(t_5)=1.751<f(t_5')=1.752$，所以以 t_5 为近似极小点，近似极小值为 1.751。

缩短后的区间长度为 $0.545-0.231=0.314$，$0.314/4=0.0785<0.08$。

(2)0.618 法（黄金分割法）。

由前面的论述可知，当用斐波那契法以 n 个试点来缩短某一区间时，区间长度的第一次缩短率为 F_{n-1}/F_n，其后各次分别为

$$\frac{F_{n-2}}{F_{n-1}},\frac{F_{n-3}}{F_{n-2}},\cdots,\frac{F_1}{F_2}$$

现将以上数列分为奇数项 F_{2k-1}/F_{2k} 和偶数项 F_{2k}/F_{2k+1}，可以证明，这两个数列收敛于同一个极限 0.618 033 988 741 894 8。

以不变的区间缩短率 0.618 代替斐波那契法每次不同的缩短率，就得到了 0.618 法。可以把这个方法看成是斐波那契法的近似，它比较容易实现，效果也很好，因而更容易为人们所接受。

当用 0.618 法时，计算 n 个试点的函数值可以把原区间 $[a_0, b_0]$ 连续缩短 $n-1$ 次，由于每次的缩短率均相同（为 μ），故最后的区间长度为

$$b_{n-1} - a_{n-1} = (b_0 - a_0)\mu^{n-1} \tag{3.28}$$

0.618 法是一种等速对称消去区间的方法，每次的试点均取在区间相对长度的 0.618 和 0.382 处。

2. 梯度类算法

下面介绍 3 种基本的梯度类算法，分别是：梯度法（最速下降法）、共轭梯度法和牛顿法。其中，最速下降法和共轭梯度法仅利用一阶导数（梯度）信息，收敛慢，属于一阶算法；而牛顿法则利用了梯度及二阶导数信息，收敛快，属于二阶算法。

(1) 梯度法（最速下降法）。

梯度法是一种古老的算法，但其迭代过程简单，使用方便，而且又是理解其他非线性最优化方法的基础，所以先来说明这一算法。

假定问题(3.19) 中的目标函数 $f(\boldsymbol{X})$ 具有一阶连续偏导数，它存在极小点 $\boldsymbol{X}^*$。以 $\boldsymbol{X}^{(k)}$ 表示极小点的第 k 次近似，为了求其第 $k+1$ 次近似 $\boldsymbol{X}^{(k+1)}$，在 $\boldsymbol{X}^{(k)}$ 点沿方向 $\boldsymbol{P}^{(k)}$ 作射线，有

$$\boldsymbol{X} = \boldsymbol{X}^{(k)} + \lambda \boldsymbol{P}^{(k)}, \quad \lambda \geqslant 0 \tag{3.29}$$

将 $f(\boldsymbol{X})$ 在 $\boldsymbol{X}^{(k)}$ 处做泰勒展开，得

$$f(\boldsymbol{X}) = f(\boldsymbol{X}^{(k)} + \lambda \boldsymbol{P}^{(k)}) = f(\boldsymbol{X}^{(k)}) + \lambda \nabla f(\boldsymbol{X}^{(k)})^{\mathrm{T}} \boldsymbol{P}^{(k)} + o(\lambda)$$

其中，$\nabla f(\boldsymbol{X}^{(k)})$ 为函数 $f(\boldsymbol{X})$ 在 $\boldsymbol{X}^{(k)}$ 点的梯度，可以假定 $\nabla f(\boldsymbol{X}^{(k)}) \neq 0$（否则 $\boldsymbol{X}^{(k)}$ 已是平稳点）。对于充分小的 λ，$o(\lambda)$ 是 λ 的高阶无穷小。这时，只要

$$\nabla f(\boldsymbol{X}^{(k)})^{\mathrm{T}} \boldsymbol{P}^{(k)} < 0 \tag{3.30}$$

即可保证 $f(\boldsymbol{X}^{(k)} + \lambda \boldsymbol{P}^{(k)}) < f(\boldsymbol{X}^{(k)})$。在这种情况下，若取下一个迭代点为 $\boldsymbol{X}^{(k+1)} = \boldsymbol{X}^{(k)} + \lambda \boldsymbol{P}^{(k)}$，就能使目标函数值得到改善。下面设法寻求使式(3.30) 左端取最小值的 $\boldsymbol{P}^{(k)}$。由数学知道

$$\nabla f(\boldsymbol{X}^{(k)})^{\mathrm{T}} \boldsymbol{P}^{(k)} = \| \nabla f(\boldsymbol{X}^{(k)}) \| \cdot \| \boldsymbol{P}^{(k)} \| \cos\theta \tag{3.31}$$

其中，θ 为向量 $\nabla f(\boldsymbol{X}^{(k)})$ 与 $\boldsymbol{P}^{(k)}$ 的夹角。

不妨设 $\boldsymbol{P}^{(k)}$ 的模一定。当 $\boldsymbol{P}^{(k)}$ 与 $\nabla f(\boldsymbol{X}^{(k)})$ 同向，即取 $\boldsymbol{P}^{(k)}$ 为梯度方向时，$\theta = 0$，$\cos\theta = 1$，$\nabla f(\boldsymbol{X}^{(k)})^{\mathrm{T}} \boldsymbol{P}^{(k)}$ 最大；当 $\boldsymbol{P}^{(k)}$ 与 $\nabla f(\boldsymbol{X}^{(k)})$ 反向时，$\theta = 180^\circ$，$\cos\theta = -1$，$\nabla f(\boldsymbol{X}^{(k)})^{\mathrm{T}} \boldsymbol{P}^{(k)} < 0$，且其值最小，这一方向为负梯度方向。负梯度方向是函数值下降最快的方向（通常指在 $\boldsymbol{X}^{(k)}$ 的某一小范围内），沿这一方向搜索，有可能较快地达到极小点，梯度法就采用这样的方向为搜索方向。

为了得到下一个近似极小点，在选定了搜索方向之后，还需要确定步长。选取步长的一种方法就是通过计算，即先取 λ 为某一个数，检验下式是否满足：

$$f(\boldsymbol{X}^{(k)} - \lambda \nabla f(\boldsymbol{X}^{(k)})) < f(\boldsymbol{X}^{(k)}) \tag{3.32}$$

若满足，就可以取这个 λ 值进行迭代；若不满足，就减小 λ 值使其满足上述不等式。由于采用负梯度方向为搜索方向，因此满足式(3.32) 的 λ 总是存在的。

另一种方法是通过在负梯度方向的一维搜索，来确定使 $f(\boldsymbol{X})$ 最小的 λ_k，这种梯度法就是最速下降法。

现将用梯度法求函数 $f(\boldsymbol{X})$ 的极小点的步骤总结如下。

① 给定初始点 $\boldsymbol{X}^{(0)}$ 和允许误差 $\varepsilon>0$，令 $k:=0$。

② 计算 $f(\boldsymbol{X}^{(k)})$ 和 $\nabla f(\boldsymbol{X}^{(k)})$，若 $\|\nabla f(\boldsymbol{X}^{(k)})\|^2\leqslant\varepsilon$，则停止迭代，得近似极小点 $\boldsymbol{X}^{(k)}$ 和近似极小值 $f(\boldsymbol{X}^{(k)})$；否则，转下一步。

③ 做一维搜索

$$\lambda_k:\min_{\lambda} f(\boldsymbol{X}^{(k)}-\lambda\nabla f(\boldsymbol{X}^{(k)}))$$

并计算 $\boldsymbol{X}^{(k+1)}=\boldsymbol{X}^{(k)}-\lambda\nabla f(\boldsymbol{X}^{(k)})$，然后令 $k:=k+1$，转回第 ② 步。

现设 $f(\boldsymbol{X})$ 具有二阶连续偏导数，将 $f(\boldsymbol{X}^{(k)}-\lambda\nabla f(\boldsymbol{X}^{(k)}))$ 在 $\boldsymbol{X}^{(k)}$ 处做泰勒展开，得

$$f(\boldsymbol{X}^{(k)}-\lambda\nabla f(\boldsymbol{X}^{(k)}))\approx f(\boldsymbol{X}^{(k)})-\nabla f(\boldsymbol{X}^{(k)})^{\mathrm{T}}\lambda\nabla f(\boldsymbol{X}^{(k)})+\frac{1}{2}\lambda\nabla f(\boldsymbol{X}^{(k)})^{\mathrm{T}}\nabla^2 f(\boldsymbol{X}^{(k)})\lambda\nabla f(\boldsymbol{X}^{(k)})$$

使上式对 λ 求导，并令其等于零，即可得到近似最佳步长的计算公式：

$$\lambda_k=\frac{\nabla f(\boldsymbol{X}^{(k)})^{\mathrm{T}}\nabla f(\boldsymbol{X}^{(k)})}{\nabla f(\boldsymbol{X}^{(k)})^{\mathrm{T}}\nabla^2 f(\boldsymbol{X}^{(k)})\nabla f(\boldsymbol{X}^{(k)})}\tag{3.33}$$

有时，把搜索方向 $\boldsymbol{P}^{(k)}$ 的模规格化为 1，即取

$$\boldsymbol{P}^{(k)}=-\frac{\nabla f(\boldsymbol{X}^{(k)})}{\|\nabla f(\boldsymbol{X}^{(k)})\|}\tag{3.34}$$

在这种情况下，式(3.33) 就变为

$$\lambda_k=\frac{\nabla f(\boldsymbol{X}^{(k)})^{\mathrm{T}}\nabla f(\boldsymbol{X}^{(k)})\ \|\nabla f(\boldsymbol{X}^{(k)})\|}{\nabla f(\boldsymbol{X}^{(k)})^{\mathrm{T}}\nabla^2 f(\boldsymbol{X}^{(k)})\nabla f(\boldsymbol{X}^{(k)})}\tag{3.35}$$

例 3.5 用梯度法求函数 $f(\boldsymbol{X})=x_1^2+5x_2^2$ 的极小点，取允许误差 $\varepsilon=0.7$。

解 取初始点 $\boldsymbol{X}^{(0)}=[2,1]^{\mathrm{T}}$。

$\nabla f(\boldsymbol{X})=[2x_1,10x_2]^{\mathrm{T}}$，$\nabla f(\boldsymbol{X}^{(0)})=[4,10]^{\mathrm{T}}$。其黑塞矩阵为

$$\nabla^2 f(\boldsymbol{X})=\begin{bmatrix}2&0\\0&10\end{bmatrix}$$

$$\lambda_0=\frac{[4,10]\begin{bmatrix}4\\10\end{bmatrix}}{(4,10]\begin{bmatrix}2&0\\0&10\end{bmatrix}\begin{bmatrix}4\\10\end{bmatrix}}=0.112\,4$$

$$\boldsymbol{X}^{(1)}=\begin{bmatrix}2\\1\end{bmatrix}-0.112\,4\begin{bmatrix}4\\10\end{bmatrix}=\begin{bmatrix}1.550\,4\\-0.124\,0\end{bmatrix}$$

$$\nabla f(\boldsymbol{X}^{(1)})=\begin{bmatrix}3.100\,8\\-1.240\,0\end{bmatrix},\quad \|\nabla f(\boldsymbol{X}^{(1)})\|^2=11.152\,6>\varepsilon$$

$$\lambda_1=\frac{[3.100\,8,-1.240\,0]\begin{bmatrix}3.100\,8\\-1.240\,0\end{bmatrix}}{(3.100\,8,-1.240\,0]\begin{bmatrix}2&0\\0&10\end{bmatrix}\begin{bmatrix}3.100\,8\\-1.240\,0\end{bmatrix}}=0.322\,3$$

$$\boldsymbol{X}^{(2)}=\begin{bmatrix}1.550\,4\\-0.124\,0\end{bmatrix}-0.322\,3\begin{bmatrix}3.100\,8\\-1.240\,0\end{bmatrix}=\begin{bmatrix}0.551\,0\\0.275\,7\end{bmatrix}$$

$$\nabla f(\boldsymbol{X}^{(2)})=\begin{bmatrix}1.102\\2.757\end{bmatrix},\quad \|\nabla f(\boldsymbol{X}^{(2)})\|^2=8.815>\varepsilon$$

$$\lambda_2=\frac{[1.102,2.757]\begin{bmatrix}1.102\\2.757\end{bmatrix}}{[1.102,2.757]\begin{bmatrix}2&0\\0&10\end{bmatrix}\begin{bmatrix}1.102\\2.757\end{bmatrix}}=0.112\ 4$$

$$\boldsymbol{X}^{(3)}=\begin{bmatrix}0.551\ 0\\0.275\ 7\end{bmatrix}-0.112\ 4\begin{bmatrix}1.102\\2.757\end{bmatrix}=\begin{bmatrix}0.427\ 1\\-0.034\ 19\end{bmatrix}$$

$$\nabla f(\boldsymbol{X}^{(3)})=\begin{bmatrix}0.854\ 2\\-0.341\ 9\end{bmatrix},\quad \|\nabla f(\boldsymbol{X}^{(3)})\|^2=0.846\ 6>\varepsilon$$

$$\lambda_3=\frac{[0.854\ 2,-0.341\ 9]\begin{bmatrix}0.854\ 2\\-0.341\ 9\end{bmatrix}}{[0.854\ 2,-0.341\ 9]\begin{bmatrix}2&0\\0&10\end{bmatrix}\begin{bmatrix}0.854\ 2\\-0.341\ 9\end{bmatrix}}=0.322\ 1$$

$$\boldsymbol{X}^{(4)}=\begin{bmatrix}0.427\ 1\\-0.034\ 19\end{bmatrix}-0.322\ 1\begin{bmatrix}0.854\ 2\\-0.341\ 9\end{bmatrix}=\begin{bmatrix}0.152\\0.075\ 9\end{bmatrix}$$

$$\nabla f(\boldsymbol{X}^{(4)})=\begin{bmatrix}0.304\\-0.759\end{bmatrix},\quad \|\nabla f(\boldsymbol{X}^{(4)})\|^2=0.668\ 5<\varepsilon$$

故以 $\boldsymbol{X}^{(4)}=[0.152,0.079]^{\mathrm{T}}$ 为近似极小点，此时的函数值 $f(\boldsymbol{X}^{(4)})=0.051\ 9$。该问题的精确解是 $\boldsymbol{X}^*=[0,0]^{\mathrm{T}}$，$f(\boldsymbol{X}^*)=0$。可知，要得到真正的精确解，需无限迭代下去。

沿负梯度方向目标函数的最速下降性，很容易使人们误认为负梯度方向是最理想的搜索方向，最速下降法是一种理想的极小化方法。必须指出的是，某点的负梯度方向，通常只是在该点附近才具有这种最速下降的性质。在一般情况下，当用最速下降法寻找极小点时，其搜索路径呈直角锯齿状，在开头的几步，目标函数值下降较快；但在接近极小点时，收敛速度通常就不理想了。特别是当目标函数的等值线为比较扁平的椭圆时，收敛速度就更慢了。因此，在实用中常将梯度法和其他方法联合应用，在前期使用梯度法，而在接近极小点时，可改用收敛较快的其他方法。

(2) 共轭梯度法。

用于二次函数的共轭梯度法最初由 Hesteness 和 Stiefel 于 1952 年为求解线性方程组而提出。后来，人们把这种方法用于求解无约束最优化问题，使之成为一种重要的最优化方法。

下面，重点介绍 Fletcher－Reeves 共轭梯度法，简称 FR 法。

共轭梯度法的基本思想是把共轭性与最速下降法相结合，利用已知点处的梯度构造一组共轭方向，并沿这组方向进行搜索，求出目标函数的极小点。根据共轭方向的基本性质，这种方法具有二次终止性。

首先讨论对于二次凸函数的共轭梯度法，然后再把这种方法推广到极小化一般函数的情形。

考虑问题：

$$\min f(\boldsymbol{x}) \xlongequal{\text{def}} \frac{1}{2}\boldsymbol{x}^{\mathrm{T}}\boldsymbol{A}\boldsymbol{x}+\boldsymbol{b}^{\mathrm{T}}\boldsymbol{x}+c \tag{3.36}$$

其中,$\boldsymbol{x} \in \mathbb{R}^n$;$\boldsymbol{A}$ 是对称正定矩阵; c 是常数。

该问题具体求解方法如下。

首先,任意给定一个初始点 $\boldsymbol{x}^{(1)}$,计算出目标函数 $f(\boldsymbol{x})$ 在该点的梯度。用 $\boldsymbol{g}_j$ 表示函数 $f(\boldsymbol{x})$ 在 $\boldsymbol{x}^{(j)}$ 处的梯度,即 $\boldsymbol{g}_j=\nabla f(\boldsymbol{x}^{(j)})$。若 $\|\boldsymbol{g}_1\|=0$,则停止计算;否则,令

$$\boldsymbol{d}^{(1)}=-\nabla f(\boldsymbol{x}^{(1)})=-\boldsymbol{g}_1 \tag{3.37}$$

沿方向 $\boldsymbol{d}^{(1)}$ 搜索,得到点 $\boldsymbol{x}^{(2)}$。计算在 $\boldsymbol{x}^{(2)}$ 处的梯度,若 $\|\boldsymbol{g}_2\|\neq 0$,则利用 $-\boldsymbol{g}_2$ 和 $\boldsymbol{d}^{(1)}$ 构造第 2 个搜索方向 $\boldsymbol{d}^{(2)}$,再沿 $\boldsymbol{d}^{(2)}$ 搜索。

若已知点 $\boldsymbol{x}^{(k)}$ 和搜索方向 $\boldsymbol{d}^{(k)}$,则从 $\boldsymbol{x}^{(k)}$ 出发,沿 $\boldsymbol{d}^{(k)}$ 进行搜索,得到

$$\boldsymbol{x}^{(k+1)}=\boldsymbol{x}^{(k)}+\lambda_k\boldsymbol{d}^{(k)} \tag{3.38}$$

其中,步长 λ_k 满足

$$f(\boldsymbol{x}^{(k)}+\lambda_k\boldsymbol{d}^{(k)})=\min f(\boldsymbol{x}^{(k)}+\lambda\boldsymbol{d}^{(k)}) \tag{3.39}$$

此时可求出 λ_k 的显式表达。令

$$\varphi(\lambda)=f(\boldsymbol{x}^{(k)}+\lambda\boldsymbol{d}^{(k)}) \tag{3.40}$$

求 $\varphi(\lambda)$ 的极小点,令

$$\varphi'(\lambda)=\nabla f(\boldsymbol{x}^{(k+1)})\boldsymbol{d}^{(k)}=0 \tag{3.41}$$

根据二次函数的梯度表达式,式(3.41) 可表示为

$$\begin{cases}(\boldsymbol{A}\boldsymbol{x}^{(k+1)}+\boldsymbol{b})^{\mathrm{T}}\boldsymbol{d}^{(k)}=0\\ [\boldsymbol{A}(\boldsymbol{x}^{(k)}+\lambda_k\boldsymbol{d}^{(k)})+\boldsymbol{b}]^{\mathrm{T}}\boldsymbol{d}^{(k)}=0\\ [\boldsymbol{g}_k+\lambda_k\boldsymbol{A}\boldsymbol{d}^{(k)}]\boldsymbol{d}^{(k)}=0\end{cases} \tag{3.42}$$

其中,$\boldsymbol{A}$ 表示 n 阶对称正定矩阵。

由式(3.42) 得到

$$\lambda_k=-\frac{\boldsymbol{g}_k^{\mathrm{T}}\boldsymbol{d}^{(k)}}{\boldsymbol{d}^{(k)\mathrm{T}}\boldsymbol{A}\boldsymbol{d}^{(k)}} \tag{3.43}$$

计算 $f(\boldsymbol{x})$ 在 $\boldsymbol{x}^{(k+1)}$ 处的梯度。若 $\|\boldsymbol{g}_{k+1}\|=0$,则停止计算;否则,用 $-\boldsymbol{g}_{k+1}$ 和 $\boldsymbol{d}^{(k)}$ 构造下一个搜索方向 $\boldsymbol{d}^{(k+1)}$,并使 $\boldsymbol{d}^{(k+1)}$ 和 $\boldsymbol{d}^{(k)}$ 关于 $\boldsymbol{A}$ 共轭,即 $\boldsymbol{d}^{(k+1)\mathrm{T}}\boldsymbol{A}\boldsymbol{d}^{(k)}=0$。按此设想,令

$$\boldsymbol{d}^{(k+1)}=-\boldsymbol{g}_{k+1}+\beta_k\boldsymbol{d}^{(k)} \tag{3.44}$$

式(3.44) 两端左乘 $\boldsymbol{d}^{(k)\mathrm{T}}$,并令

$$\boldsymbol{d}^{(k)\mathrm{T}}\boldsymbol{A}\boldsymbol{d}^{(k+1)}=-\boldsymbol{d}^{(k)\mathrm{T}}\boldsymbol{A}\boldsymbol{g}_{k+1}+\beta_k\boldsymbol{d}^{(k)\mathrm{T}}\boldsymbol{A}\boldsymbol{d}^{(k)}=0 \tag{3.45}$$

由此得到

$$\beta_k=\frac{\boldsymbol{d}^{(k)\mathrm{T}}\boldsymbol{A}\boldsymbol{g}_{k+1}}{\boldsymbol{d}^{(k)\mathrm{T}}\boldsymbol{A}\boldsymbol{d}^{(k)}} \tag{3.46}$$

再从 $\boldsymbol{x}^{(k+1)}$ 出发,沿方向 $\boldsymbol{d}^{(k+1)}$ 搜索。

综上分析,在第 1 个搜索方向取负梯度的前提下,重复使用式(3.38)、式(3.43)、式(3.44) 和式(3.46),就能伴随计算点的增加,构造出一组搜索方向。下面证明,这组方向是关于 $\boldsymbol{A}$ 共轭的。因此,上述方法具有二次终止性。

定理 3.4 对于正定二次函数式(3.36),具有精确一维搜索的 FR 法在 $m \leqslant n$ 次维搜

索后即终止，并且对所有 $i(1 \leqslant i \leqslant m)$，下列关系成立：

①$\boldsymbol{d}^{(i)\mathrm{T}}\boldsymbol{A}\boldsymbol{d}^{(i)}=0(j=1,2,\cdots,i-1)$；

②$\boldsymbol{g}_i^{\mathrm{T}}\boldsymbol{g}_j=0(j=1,2,\cdots,i-1)$；

③$\boldsymbol{g}_i^{\mathrm{T}}\boldsymbol{d}^{(i)}=-\boldsymbol{g}_i^{\mathrm{T}}\boldsymbol{g}_i$(蕴含 $\boldsymbol{d}^{(i)}\neq 0$)。

证明　显然 $m \geqslant 1$。现在用归纳法证明上述 3 种关系，对 i 进行归纳。

当 $i=1$ 时，由于 $\boldsymbol{d}^{(1)}=-\boldsymbol{g}_1$，因此关系 ③ 成立。当 $i=2$ 时，关系 ① 和 ② 成立，从而关系 ③ 也成立。

设对某个 $i<m$，这些关系均成立，证明对于 $i+1$ 也成立。

先证关系 ②。由迭代公式

$$\boldsymbol{x}^{(i+1)}=\boldsymbol{x}^{(i)}+\lambda_i\boldsymbol{d}^{(i)} \tag{3.47}$$

两端左乘 $\boldsymbol{A}$，再加上 $\boldsymbol{b}$，得到

$$\boldsymbol{g}_{i+1}=\boldsymbol{g}_i+\lambda_i\boldsymbol{A}\boldsymbol{d}^{(i)} \tag{3.48}$$

其中，λ_i 由式(3.43) 确定，即

$$\lambda_i=-\frac{\boldsymbol{g}_i^{\mathrm{T}}\boldsymbol{d}^{(i)}}{\boldsymbol{d}^{(i)\mathrm{T}}\boldsymbol{A}\boldsymbol{d}^{(i)}}=\frac{\boldsymbol{g}_i^{\mathrm{T}}\boldsymbol{g}_i}{\boldsymbol{d}^{(i)\mathrm{T}}\boldsymbol{A}\boldsymbol{d}^{(i)}}\neq 0 \tag{3.49}$$

考虑到式(3.48) 和式(3.44)，则有

$$\boldsymbol{g}_{i+1}^{\mathrm{T}}\boldsymbol{g}_j=[\boldsymbol{g}_i+\lambda_i\boldsymbol{A}\boldsymbol{d}^{(i)}]^{\mathrm{T}}\boldsymbol{g}_j=\boldsymbol{g}_i^{\mathrm{T}}\boldsymbol{g}_j+\lambda_i\boldsymbol{d}^{(i)\mathrm{T}}\boldsymbol{A}(-\boldsymbol{d}^{(j)}+\beta_{j-1}\boldsymbol{d}^{(j-1)}) \tag{3.50}$$

注意，当 $j=1$ 时，式(3.50) 应改写成 $\boldsymbol{g}_{i+1}^{\mathrm{T}}\boldsymbol{g}_1=\boldsymbol{g}_i^{\mathrm{T}}\boldsymbol{g}_1-\lambda_i\boldsymbol{d}^{(i)\mathrm{T}}\boldsymbol{A}\boldsymbol{d}^{(1)}$；当 $j=i$ 时，由归纳法假设 $\boldsymbol{d}^{(i)\mathrm{T}}\boldsymbol{A}\boldsymbol{d}^{(i-1)}=0$，根据式(3.49)，有

$$-\lambda_i\boldsymbol{d}^{(i)\mathrm{T}}\boldsymbol{A}\boldsymbol{d}^{(i)}=-\boldsymbol{g}_i^{\mathrm{T}}\boldsymbol{g}_i \tag{3.51}$$

因此有

$$\boldsymbol{g}_{i+1}^{\mathrm{T}}\boldsymbol{g}_i=0 \tag{3.52}$$

当 $j<i$ 时，根据归纳法假设式(3.50) 等号右端各项均为零，因此 $\boldsymbol{g}_{i+1}^{\mathrm{T}}\boldsymbol{g}_j=0$。

再证关系 ①，运用式(3.44) 和式(3.48)，则有

$$\boldsymbol{d}^{(i+1)\mathrm{T}}\boldsymbol{A}\boldsymbol{d}^{(j)}=(-\boldsymbol{g}_{i+1}+\beta_i\boldsymbol{d}^{(i)})^{\mathrm{T}}\boldsymbol{A}\boldsymbol{d}^{(i)}=-\boldsymbol{g}_{i+1}^{\mathrm{T}}\frac{\boldsymbol{g}_{j+1}-\boldsymbol{g}_j}{\lambda_j}+\beta_i\boldsymbol{d}^{(i)\mathrm{T}}\boldsymbol{A}\boldsymbol{d}^{(j)} \tag{3.53}$$

当 $j=i$ 时，把式(3.46) 代入式(3.53) 第 1 个等号的右端，立即得到

$$\boldsymbol{d}^{(i+1)\mathrm{T}}\boldsymbol{A}\boldsymbol{d}^{(j)}=0 \tag{3.54}$$

当 $j<i$ 时，由前面已经证明的结论和归纳法假设，式中第 2 个等号右端显然为零，因此

$$\boldsymbol{d}^{(i+1)\mathrm{T}}\boldsymbol{A}\boldsymbol{d}^{(j)}=0 \tag{3.55}$$

最后证关系 ③。易知

$$\boldsymbol{g}_{i+1}^{\mathrm{T}}\boldsymbol{d}^{(i+1)}=\boldsymbol{g}_{i+1}^{\mathrm{T}}(-\boldsymbol{g}_{i+1}+\beta_i\boldsymbol{d}^{(i)})=-\boldsymbol{g}_{i+1}^{\mathrm{T}}\boldsymbol{g}_{i+1} \tag{3.56}$$

综上所证，对于 $i+1$，3 种关系也成立。

由上述证明可知，FR 法所产生的搜索方向 $\boldsymbol{d}^{(1)},\boldsymbol{d}^{(2)},\cdots,\boldsymbol{d}^{(m)}$ 是关于 $\boldsymbol{A}$ 共轭的，因此经有限步迭代必达极小点。

这里要着重指出，初始搜索方向选择最速下降方向十分重要，即 $\boldsymbol{d}^{(1)}=-\nabla f(\boldsymbol{x}^{(1)})$。如果选择其他方向作为初始方向，其余方向均按 FR 法构造，那么极小化正定二次函数

时，这样构造出来的一组方向并不能保证共轭性。

例 3.6 考虑下列问题：

$$\min x_1^2 + \frac{1}{2}x_2^2 + x_3^2 \tag{3.57}$$

解 取初始点和初始搜索方向分别为

$$\boldsymbol{x}^{(1)} = \begin{bmatrix} 1 \\ 1 \\ 1 \end{bmatrix}, \quad \boldsymbol{d}^{(1)} = \begin{bmatrix} -1 \\ -2 \\ 0 \end{bmatrix} \tag{3.58}$$

显然，$\boldsymbol{d}^{(1)}$ 不是目标函数在 $\boldsymbol{x}^{(1)}$ 处的最速下降方向。下面用 FR 法构造两个搜索方向。

首先从 $\boldsymbol{x}^{(1)}$ 出发，沿方向 $\boldsymbol{d}^{(1)}$ 搜索，求步长 λ_1，使其满足

$$f(\boldsymbol{x}^{(1)} + \lambda_1 \boldsymbol{d}^{(1)}) = \min_{\lambda} f(\boldsymbol{x}^{(1)} + \lambda \boldsymbol{d}^{(1)}) \tag{3.59}$$

得到 $\lambda_1 = \frac{2}{3}$，进而得出

$$\boldsymbol{x}^{(2)} = \boldsymbol{x}^{(1)} + \lambda_1 \boldsymbol{d}^{(1)} = \begin{bmatrix} \frac{1}{3} \\ -\frac{1}{3} \\ 1 \end{bmatrix}, \quad \boldsymbol{g}_2 = \begin{bmatrix} \frac{2}{3} \\ -\frac{1}{3} \\ 1 \end{bmatrix} \tag{3.60}$$

令

$$\boldsymbol{d}^{(2)} = -\boldsymbol{g}_2 + \beta_1 \boldsymbol{d}^{(1)} \tag{3.61}$$

根据式(3.46)，有

$$\beta_1 = \frac{\boldsymbol{d}^{(1)\mathrm{T}} \boldsymbol{A} \boldsymbol{g}_2}{\boldsymbol{d}^{(1)\mathrm{T}} \boldsymbol{A} \boldsymbol{d}^{(1)}} = \frac{-\frac{2}{3}}{6} = -\frac{1}{9} \tag{3.62}$$

因此

$$\boldsymbol{d}^{(2)} = \begin{bmatrix} -\frac{5}{9} \\ \frac{5}{9} \\ -1 \end{bmatrix} \tag{3.63}$$

再从 $\boldsymbol{x}^{(2)}$ 出发，沿 $\boldsymbol{d}^{(2)}$ 搜索，求步长 λ_2：

$$\min_{\lambda} f(\boldsymbol{x}^{(2)} + \lambda \boldsymbol{d}^{(2)}) \tag{3.64}$$

求得 $\lambda_2 = \frac{21}{26}$，从而得到

$$\boldsymbol{x}^{(3)} = \boldsymbol{x}^{(2)} + \lambda_2 \boldsymbol{d}^{(2)} = \begin{bmatrix} -\frac{9}{78} \\ \frac{9}{78} \\ \frac{5}{26} \end{bmatrix}, \quad \boldsymbol{g}_3 = \begin{bmatrix} -\frac{18}{78} \\ \frac{9}{78} \\ \frac{5}{26} \end{bmatrix} \tag{3.65}$$

令

$$\boldsymbol{d}^{(3)} = -\boldsymbol{g}_3 + \beta_2 \boldsymbol{d}^{(2)} \tag{3.66}$$

利用式(3.46)算出

$$\beta_2 = \frac{\boldsymbol{d}^{(2)\mathrm{T}} \boldsymbol{A} \boldsymbol{g}_3}{\boldsymbol{d}^{(2)\mathrm{T}} \boldsymbol{A} \boldsymbol{d}^{(2)}} = \frac{45}{676} \tag{3.67}$$

因此,第 3 个搜索方向是

$$\boldsymbol{d}^{(3)} = \frac{1}{676} \begin{bmatrix} 131 \\ -53 \\ -175 \end{bmatrix} \tag{3.68}$$

容易验证,$\boldsymbol{d}^{(1)}$ 与 $\boldsymbol{d}^{(2)}$ 关于 $\boldsymbol{A}$ 共轭,$\boldsymbol{d}^{(2)}$ 与 $\boldsymbol{d}^{(3)}$ 也关于 $\boldsymbol{A}$ 共轭。但是,$\boldsymbol{d}^{(1)}$ 与 $\boldsymbol{d}^{(3)}$ 不共轭,因此 $\boldsymbol{d}^{(1)}$、$\boldsymbol{d}^{(2)}$、$\boldsymbol{d}^{(3)}$ 不是关于 $\boldsymbol{A}$ 共轭的。在 FR 法中,初始搜索方向必须取最速下降方向,这一点绝不可忽视。

还可以证明,对于正定二次函数,运用 FR 法时,不做矩阵运算就能求出因子 β_i。

定理 3.5　对于正定二次函数,FR 法中因子 β_i 具有下列表达式:

$$\beta_i = \frac{\| \boldsymbol{g}_{i+1} \|^2}{\| \boldsymbol{g}_i \|^2}, \quad i \geqslant 1, \boldsymbol{g}_i \neq 0 \tag{3.69}$$

证明　利用已有知识,直接推导得

$$\begin{aligned} \beta_i &= \frac{\boldsymbol{d}^{(i)\mathrm{T}} \boldsymbol{A} \boldsymbol{g}_{i+1}}{\boldsymbol{d}^{(i)\mathrm{T}} \boldsymbol{A} \boldsymbol{d}^{(i)}} = \frac{\boldsymbol{g}_{i+1}^{\mathrm{T}} \boldsymbol{A} (\boldsymbol{x}^{(i+1)} - \boldsymbol{x}^{(i)}) / \lambda_i}{\boldsymbol{d}^{(i)\mathrm{T}} \boldsymbol{A} (\boldsymbol{x}^{(i+1)} - \boldsymbol{x}^{(i)}) / \lambda_i} \\ &= \frac{\boldsymbol{g}_{i+1}^{\mathrm{T}} (\boldsymbol{g}_{i+1} - \boldsymbol{g}_i)}{\boldsymbol{d}^{(i)\mathrm{T}} (\boldsymbol{g}_{i+1} - \boldsymbol{g}_i)} = \frac{\| \boldsymbol{g}_{i+1} \|^2}{-\boldsymbol{d}^{(i)\mathrm{T}} \boldsymbol{g}_i} \end{aligned} \tag{3.70}$$

根据定理 4,$\boldsymbol{d}^{(i)\mathrm{T}} = -\| \boldsymbol{g}_i \|^2$,因此

$$\beta_i = \frac{\| \boldsymbol{g}_{i+1} \|^2}{\| \boldsymbol{g}_i \|^2} \tag{3.71}$$

对于二次凸函数,FR 法的计算步骤如下。

① 给定初始点 $\boldsymbol{x}^{(1)}$,置 $k=1$。

② 计算 $\boldsymbol{g}_k = \nabla f(\boldsymbol{x}^{(k)})$,若 $\| \boldsymbol{g}_k \| = 0$,则停止计算,得点 $\bar{\boldsymbol{x}} = \boldsymbol{x}^{(k)}$;否则,进行下一步。

③ 构造搜索方向,令

$$\boldsymbol{d}^{(k)} = -\boldsymbol{g}_k + \beta_{k-1} \boldsymbol{d}^{(k-1)} \tag{3.72}$$

其中,当 $k=1$ 时,$\beta_{k-1}=0$;当 $k>1$ 时,按式(3.71)计算因子 β_{k-1}。

④ 令

$$\boldsymbol{x}^{(k+1)} = \boldsymbol{x}^{(k)} + \lambda_k \boldsymbol{d}^{(k)} \tag{3.73}$$

其中,步长 λ_k 按式(3.43)计算。

⑤ 若 $k=n$,则停止计算,得点 $\bar{\boldsymbol{x}} = \boldsymbol{x}^{(k+1)}$;否则,置 $k := k+1$,返回步骤②。

例 3.7　用 FR 法求解下列问题:

$$\min f(\boldsymbol{x}) \overset{\text{def}}{=} x_1^2 + 2x_2^2 \tag{3.74}$$

取初始点 $\boldsymbol{x}^{(1)} = [5,5]^{\mathrm{T}}$。

解　在点 $\boldsymbol{x}$ 处,目标函数 $f(\boldsymbol{x})$ 的梯度是

$$\nabla f(\boldsymbol{x}) = \begin{bmatrix} 2x_1 \\ 4x_2 \end{bmatrix} \tag{3.75}$$

① 第 1 次迭代，令

$$d^{(1)} = -g_1 = \begin{bmatrix} -10 \\ -20 \end{bmatrix} \tag{3.76}$$

从 $x^{(1)}$ 出发，沿方向 $d^{(1)}$ 做一维搜索，得

$$\lambda_1 = -\frac{g_1^{\mathrm{T}} d^{(1)}}{d^{(1)\mathrm{T}} A d^{(1)}} = \frac{5}{18} \tag{3.77}$$

$$x^{(2)} = x^{(1)} + \lambda_1 d^{(1)} = \begin{bmatrix} \frac{20}{9} \\ -\frac{5}{9} \end{bmatrix} \tag{3.78}$$

② 第 2 次迭代，在点 $x^{(2)}$ 处，目标函数的梯度为

$$g_2 = \begin{bmatrix} \frac{40}{9} \\ -\frac{20}{9} \end{bmatrix} \tag{3.79}$$

构造搜索方向 $d^{(2)}$。先计算因子 β_1，则

$$\beta_1 = \frac{\| g_2 \|^2}{\| g_1 \|^2} = \frac{4}{81} \tag{3.80}$$

令

$$d^{(2)} = -g_2 + \beta_1 d^{(1)} = \frac{100}{81} \begin{bmatrix} -4 \\ 1 \end{bmatrix} \tag{3.81}$$

从 $x^{(2)}$ 出发，沿方向 $d^{(2)}$ 做一维搜索，得

$$\lambda_2 = -\frac{g_2^{\mathrm{T}} d^{(2)}}{d^{(2)\mathrm{T}} A d^{(2)}} = \frac{9}{20} \tag{3.82}$$

$$x^{(3)} = x^{(2)} + \lambda_2 d^{(2)} = \begin{bmatrix} 0 \\ 0 \end{bmatrix} \tag{3.83}$$

显然点 $x^{(3)}$ 处目标函数的梯度 $g_2 = [0,0]^{\mathrm{T}}$，已达到极小点 $x^{(3)} = [0,0]^{\mathrm{T}}$。此例验证了共轭梯度法的二次终止性。

接下来介绍用于一般函数的共轭梯度法，前面介绍了用于二次函数的共轭梯度法，现在将这种方法加以推广，用于极小化任意函数 $f(x)$。推广后的共轭梯度法与原方法的主要差别是，步长不能再用式(3.43)计算，必须用其他一维搜索方法来确定。此外，凡用到矩阵 A 之处，需要用现行点处的黑塞矩阵 $\nabla^2 f(x^{(k)})$。显然，用这种方法求任意函数的极小点，一般来说，用有限步迭代是达不到的，迭代的延续可以采取不同的方案。一种是直接延续，即总是用式(3.44)构造搜索方向；另一种是把 n 步作为一轮，每搜索一轮之后，取一次最速下降方向，开始下一轮。后一种策略称为“重新开始”或“重置”。每 n 次迭代后以最速下降方向重新开始的共轭梯度法，有时称为传统的共轭梯度法。

对于一般函数，FR 法的计算步骤如下。

① 给定初始点 $x^{(1)}$，允许误差 $\varepsilon > 0$。置

$$y^{(1)} = x^{(1)}, \quad d^{(1)} = -\nabla f(x^{(1)}), \quad k = j = 1 \tag{3.84}$$

② 若 $\|\nabla f(\boldsymbol{x}^{(j)})\| \leqslant \varepsilon$，则停止计算；否则，做一维搜索，求 λ_j，使其满足

$$f(\boldsymbol{y}^{(j)}+\lambda_j \boldsymbol{d}^{(j)})=\min_{\lambda \geqslant 0} f(\boldsymbol{y}^{(j)}+\lambda \boldsymbol{d}^{(j)}) \tag{3.85}$$

令

$$\boldsymbol{y}^{(j+1)}=\boldsymbol{y}^{(j)}+\lambda_j \boldsymbol{d}^{(j)} \tag{3.86}$$

③ 如果 $j<n$，则进行步骤 ④；否则，进行步骤 ⑤。

④ 令 $\boldsymbol{d}^{(j+1)}=-\nabla f(\boldsymbol{y}^{(j+1)})+\beta_j \boldsymbol{d}^{(j)}$，其中

$$\beta_j=\frac{\|\nabla f(\boldsymbol{y}^{(j+1)})\|^2}{\|\nabla f(\boldsymbol{y}^{(j)})\|^2} \tag{3.87}$$

置 $j:=j+1$，转步骤 ②。

⑤ 令 $x^{(k+1)}=y^{(n+1)}$，$y^{(1)}=x^{(k+1)}$，$\boldsymbol{d}^{(1)}=-\nabla f(\boldsymbol{x}^{(1)})$，置 $j=1$，$k:=k+1$，转步骤②。这里还应指出，在共轭梯度法中，可以采用不同的公式计算因子 β_j。除了式(3.71) 外，还有以下几种常见的形式：

$$\beta_j=\frac{\boldsymbol{g}_{j+1}^{\mathrm{T}}(\boldsymbol{g}_{j+1}-\boldsymbol{g}_j)}{\boldsymbol{g}_j^{\mathrm{T}}\boldsymbol{g}_j} \tag{3.88}$$

$$\beta_j=\frac{\boldsymbol{g}_{j+1}^{\mathrm{T}}(\boldsymbol{g}_{j+1}-\boldsymbol{g}_j)}{\boldsymbol{d}^{(j)\mathrm{T}}(\boldsymbol{g}_{j+1}-\boldsymbol{g}_j)} \tag{3.89}$$

$$\beta_j=\frac{\boldsymbol{d}^{(j)\mathrm{T}}\nabla^2 f(\boldsymbol{x}^{(j+1)})\boldsymbol{g}_{j+1}}{\boldsymbol{d}^{(j)\mathrm{T}}\nabla^2 f(\boldsymbol{x}^{(j+1)})\boldsymbol{d}^{(j)}} \tag{3.90}$$

式(3.88) 由 Polak、Ribiere 和 Polyak 提出，使用这个公式的共轭梯度法，称为 PRP 法。式(3.89) 由 Sorenson 和 Wolfe 提出。式(3.90) 的由 Daniel 提出。当极小化正定二次函数初始搜索方向取负梯度时，式(3.71) 与式(3.88) ～ (3.90)4 个公式是等价的，这一点由 FR 法的推导过程显而易见。但是，用于一般函数时，得到的搜索方向是不同的。有人认为 PRP 法优于 FR 法。但据一些人的计算结果显示，几种方法彼此差别并不是很大，难以给出绝对的比较结论。

此外，运用共轭梯度法时应该注意，前面的讨论均假设采用精确的一维搜索，但是实际计算中，精确的一维搜索会带来一定的困难，需要付出较大代价，因此许多情形下采用非精确的一维搜索。这样又会出现新的问题，按照式(3.44) 构造的搜索方向可能不是下降方向。事实上，用 $\boldsymbol{g}_{k+1}^{\mathrm{T}}$ 左乘式(3.44) 的等号两端时，得到

$$\boldsymbol{g}_{k+1}^{\mathrm{T}}\boldsymbol{d}^{(k+1)}=-\boldsymbol{g}_{k+1}^{\mathrm{T}}\boldsymbol{g}_{k+1}+\beta_k \boldsymbol{g}_{k+1}^{\mathrm{T}}\boldsymbol{d}^{(k)} \tag{3.91}$$

当采用精确的一维搜索时，$\boldsymbol{g}_{k+1}$ 与 $\boldsymbol{d}^{(k)}$ 正交，因此有

$$\boldsymbol{g}_{k+1}^{\mathrm{T}}\boldsymbol{d}^{(k+1)}=-\|\boldsymbol{g}_{k+1}\|^2<0 \tag{3.92}$$

$\boldsymbol{d}^{(k+1)}$ 是下降方向，而采用非精确的一维搜索时，$\boldsymbol{g}_{k+1}$ 与 $\boldsymbol{d}^{(k)}$ 不一定正交，可能出现

$$\beta_k \boldsymbol{g}_{k+1}^{\mathrm{T}}\boldsymbol{d}^{(k)}>0 \tag{3.93}$$

并且导致 $\boldsymbol{g}_{k+1}^{\mathrm{T}}\boldsymbol{d}^{(k+1)}>0$。这时，$\boldsymbol{d}^{(k+1)}$ 是上升方向。

解决上述问题的方法之一是，当 $\boldsymbol{d}^{(k+1)}$ 不是下降方向时，以最速下降方向重新开始。然而，这样做也有问题，当一维搜索比较粗糙时，这样的重新开始可能是大量的，因此会降低计算效率。

还有一种方法是，在计算过程中增加附加的检验，设 $\bar{\boldsymbol{g}}_{k+1}$、$\bar{\boldsymbol{d}}^{(k+1)}$、$\bar{\beta}_k$ 分别表示在检验点

$\boldsymbol{x}^{(k)}+\alpha_k\boldsymbol{d}^{(k)}$ 处计算出来的 $\boldsymbol{g}_{k+1}$、$\boldsymbol{d}^{(k+1)}$、β_k，如果满足

$$-\bar{\boldsymbol{g}}_{k+1}^{\mathrm{T}}\bar{\boldsymbol{d}}^{(k+1)}\geqslant\sigma\|\bar{\boldsymbol{g}}_{k+1}\|\ \|\bar{\boldsymbol{d}}^{(k+1)}\| \tag{3.94}$$

则取 α_k 作为步长 λ_k；否则，进行精确一维搜索，求最优步长 λ_k，这里 σ 是一个小的正数。

(3) 牛顿法。

最速下降法和共轭梯度法仅利用了一阶导数(即梯度)信息，均属于一阶算法，它们的收敛速度较慢。为进一步提高收敛速度，牛顿法利用了梯度和二阶导数信息。

首先考虑正定二次函数：

$$f(\boldsymbol{X})=\frac{1}{2}\boldsymbol{X}^{\mathrm{T}}\boldsymbol{A}\boldsymbol{X}+\boldsymbol{B}^{\mathrm{T}}\boldsymbol{X}+c \tag{3.95}$$

此处 $\boldsymbol{A}$ 为 $n\times n$ 对称正定矩阵，$\boldsymbol{X}\subset\boldsymbol{E}_n$，$\boldsymbol{B}\in\boldsymbol{E}_n$，$c$ 为常数。

假定该函数的极小点是 $\boldsymbol{X}^*$，则必有

$$\nabla f(\boldsymbol{X}^*)=\boldsymbol{A}\boldsymbol{X}^*+\boldsymbol{B}=0$$

从而，$\boldsymbol{A}\boldsymbol{X}^*=-\boldsymbol{B}$。另外，对任一点 $\boldsymbol{X}^{(0)}\in E_n$，函数在该点的梯度 $\nabla f(\boldsymbol{X}^{(0)})=\boldsymbol{A}\boldsymbol{X}^{(0)}+\boldsymbol{B}$。消去 $\boldsymbol{B}$，这就得到

$$\nabla f(\boldsymbol{X}^{(0)})=\boldsymbol{A}\boldsymbol{X}^{(0)}-\boldsymbol{A}\boldsymbol{X}^*$$

由此可解出

$$\boldsymbol{X}^*=\boldsymbol{X}^{(0)}-\boldsymbol{A}^{-1}\nabla f(\boldsymbol{X}^{(0)}) \tag{3.96}$$

这说明，对于正定二次函数，从任意近似点 $\boldsymbol{X}^{(0)}$ 出发，沿 $-\boldsymbol{A}^{-1}\nabla f(\boldsymbol{X}^{(0)})$ 方向搜索，以 1 为步长，迭代一步即可达极小点。

例 3.8 用牛顿法求例 3.5 的极小点。

解 任取初始点 $\boldsymbol{X}^{(0)}=[2,1]^{\mathrm{T}}$，算出 $\nabla f(\boldsymbol{X}^{(0)})=[4,10]^{\mathrm{T}}$。在本例中

$$\boldsymbol{A}=\begin{bmatrix}2&0\\0&10\end{bmatrix}\quad\boldsymbol{A}^{-1}=\begin{bmatrix}1/2&0\\0&1/10\end{bmatrix}$$

$$\boldsymbol{X}^*=\boldsymbol{X}^{(0)}-\boldsymbol{A}^{-1}\nabla f(\boldsymbol{X}^{(0)})=\begin{bmatrix}2\\1\end{bmatrix}-\begin{bmatrix}1/2&0\\0&1/10\end{bmatrix}\begin{bmatrix}4\\10\end{bmatrix}=\begin{bmatrix}0\\0\end{bmatrix}$$

由 $\nabla f(\boldsymbol{X}^*)=[0,0]^{\mathrm{T}}$，可知 $\boldsymbol{X}^*$ 确实为极小点。

将本例与例 3.5 进行比较，可知牛顿法的搜索方向与最速下降法的搜索方向不同。现考虑一般 n 元实函数 $f(\boldsymbol{X})$，假定它有连续二阶偏导数，$\boldsymbol{X}^{(k)}$ 为其极小点的某一近似。在这个点附近取 $f(\boldsymbol{X})$ 的二阶泰勒多项式逼近：

$$f(\boldsymbol{X})\approx f(\boldsymbol{X}^{(k)})+\nabla f(\boldsymbol{X}^{(k)})^{\mathrm{T}}\Delta\boldsymbol{X}+\frac{1}{2}\Delta\boldsymbol{X}^{\mathrm{T}}\nabla^2 f(\boldsymbol{X}^{(k)})\Delta\boldsymbol{X} \tag{3.97}$$

其中，$\Delta\boldsymbol{X}=\boldsymbol{X}-\boldsymbol{X}^{(k)}$。

这个近似函数的极小点应满足一阶必要条件，即

$$\nabla f(\boldsymbol{X}^{(k)})+\nabla^2 f(\boldsymbol{X}^{(k)})\Delta\boldsymbol{X}=\boldsymbol{0}$$

设 $\nabla^2 f(\boldsymbol{X}^{(k)})$ 的逆矩阵存在，可得

$$\boldsymbol{X}=\boldsymbol{X}^{(k)}-[\nabla^2 f(\boldsymbol{X}^{(k)})]^{-1}\nabla f(\boldsymbol{X}^{(k)}) \tag{3.98}$$

由于式(3.97)仅是 $f(\boldsymbol{X})$ 的近似表达式，因此由式(3.98)解得的该近似函数的极小点，也就仅是 $f(\boldsymbol{X})$ 极小点的近似。为求得 $f(\boldsymbol{X})$ 的极小点，可以 $-[\nabla^2 f(\boldsymbol{X}^{(k)})]^{-1}\nabla f(\boldsymbol{X}^{(k)})$ 为搜索

方向(牛顿方向),按下式进行迭代:

$$\begin{cases} \boldsymbol{P}^{(k)} = -\left[\nabla^2 f(\boldsymbol{X}^{(k)})\right]^{-1} \nabla f(\boldsymbol{X}^{(k)}) \\ \lambda_k : \min\limits_{\lambda} f(\boldsymbol{X}^{(k)} + \lambda \boldsymbol{P}^{(k)}) \\ \boldsymbol{X}^{(k+1)} = \boldsymbol{X}^{(k)} + \lambda_k \boldsymbol{P}^{(k)} \end{cases} \tag{3.99}$$

这就是阻尼牛顿法(广义牛顿法),可用于求解非正定二次函数的极小点。

牛顿法的优点是收敛速度快,缺点是有时进行不下去而需采取改进措施(可参看有关参考文献)。此外,当维数较高时,计算 $\left[\nabla^2 f(\boldsymbol{X}^{(k)})\right]^{-1} \nabla f(\boldsymbol{X}^{(k)})$ 的工作量很大。

为克服梯度法收敛速度慢及牛顿法有时失效和在维数较高时计算工作量大的缺点,不少学者提出了一些更加实用的算法,如变尺度法,限于篇幅此处从略,读者可参阅有关文献。

3.2　约束非线性规划模型及求解方法

在客观现实中,绝大多数规划问题都受到某些条件的限制,这些限制条件(约束)常给寻优工作带来很大困难。下面首先说明约束规划问题的最优性条件,然后研究几种基本的解法。

3.2.1　最优性条件

1. 可行下降方向

(1) 起作用约束。

假设 $\boldsymbol{X}^{(0)}$ 是非线性规划问题(3.3)的一个可行解,它满足所有约束条件。对某一个约束条件 $g_j(\boldsymbol{X}) \geqslant 0$ 来说,$\boldsymbol{X}^{(0)}$ 满足它有两种情况:一种情况是 $g_j(\boldsymbol{X}^{(0)}) > 0$,此时 $\boldsymbol{X}^{(0)}$ 不在由这个约束条件形成的可行域边界上,称这一约束为 $\boldsymbol{X}^{(0)}$ 点的不起作用约束(或无效约束);另一种情况是 $g_j(\boldsymbol{X}^{(0)}) = 0$,此时 $\boldsymbol{X}^{(0)}$ 点处在由这个约束条件形成的可行域边界上,对 $\boldsymbol{X}^{(0)}$ 点进一步摄动来说,这一约束起到了某种限制作用,故称它为 $\boldsymbol{X}^{(0)}$ 点的起作用约束(或有效约束)。显然,等式约束条件对所有可行点都是起作用约束。

(2) 可行方向。

设 $\boldsymbol{X}^{(0)}$ 为任一可行点,对某一方向 $\boldsymbol{P}$ 来说,若存在实数 $\lambda_0 > 0$,使对任意的 $\lambda \in [0, \lambda_0]$ 均有下式成立:

$$\boldsymbol{X}^{(0)} + \lambda \boldsymbol{P} \in R$$

就称方向 $\boldsymbol{P}$ 为 $\boldsymbol{X}^{(0)}$ 点的一个可行方向。

以 J 记 $\boldsymbol{X}^{(0)}$ 点所有起作用约束下标的集合,即

$$J = \{ j \mid g_j(\boldsymbol{X}^{(0)}) = 0, 1 \leqslant j \leqslant l \}$$

显然,如果 $\boldsymbol{P}$ 为 $\boldsymbol{X}^{(0)}$ 点的可行方向,则存在 $\lambda_0 > 0$,使对任意 $\lambda \in [0, \lambda_0]$,有

$$g_j(\boldsymbol{X}^{(0)} + \lambda \boldsymbol{P}) \geqslant g_j(\boldsymbol{X}^{(0)}) = 0 \quad j \in J$$

从而

$$\left.\frac{\mathrm{d}g_j(\boldsymbol{X}^{(0)}+\lambda\boldsymbol{P})}{\mathrm{d}\lambda}\right|_{\lambda=0}=\nabla g_j(\boldsymbol{X}^{(0)})^{\mathrm{T}}\boldsymbol{P}\geqslant 0,\quad j\in J$$

其中，$\nabla g_j(\boldsymbol{X}^{(0)})$ 为约束函数 $g_j(\boldsymbol{X})$ 在 $\boldsymbol{X}^{(0)}$ 点的梯度。

另外，由泰勒公式

$$g_j(\boldsymbol{X}^{(0)}+\lambda\boldsymbol{P})=g_j(\boldsymbol{X}^{(0)})+\lambda\nabla g_j(\boldsymbol{X}^{(0)})^{\mathrm{T}}\boldsymbol{P}+o(\lambda)$$

可知，对 $\boldsymbol{X}^{(0)}$ 点的所有起作用约束，当 $\lambda(\lambda>0)$ 足够小时，只要

$$\nabla g_j(\boldsymbol{X}^{(0)})^{\mathrm{T}}P>0,\quad j\in J \tag{3.100}$$

就有

$$g_j(\boldsymbol{X}^{(0)}+\lambda\boldsymbol{P})\geqslant 0,\quad j\in J$$

此外，对 $\boldsymbol{X}^{(0)}$ 点的所有不起作用约束，有 $g_j(\boldsymbol{X}^{(0)})>0$，由 $g_j(\boldsymbol{X})$ 的连续性可知，当 $\lambda(\lambda>0)$ 足够小时，亦有

$$g_j(\boldsymbol{X}^{(0)}+\lambda\boldsymbol{P})\geqslant 0,\quad j\overline{\in} J$$

从而，只要方向 $\boldsymbol{P}$ 满足式(3.100)，即可保证它为 $\boldsymbol{X}^{(0)}$ 点的可行方向。

(3) 下降方向。

设 $\boldsymbol{X}^{(0)}\in R$，对某一方向 $\boldsymbol{P}$ 来说，若存在实数 $\lambda_0'>0$，使对任意的 $\lambda\in[0,\lambda_0']$ 均有下式成立：

$$f(\boldsymbol{X}^{(0)}+\lambda\boldsymbol{P})<f(\boldsymbol{X}^{(0)})$$

就称方向 $\boldsymbol{P}$ 为 $\boldsymbol{X}^{(0)}$ 点的一个下降方向。

由泰勒展开式

$$f(\boldsymbol{X}^{(0)}+\lambda\boldsymbol{P})=f(\boldsymbol{X}^{(0)})+\lambda\nabla f(\boldsymbol{X}^{(0)})^{\mathrm{T}}\boldsymbol{P}+o(\lambda)$$

可知，当 λ 足够小时，只要

$$\nabla f(\boldsymbol{X}^{(0)})^{\mathrm{T}}\boldsymbol{P}<0 \tag{3.101}$$

就有 $f(\boldsymbol{X}^{(0)}+\lambda\boldsymbol{P})<f(\boldsymbol{X}^{(0)})$。这说明，只要方向 $\boldsymbol{P}$ 满足式(3.101)，即可保证它为 $\boldsymbol{X}^{(0)}$ 点的下降方向。

(4) 可行下降方向。

若 $\boldsymbol{X}^{(0)}$ 点的某一方向 $\boldsymbol{P}$，既是该点的可行方向，又是该点的下降方向，就称它为这个点的可行下降方向。设 $\boldsymbol{X}^{(0)}$ 不是极小点，为求其极小点，继续搜索时应当沿该点的可行下降方向进行。显然，对某一点 $\boldsymbol{X}^*$ 来说，若该点不存在可行下降方向，它就可能是局部极小点；若存在可行下降方向，它当然不是极小点。下面的定理从另一个角度说明了这一问题。

定理 3.6 设 $\boldsymbol{X}^*$ 是问题(3.3)的一个局部极小点，$f(\boldsymbol{X})$ 在 $\boldsymbol{X}^*$ 处可微，而且

当 $j\in J$ 时，$g_j(\boldsymbol{X})$ 在 $\boldsymbol{X}^*$ 处可微

当 $j\overline{\in} J$ 时，$g_j(\boldsymbol{X})$ 在 $\boldsymbol{X}^*$ 处连续

则在 $\boldsymbol{X}^*$ 点不存在可行下降方向，从而不存在 $\boldsymbol{P}$ 同时满足

$$\begin{cases}\nabla f(\boldsymbol{X}^{(0)})^{\mathrm{T}}P<0\\ \nabla g_j(\boldsymbol{X}^{(0)})^{\mathrm{T}}P>0,\quad j\in J\end{cases} \tag{3.102}$$

其中，指标集 $J=\{j\mid g_j(\boldsymbol{X}^*)=0,1\leqslant j\leqslant l\}$。

这个定理是显然的。若存在满足式(3.102)的方向 $\boldsymbol{P}$，则沿 $\boldsymbol{P}$ 搜索可找到比 $\boldsymbol{X}^*$ 更好

的可行点，这与 $\boldsymbol{X}^*$ 为局部极小点矛盾。

从几何上说，满足式(3.102)的方向 $\boldsymbol{P}$，与该点目标函数负梯度方向的夹角成锐角，而且，与该点起作用约束梯度方向的夹角也成锐角。

2. 库恩－塔克(Kuhn－Tucker)条件

设 $\boldsymbol{X}^*$ 是非线性规划(3.3)的局部极小点，$f(\boldsymbol{X})$ 和 $g_j(\boldsymbol{X})(j=1,2,\cdots,l)$ 在点 $\boldsymbol{X}^*$ 处有一阶连续偏导数，而且 $\boldsymbol{X}^*$ 处的所有起作用约束的梯度线性无关，则存在数 $\mu_1^*,\mu_2^*,\cdots,\mu_l^*$，使

$$\begin{cases}\nabla f(\boldsymbol{X}^*)-\sum_{j=1}^{l}\mu_j^*\ \nabla g_j(\boldsymbol{X}^*)=0\\ \mu_j^* g_j(\boldsymbol{X}^*)=0,\quad j=1,2,\cdots,l\\ \mu_j^*\geqslant 0,\quad j=1,2,\cdots,l\end{cases}\tag{3.103}$$

式(3.103)称为库恩－塔克条件(简称K－T条件)，满足这个条件的点称为库恩－塔克点或K－T点。

现考虑非线性规划：

$$\begin{cases}\min\ f(\boldsymbol{X})\\ \quad h_i(\boldsymbol{X})=0\quad(i=1,2,\cdots,m)\\ \quad g_j(\boldsymbol{X})\geqslant 0\quad(i=1,2,\cdots,m)\end{cases}\tag{3.104}$$

其中，函数 $f(\boldsymbol{X}),h_i(\boldsymbol{X})=0(i=1,2,\cdots,m)$ 和 $g_j(\boldsymbol{X})\geqslant 0(i=1,2,\cdots,m)$ 都具有一阶连续导数。

对每一个 i，用

$$\begin{cases}h_i(\boldsymbol{X})\geqslant 0\\ -h_i(\boldsymbol{X})\geqslant 0\end{cases}$$

代替约束条件 $h_i(\boldsymbol{X})=0$，即可由式(3.103)得到式(3.104)的库恩－塔克条件，如下。

若 $\boldsymbol{X}^*$ 为非线性规划式(3.104)的极小点，且 $\boldsymbol{X}^*$ 点的所有起作用约束的梯度 $\nabla h_i(\boldsymbol{X}^*)(i=1,2,\cdots,m)$ 和 $\nabla g_i(\boldsymbol{X}^*)(j\in J)$ 线性无关，则存在向量

$$\boldsymbol{\Gamma}^*=[\gamma_1^*,\gamma_2^*,\cdots,\gamma_m^*]^{\mathrm{T}},\quad \boldsymbol{M}^*=[\mu_1^*,\mu_2^*,\cdots,\mu_l^*]^{\mathrm{T}}$$

使下述条件成立：

$$\begin{cases}\nabla f(\boldsymbol{X}^*)-\sum_{i=1}^{m}\gamma_i^*\ \nabla h_i(\boldsymbol{X}^*)-\sum_{j=1}^{l}\mu_j^*\ \nabla g_j(\boldsymbol{X}^*)=0\\ \mu_j^* g_j(\boldsymbol{X}^*)=0,\quad j=1,2,\cdots,l\\ \mu_j^*\geqslant 0,\quad j=1,2,\cdots,l\end{cases}\tag{3.105}$$

其中，$\gamma_1^*,\gamma_2^*,\cdots,\gamma_m^*$ 和 $\mu_1^*,\mu_2^*,\cdots,\mu_l^*$ 称为广义拉格朗日(Lagrange)乘子。

库恩－塔克条件是确定某点为最优点的必要条件，只要是最优点，且此处起作用约束的梯度线性无关，就必须满足这个条件。但一般说来它并不是充分条件，因而满足这个条件的点不一定就是最优点。可是，对于凸规划，库恩－塔克条件不但是最优点存在的必要条件，它同时也是充分条件。

例 3.9　用库恩－塔克条件求解非线性规划：

$$\begin{cases}\max\ f(x)=(x-4)^2\\ 1\leqslant x\leqslant 6\end{cases}$$

解 先将该非线性规划问题写为如下形式：

$$\begin{cases}\min\ \bar{f}(x)=-(x-4)^2\\ g_1(x)=x-1\geqslant 0\\ g_2(x)=6-x\geqslant 0\end{cases}$$

设库恩－塔克点为 x^*，各函数的梯度为

$$\nabla\bar{f}(x)=-2(x-4),\quad \nabla g_1(x)=1,\quad \nabla g_2(x)=-1$$

对第一个和第二个约束条件分别引入广义拉格朗日乘子 μ_1^* 和 μ_2^*，则得该问题的库恩－塔克条件如下：

$$\begin{cases}-2(x^*-4)-\mu_1^*+\mu_2^*=0\\ \mu_1^*(x^*-1)=0\\ \mu_2^*(6-x^*)=0\\ \mu_1^*\geqslant 0,\mu_2^*\geqslant 0\end{cases}$$

为解该方程组，需要考虑以下几种情况。

(1)$\mu_1^*\geqslant 0,\mu_2^*\geqslant 0$;无解。

(2)$\mu_1^*\geqslant 0,\mu_2^*=0;x^*=1,f(x^*)=9$。

(3)$\mu_1^*=0,\mu_2^*=0;x^*=4,f(x^*)=0$。

(4)$\mu_1^*=0,\mu_2^*>0;x^*=6,f(x^*)=4$。

对应于上述(2)～(4)三种情形，得到了3个库恩－塔克点，其中 $x^*=1$ 和 $x^*=6$ 为极大点，而 $x^*=1$ 为最大点，最大值为 $f(x^*)=9$；$x^*=4$ 为可行域的内点，它不是该问题的极大点，而是极小点。

3.2.2 约束非线性规划问题求解算法

1. 转化法

转化法的主要求解思路是将受约束的非线性规划首先转化为一系列无约束的非线性规划，然后利用无约束最优化算法求解。因而，转化法又被称为序列无约束优化方法。

制约函数法是一类典型的转化法。制约函数法是通过构造某种制约函数，并将它加到非线性规划的目标函数上，从而将原来的约束极值问题，转化为一系列无约束极值问题来求解，故称为序列无约束极小化技术(sequential unconstrained minimization technique，SUMT)。常用的制约函数基本上有3类：外罚函数法(也称外点法)、障碍函数法(也称内罚函数法、内点法)和混合罚函数法。

(1) 外罚函数法。

考虑非线性规划问题(3.3)，为求其最优解，构造一个函数 $\psi(t)$，即

$$\psi(t)=\begin{cases}0, & t\geqslant 0\\ \infty, & t<0\end{cases}\tag{3.106}$$

现把某一约束函数 $g_j(\boldsymbol{X})$ 视为 t，显然，当 $\boldsymbol{X}$ 满足该约束时，$g_j(\boldsymbol{X})\geqslant 0$，从而

$\psi(g_j(\boldsymbol{X}))=0$；当 $\boldsymbol{X}$ 不满足该约束时，$\psi(g_j(\boldsymbol{X}))=\infty$。将上述各个约束条件加到目标函数上，构造新函数：

$$\varphi(\boldsymbol{X})=f(\boldsymbol{X})+\sum_{j=1}^{l}\psi(g_j(\boldsymbol{X})) \tag{3.107}$$

以式(3.107)为新的目标函数，求解无约束问题：

$$\min\ \varphi(\boldsymbol{X})=f(\boldsymbol{X})+\sum_{j=1}^{l}\psi(g_j(\boldsymbol{X})) \tag{3.108}$$

假设该问题的极小点为 $\boldsymbol{X}^*$，由式(3.106)可知，必有 $g_j(\boldsymbol{X}^*)\geqslant 0$，即 $\boldsymbol{X}^*\in R$。从而，$\boldsymbol{X}^*$ 不仅是问题(3.108)的极小点，它同时也是原来的非线性规划问题(3.3)的极小点。通过上述方法，即可将求解非线性规划问题(3.3)转化为求解无约束问题(3.108)。

但是，上述构造函数 $\psi(t)$ 在 $t=0$ 处不连续，更没有导数，这就无法使用很多有效的无约束极小化方法进行求解。为此，将该函数改为

$$\psi(t)=\begin{cases}0, & t\geqslant 0\\ t^2, & t<0\end{cases} \tag{3.109}$$

修改后的函数 $\psi(t)$，当 $t=0$ 时导数等于零，且 $\psi(t)$ 和 $\psi'(t)$ 对任意 t 都连续。当 $\boldsymbol{X}\in R$ 时仍有

$$\sum_{j=1}^{l}\psi(g_j(\boldsymbol{X}))=0$$

当 $\boldsymbol{X}\notin R$ 时，有

$$0<\sum_{j=1}^{l}\psi(g_j(\boldsymbol{X}))<\infty$$

这时，式(3.108)的极小点不一定就是原非线性规划问题(3.3)的极小点。取一个充分大的实数 $M>0$，将 $\varphi(\boldsymbol{X})$ 改为

$$P(\boldsymbol{X},M)=f(\boldsymbol{X})+M\sum_{j=1}^{l}\psi(g_j(\boldsymbol{X})) \tag{3.110}$$

或等价为

$$P(\boldsymbol{X},M)=f(\boldsymbol{X})+M\sum_{j=1}^{l}[\min(0,g_j(\boldsymbol{X}))]^2 \tag{3.111}$$

从而可使 $\min P(\boldsymbol{X},M)$ 的解 $\boldsymbol{X}(M)$ 为原问题的极小解或近似极小解。若求得 $\boldsymbol{X}(M)\in R$，则它必定为原问题的极小解。事实上，对于所有 $\boldsymbol{X}\in R$，有

$$f(\boldsymbol{X})+M\sum_{j=1}^{l}\psi(g_j(\boldsymbol{X}))=P(\boldsymbol{X},M)\geqslant P(\boldsymbol{X}(M),M)=f(\boldsymbol{X}(M))$$

即当 $\boldsymbol{X}\in R$ 时，有 $f(\boldsymbol{X})\geqslant f(\boldsymbol{X}(M))$。

函数 $P(\boldsymbol{X},M)$ 称为惩罚函数，其中的第二项 $M\sum_{j=1}^{l}\psi(g_j(\boldsymbol{X}))$ 称为惩罚项，M 称为惩罚因子。对某一个惩罚因子，例如 M_1，$\boldsymbol{X}(M_1)\notin R$，就加大惩罚因子的值。随着惩罚因子的增加，惩罚函数中的惩罚项所起的作用随之增大，$\min P(\boldsymbol{X},M)$ 的解 $\boldsymbol{X}(M)$ 与可行域 R 的距离就会越来越近，当

$$0<M_1<M_2<\cdots<M_k<\cdots$$

趋于无穷大时，点列$\{\boldsymbol{X}(M_k)\}$就从可行域R的外部趋于原非线性规划问题的极小点(此处假设点列$\{\boldsymbol{X}(M_k)\}$收敛)。正是由于在达到最优解之前，迭代点往往处于可行域之外，因此常把上述外罚函数法称为外点法。

对外罚函数法可做如下经济解释：把目标函数$f(\boldsymbol{X})$看成“价格”，约束条件看成某种“规定”，采购人可在规定范围内购置物品。对违反规定采取某种“罚款”措施：若符合规定，罚款为零；反之，征收罚款。此时，采购人付出的总代价是价格和罚款的总和。采购者的目标是使总代价最小，这就是上述的无约束问题。当罚款规定得很苛刻时，违反规定支付的罚款很高，这就迫使采购人符合规定，在数学上表现为，当惩罚因子足够大时，上述无约束问题的最优解应满足约束条件，而成为约束问题的最优解。

外罚函数法的迭代步骤如下。

① 取第一个惩罚因子$M_1>0$(如取$M_1=1$)，允许误差$\varepsilon>0$，并令$k:=1$。

② 求下述无约束极值问题的最优解：

$$\min P(\boldsymbol{X},M_k)$$

其中

$$P(\boldsymbol{X},M_k)=f(\boldsymbol{X})+M_k\sum_{j=1}^{l}[\min(0,g_j(\boldsymbol{X}))]^2$$

③ 若对某一个$j(1\leqslant j\leqslant l)$有

$$-g_j(\boldsymbol{X}^{(k)})\geqslant\varepsilon$$

则取$M_{k+1}>M_k$(例如，$M_{k+1}=cM_k$，$c=5$或10)，令$k:=k+1$。然后转回第②步。否则，停止迭代，得到所要的点$\boldsymbol{X}^{(k)}$。

例 3.10　用外罚函数法求解

$$\begin{cases}\min f(x)=\left(x-\dfrac{1}{2}\right)^2\\ x\leqslant 0\end{cases}$$

解　构造罚函数：

$$P(x,M)=f(x)+M[\min(0,g(x))]^2=\left(x-\frac{1}{2}\right)^2+M[\min(0,-x)]^2$$

对于固定的M，令

$$\frac{\mathrm{d}P(x,M)}{\mathrm{d}M}=2\left(x-\frac{1}{2}\right)-2M[\min(0,-x)]=0$$

对于不满足约束条件的点x，有

$$2\left(x-\frac{1}{2}\right)+2Mx=0$$

从而，求得极小点$x(M)$为

$$x(M)=\frac{1}{2(1+M)}$$

当$M=0$时，$x(M)=\dfrac{1}{2}$；

当$M=1$时，$x(M)=\dfrac{1}{4}$；

当 $M=10$ 时，$x(M)=\frac{1}{22}$；

当 $M\to\infty$ 时，$x(M)\to 0$。

说明原约束问题的极小点是 $x^*=0$。

(2) 障碍函数法(内罚函数法、内点法)。

外罚函数法的一个重要特点，就是函数 $P(x,M)$ 可在整个 E_n 空间内进行优化，可以任意选择初始点，这给计算带来了很大方便。但由于迭代过程常常在可行域外进行，因而不能以中间结果直接作为近似解使用。

如果要求每次的近似解都是可行解，以便观察目标函数值的改善情况；或者，如果目标函数在可行域外的性质比较复杂，甚至没有定义，这时就无法使用上面所述的外罚函数法了。

障碍函数法与外罚函数法不同，它要求迭代过程始终在可行域内部进行。可以仿照外罚函数法，通过函数叠加的办法来改造原来约束极值问题的目标函数，使改造后的目标函数具有这种性质：在可行域 R 的内部与边界面较远的地方，其值与原来的目标函数值尽可能相近；而在接近边界面时可以达到任意大的值。如果把初始迭代点取在可行域内部(不在可行域边界上，这样的点称为内点，也称为严格内点)，在进行无约束极小化时，这样的函数就会像屏障一样阻止迭代到 R 的边界上去，而使迭代过程始终在可行域内部进行。经过这样改造后的新目标函数，称为障碍函数。可以想见，满足这种要求的障碍函数，其极小解自然不会在 R 的边界上达到。这就是说，这时的极小化是在不包括可行域边界的可行开集上进行的，因而实际上是一种具有无约束性质的极值问题，可利用无约束极小化的方法进行计算。

考虑非线性规划问题(3.3)，当 $\boldsymbol{X}$ 点从可行域 R 内部趋于其边界时，至少有某一个约束函数 $g_j(\boldsymbol{X})(1\leqslant j\leqslant l)$ 趋于零。从而，下述倒数函数

$$\sum_{j=1}^{l}\frac{1}{g_j(\boldsymbol{X})} \tag{3.112}$$

和对数函数

$$-\sum_{j=1}^{l}\lg(g_j(\boldsymbol{X})) \tag{3.113}$$

都将无限增大。如果把式(3.112)和式(3.113)加到非线性规划问题(3.3)的目标函数 $f(\boldsymbol{X})$ 上，就能构成所要求的新的目标函数。为了逼近非线性规划问题(3.3)的极小点，取实数 $r_k>0$，并构成一系列无约束性质的极小化问题如下：

$$\min_{X\in R_0}\bar{P}(\boldsymbol{X},r_k) \tag{3.114}$$

其中

$$\bar{P}(\boldsymbol{X},r_k)=f(\boldsymbol{X})+r_k\sum_{j=1}^{l}\frac{1}{g_j(\boldsymbol{X})} \tag{3.115}$$

或

$$\bar{P}(\boldsymbol{X},r_k)=f(\boldsymbol{X})-r_k\sum_{j=1}^{l}\lg(g_j(\boldsymbol{X})) \tag{3.116}$$

此处，R_0 为所有严格内点的集合，即

$$R_0 = \{\boldsymbol{X} \mid g_j(\boldsymbol{X}) > 0, \quad j = 1, 2, \cdots, l\} \tag{3.117}$$

式(3.115)和式(3.116)右端第二项称为障碍项，r_k 称为障碍因子。函数 $\bar{P}(\boldsymbol{X}, r_k)$ 称为障碍函数。

如果从可行域内部的某一点 $\boldsymbol{X}^{(0)}$ 出发，按无约束极小化方法(但在进行一维搜索时需注意控制步长，不要使迭代点越出 R_0) 对问题(3.114) 进行迭代，则随着障碍因子的逐渐减小，即

$$r_1 > r_2 > \cdots > r_k > \cdots > 0$$

障碍项所起的作用也越来越小，因而求出的问题(3.114) 的解 $\boldsymbol{X}(r_k)$ 就会逼近原约束问题(3.3) 的极小解。若式(3.3) 的极小点在可行域 R 的边界上，则随着 r_k 的减小，"障碍"作用逐步降低，所求出的障碍函数的极小点就会不断靠近 R 的边界，直到满足某一精度要求为止。

障碍法的迭代步骤如下。

① 取第一个障碍因子 $r_1 > 0$(如取 $r_1 = 1$)，允许误差 $\varepsilon > 0$，并令 $k := 1$。

② 构造障碍函数，障碍项可采用倒数函数，也可采用对数函数。

③ 对障碍函数进行无约束极小化(迭代点必须在 R_0 内)，设所得极小解为$\boldsymbol{X}^{(k)} \in R_0$。

④ 检查是否满足收敛准则：

$$r_k \sum_{j=1}^{l} \frac{1}{g_j(\boldsymbol{X}^{(k)})} \leqslant \varepsilon \tag{3.118}$$

或

$$\left| r_k \sum_{j=1}^{l} \lg[g_j(\boldsymbol{X}^{(k)})] \right| \leqslant \varepsilon \tag{3.119}$$

如果满足此准则，则以 $\boldsymbol{X}^{(k)}$ 为原约束问题的近似极小解，停止迭代；否则，取 $r_{k+1} < r_k$(如取 $r_{k+1} = r_k/10$ 或 $r_k/5$)，令 $k := k+1$，转回第 ③ 步继续进行迭代。

例 3.11 用障碍函数法求解

$$\begin{cases} \min f(x) = x - 2 \\ x \geqslant 0 \end{cases}$$

解 构造如下形式的障碍函数：

$$\bar{P}(x, r_k) = x - 2 + \frac{r_k}{x}$$

对某一固定的 r_k，由

$$\frac{\mathrm{d}\bar{P}(x, r_k)}{\mathrm{d}x} = 1 - \frac{r_k}{x^2} = 0$$

得 $x = \pm\sqrt{r_k}$。令 $r_k \to 0$，并考虑到约束条件，即可得该问题的极小点 $\boldsymbol{X}^* = 0$。

前已述及，内点法的迭代过程必须由某个严格内点开始，在处理实际问题时，如果凭直观即可找到一个初始点，这当然十分方便；如果找不到，则可采用下述方法。

先找任一点 $\boldsymbol{X}^{(0)} \in E_n$，若该点以严格不等式满足所有约束，则可以把它作为初始内

点。若该点以严格不等式满足一部分约束，而不能以严格不等式满足另外的约束，则以不能严格满足的这些约束函数为假拟目标函数，而以严格满足的那些约束函数形成障碍项，构成这一无约束性质的问题。求解这一问题，可得一新点 $\boldsymbol{X}^{(1)}$，若 $\boldsymbol{X}^{(1)}$ 仍不为内点，就如上述继续进行，并减小障碍因子，直至求出一个初始内点为止。

求解初始内点的迭代步骤如下。

① 任取一点 $\boldsymbol{X}^{(1)} \in E_n, r_1 > 0$(如取 $r_1 = 1$)，令 $k := 1$。

② 确定指标集 T_k 和 $\overline{T}_k$：

$$T_k = \{j \mid g_j(\boldsymbol{X}^{(k)}) > 0, 1 \leqslant j \leqslant l\}$$

$$\overline{T}_k = \{j \mid g_j(\boldsymbol{X}^{(k)}) \leqslant 0, 1 \leqslant j \leqslant l\}$$

③ 检查 $\overline{T}_k$ 是否为空集，若为空集，则取 $\boldsymbol{X}^{(k)}$ 为初始内点，迭代停止；否则，转下一步。

④ 构造函数：

$$\widetilde{P}(\boldsymbol{X}, r_k) = -\sum_{j \in \overline{T}_k} g_j(\boldsymbol{X}) + r_k \sum_{j \in T_k} \frac{1}{g_j(\boldsymbol{X})} \quad (r_k > 0)$$

以 $\boldsymbol{X}^{(k)}$ 为初始点，求解

$$\min_{X \in \widetilde{R}_k} \widetilde{P}(\boldsymbol{X}, r_k)$$

其中，$\widetilde{R}_k = \{\boldsymbol{X} \mid g_j(\boldsymbol{X}) > 0, j \in T_k\}$。

设求出的极小点为 $\boldsymbol{X}^{(k+1)}$，则 $\boldsymbol{X}^{(k+1)} \in \widetilde{R}_k$。令 $0 < r_{k+1} < r_k$(如取 $r_{k+1} = r_k/10$)，$k := k+1$，转回第 ② 步。

(3) 混合罚函数法。

前已述及，当要求在迭代过程中始终满足某些约束条件时，就需要使用外罚函数法(对这些约束条件而言)；然而，外罚函数法不能处理等式约束。因此，人们自然希望将障碍函数法和外罚函数法结合起来使用。即对等式约束和当前不被满足的不等式约束，使用外罚函数法；对所满足的那些不等式约束，使用障碍函数法。这就是混合罚函数法(也称联合算法)。

2. 直接法

直接法的主要求解思路是直接求解约束非线性规划问题，将约束非线性规划问题转化为一系列可行且可用的方向进行一维搜索。直接法主要包括梯度投影法和可行方向法等。

(1) 梯度投影法。

① 投影矩阵。

设 $\boldsymbol{M}$ 是 $m \times n$ 矩阵，秩为 m。令

$$\boldsymbol{P} = \boldsymbol{M}^{\mathrm{T}} (\boldsymbol{M}\boldsymbol{M}^{\mathrm{T}})^{-1} \boldsymbol{M} \tag{3.120}$$

$$\boldsymbol{Q} = \boldsymbol{I} - \boldsymbol{M}^{\mathrm{T}} (\boldsymbol{M}\boldsymbol{M}^{\mathrm{T}})^{-1} \boldsymbol{M} \tag{3.121}$$

矩阵 $\boldsymbol{P}$ 和 $\boldsymbol{Q}$ 有两个特性：

a. 它们都是对称矩阵。

b. 它们都是幂等矩阵，即

$$\boldsymbol{P}^2 = \boldsymbol{P}, \quad \boldsymbol{Q}^2 = \boldsymbol{Q} \tag{3.122}$$

通常把具有这种特征的矩阵定义为投影矩阵。

定义 设 $\boldsymbol{P}$ 为 n 阶矩阵,若 $\boldsymbol{P}^{\mathrm{T}}=\boldsymbol{P}$ 且 $\boldsymbol{P}^2=\boldsymbol{P}$,则称 $\boldsymbol{P}$ 为投影矩阵。

投影矩阵具有下列性质:

a. 若 $\boldsymbol{P}$ 为投影矩阵,则 $\boldsymbol{P}$ 为半正定矩阵。这是因为对任意的 $\boldsymbol{x}\in\mathbb{R}^n$,有

$$\boldsymbol{x}^{\mathrm{T}}\boldsymbol{P}\boldsymbol{x}=\boldsymbol{x}^{\mathrm{T}}\boldsymbol{P}\boldsymbol{P}\boldsymbol{x}=(\boldsymbol{P}\boldsymbol{x})^{\mathrm{T}}(\boldsymbol{P}\boldsymbol{x})\geqslant 0 \tag{3.123}$$

b. $\boldsymbol{P}$ 为投影矩阵的充要条件是 $\boldsymbol{Q}=\boldsymbol{I}-\boldsymbol{P}$ 为投影矩阵。这一性质用定义验证十分容易。

c. 设 $\boldsymbol{P}$ 和 $\boldsymbol{Q}=\boldsymbol{I}-\boldsymbol{P}$ 是 n 阶投影矩阵,则

$$L=\{\boldsymbol{P}\boldsymbol{x}\mid \boldsymbol{x}\in\mathbb{R}^n\} \tag{3.124}$$

与

$$L^{\perp}=\{\boldsymbol{Q}\boldsymbol{x}\mid \boldsymbol{x}\in\mathbb{R}^n\} \tag{3.125}$$

是正交线性子空间,且任一 $\boldsymbol{x}\in\mathbb{R}^n$ 可唯一分解成 $\boldsymbol{x}=\boldsymbol{p}+\boldsymbol{q},\boldsymbol{p}\in L,\boldsymbol{q}\in L^{\perp}$。

② 梯度投影法原理。

考虑问题:

$$\begin{aligned}\min\quad & f(x)\\ \text{s. t.}\quad & \boldsymbol{A}\boldsymbol{x}\geqslant\boldsymbol{b}\\ & \boldsymbol{E}\boldsymbol{x}\geqslant\boldsymbol{e}\end{aligned} \tag{3.126}$$

其中,$f(\boldsymbol{x})$ 是可微函数;$\boldsymbol{A}$ 为 $m\times n$ 矩阵;$\boldsymbol{E}$ 为 $1\times n$ 矩阵。

梯度投影法的基本思想仍然是从可行点出发,沿可行方向进行搜索。当迭代出发点在可行域内部时,沿负梯度方向搜索。当迭代出发点在某些约束的边界上时,将该点处的负梯度投影到 $\boldsymbol{M}$ 的零空间,$\boldsymbol{M}$ 是以起作用约束或部分起作用约束的梯度为行构造成的矩阵。下面将要证明,这样的投影是下降可行方向,再沿此投影方向进行搜索。

定理 3.7 设 $\boldsymbol{x}$ 是问题(3.126)的可行解,在点 $\boldsymbol{x}$ 处,有 $\boldsymbol{A}_1\boldsymbol{x}=\boldsymbol{b}_1,\boldsymbol{A}_2\boldsymbol{x}>\boldsymbol{b}_2$,其中

$$\boldsymbol{A}=\begin{bmatrix}\boldsymbol{A}_1\\ \boldsymbol{A}_2\end{bmatrix},\quad \boldsymbol{b}=\begin{bmatrix}\boldsymbol{b}_1\\ \boldsymbol{b}_2\end{bmatrix} \tag{3.127}$$

又设

$$\boldsymbol{M}=\begin{bmatrix}\boldsymbol{A}_1\\ \boldsymbol{E}\end{bmatrix} \tag{3.128}$$

为满秩矩阵,则有 $\boldsymbol{P}=\boldsymbol{I}-\boldsymbol{M}^{\mathrm{T}}(\boldsymbol{M}\boldsymbol{M}^{\mathrm{T}})^{-1}\boldsymbol{M},\boldsymbol{P}\nabla f(\boldsymbol{x})\neq\boldsymbol{0}$,令

$$\boldsymbol{d}=-\boldsymbol{P}\nabla f(\boldsymbol{x}) \tag{3.129}$$

则 $\boldsymbol{d}$ 是下降可行方向。

证明 由于 $\boldsymbol{P}$ 为投影矩阵,$\boldsymbol{P}\nabla f(\boldsymbol{x})\neq\boldsymbol{0}$,因此必有

$$\nabla f(\boldsymbol{x})^{\mathrm{T}}\boldsymbol{d}=-\nabla f(\boldsymbol{x})^{\mathrm{T}}\boldsymbol{P}\nabla f(\boldsymbol{x})=-\|\boldsymbol{P}\nabla f(\boldsymbol{x})\|^2<0 \tag{3.130}$$

即 $\boldsymbol{d}$ 为下降方向。根据假设,又有

$$\begin{aligned}\boldsymbol{M}\boldsymbol{d}&=-\boldsymbol{M}\boldsymbol{P}\nabla f(\boldsymbol{x})=-\boldsymbol{M}(\boldsymbol{I}-\boldsymbol{M}^{\mathrm{T}}(\boldsymbol{M}\boldsymbol{M}^{\mathrm{T}})^{-1}\boldsymbol{M})\nabla f(\boldsymbol{x})\\ &=(-\boldsymbol{M}+\boldsymbol{M})\nabla f(\boldsymbol{x})=0\end{aligned} \tag{3.131}$$

即 $\boldsymbol{A}_1\boldsymbol{d}=\boldsymbol{0},\boldsymbol{E}\boldsymbol{d}=\boldsymbol{0}$,$\boldsymbol{d}$ 是在 $\boldsymbol{x}$ 处的可行方向。考虑到式(3.130),$\boldsymbol{d}$ 是下降可行方向。

上述定理在 $\boldsymbol{P}\nabla f(\boldsymbol{x})\neq\boldsymbol{0}$ 的假设下,给出用投影求下降可行方向的一种方法。当

$\boldsymbol{P}\nabla f(\boldsymbol{x})=\mathbf{0}$ 时，有两种可能，或者 $\boldsymbol{x}$ 是 K－T 点，或者可以构造新的投影矩阵，以便求得下降可行方向。

定理 3.8　设 $\boldsymbol{x}$ 是问题(3.126)的一个可行解，在点 $\boldsymbol{x}$ 处，有 $\boldsymbol{A}_1\boldsymbol{x}=\boldsymbol{b}_1$，$\boldsymbol{A}_2\boldsymbol{x}>\boldsymbol{b}_2$，其中

$$\boldsymbol{A}=\begin{bmatrix}\boldsymbol{A}_1\\\boldsymbol{A}_2\end{bmatrix},\quad \boldsymbol{b}=\begin{bmatrix}\boldsymbol{b}_1\\\boldsymbol{b}_2\end{bmatrix}\tag{3.132}$$

又设

$$\boldsymbol{M}=\begin{bmatrix}\boldsymbol{A}_1\\\boldsymbol{E}\end{bmatrix}\tag{3.133}$$

为行满秩矩阵，令

$$\begin{gathered}\boldsymbol{P}=\boldsymbol{I}-\boldsymbol{M}^{\mathrm{T}}(\boldsymbol{M}\boldsymbol{M}^{\mathrm{T}})^{-1}\boldsymbol{M}\\\boldsymbol{W}=(\boldsymbol{M}\boldsymbol{M}^{\mathrm{T}})^{-1}\boldsymbol{M}\nabla f(\boldsymbol{x})=\begin{bmatrix}\boldsymbol{u}\\\boldsymbol{v}\end{bmatrix}\end{gathered}\tag{3.134}$$

其中，$\boldsymbol{u}$ 和 $\boldsymbol{v}$ 分别对应于 $\boldsymbol{A}_1$ 和 $\boldsymbol{E}$，设 $\boldsymbol{P}\nabla f(\boldsymbol{x})=\mathbf{0}$，则

a. 如果 $\boldsymbol{u}\geqslant 0$，那么 $\boldsymbol{x}$ 为 K－T 点；

b. 如果 $\boldsymbol{u}$ 中含有负分量，不妨设 $u_j<0$，这时从 $\boldsymbol{A}_1$ 中去掉 u_j 对应的行，得到 $\hat{\boldsymbol{A}}_1$，令

$$\hat{\boldsymbol{M}}=\begin{bmatrix}\hat{\boldsymbol{A}}_1\\\boldsymbol{E}\end{bmatrix},\quad \hat{\boldsymbol{P}}=\boldsymbol{I}-\hat{\boldsymbol{M}}^{\mathrm{T}}(\hat{\boldsymbol{M}}\hat{\boldsymbol{M}}^{\mathrm{T}})^{-1}\hat{\boldsymbol{M}},\quad \boldsymbol{d}=-\hat{\boldsymbol{P}}\nabla f(\boldsymbol{x})\tag{3.135}$$

那么 $\boldsymbol{d}$ 为下降可行方向。

证明　先证 a。设 $\boldsymbol{u}\geqslant 0$，由于 $\boldsymbol{P}\nabla f(\boldsymbol{x})=\mathbf{0}$，则有

$$\begin{aligned}\mathbf{0}=\boldsymbol{P}\nabla f(\boldsymbol{x})&=(\boldsymbol{I}-\boldsymbol{M}^{\mathrm{T}}(\boldsymbol{M}\boldsymbol{M}^{\mathrm{T}})^{-1}\boldsymbol{M})\nabla f(\boldsymbol{x})\\&=\nabla f(\boldsymbol{x})-\boldsymbol{M}^{\mathrm{T}}(\boldsymbol{M}\boldsymbol{M}^{\mathrm{T}})^{-1}\boldsymbol{M}\nabla f(\boldsymbol{x})\\&=\nabla f(\boldsymbol{x})-\boldsymbol{A}_1^{\mathrm{T}}\boldsymbol{u}-\boldsymbol{E}^{\mathrm{T}}\boldsymbol{v}\end{aligned}\tag{3.136}$$

式(3.136)恰为 K－T 条件，因此 $\boldsymbol{x}$ 是 K－T 点。

再证 b。设 $u_j<0$，先证 $\hat{\boldsymbol{P}}\nabla f(\boldsymbol{x})\neq\mathbf{0}$，用反证法。假设 $\hat{\boldsymbol{P}}\nabla f(\boldsymbol{x})=\mathbf{0}$。由 $\hat{\boldsymbol{P}}$ 的定义可以推出

$$\mathbf{0}=\hat{\boldsymbol{P}}\nabla f(\boldsymbol{x})=(\boldsymbol{I}-\hat{\boldsymbol{M}}^{\mathrm{T}}(\hat{\boldsymbol{M}}\hat{\boldsymbol{M}}^{\mathrm{T}})^{-1}\hat{\boldsymbol{M}})\nabla f(\boldsymbol{x})=\nabla f(\boldsymbol{x})-\hat{\boldsymbol{M}}^{\mathrm{T}}\hat{\boldsymbol{W}}\tag{3.137}$$

其中，$\hat{\boldsymbol{W}}=(\hat{\boldsymbol{M}}\hat{\boldsymbol{M}}^{\mathrm{T}})^{-1}\hat{\boldsymbol{M}}\nabla f(\boldsymbol{x})$。设 $\boldsymbol{A}_1$ 中对应 u_j 的行向量为 $\boldsymbol{r}_j$(第 j 行)。因为有

$$\boldsymbol{A}_1^{\mathrm{T}}\boldsymbol{u}+\boldsymbol{E}^{\mathrm{T}}\boldsymbol{v}=\hat{\boldsymbol{A}}_1^{\mathrm{T}}\hat{\boldsymbol{u}}+u_j\boldsymbol{r}_j^{\mathrm{T}}+\boldsymbol{E}^{\mathrm{T}}\boldsymbol{v}=\hat{\boldsymbol{M}}^{\mathrm{T}}\bar{\boldsymbol{W}}+u_j\boldsymbol{r}_j^{\mathrm{T}}\tag{3.138}$$

将式(3.138)代入式(3.136)，得到

$$\mathbf{0}=\nabla f(\boldsymbol{x})-(\hat{\boldsymbol{M}}^{\mathrm{T}}\bar{\boldsymbol{W}}+u_j\boldsymbol{r}_j^{\mathrm{T}})\tag{3.139}$$

用式(3.137)减去式(3.139)，得到

$$\mathbf{0}=\hat{\boldsymbol{M}}^{\mathrm{T}}(\bar{\boldsymbol{W}}-\hat{\boldsymbol{W}})+u_j\boldsymbol{r}_j^{\mathrm{T}}\tag{3.140}$$

式(3.140)右端等于 $\boldsymbol{M}$ 的行向量的线性组合，且至少有一个系数 $u_j\neq 0$。由此得出 $\boldsymbol{M}$ 的行向量组线性相关，这个结论与 $\boldsymbol{M}$ 行满秩矛盾。因此必有 $\hat{\boldsymbol{P}}\nabla f(\boldsymbol{x})\neq\mathbf{0}$。

由于 $\hat{\boldsymbol{P}}$ 为投影矩阵，$\hat{\boldsymbol{P}}\nabla f(\boldsymbol{x})\neq\mathbf{0}$，因此有

$$\nabla f(\boldsymbol{x})^{\mathrm{T}}\boldsymbol{d}=-\nabla f(\boldsymbol{x})^{\mathrm{T}}\hat{\boldsymbol{P}}\nabla f(\boldsymbol{x})=-\|\hat{\boldsymbol{P}}\nabla f(\boldsymbol{x})\|^{2}<0 \tag{3.141}$$

即 $\boldsymbol{d}=-\hat{\boldsymbol{P}}\nabla f(\boldsymbol{x})$ 是下降方向。下面证明 $\boldsymbol{d}$ 为可行方向。

由于

$$\begin{aligned}\hat{\boldsymbol{M}}\boldsymbol{d}&=-\hat{\boldsymbol{M}}\hat{\boldsymbol{P}}\nabla f(\boldsymbol{x})=-\hat{\boldsymbol{M}}(\boldsymbol{I}-\hat{\boldsymbol{M}}^{\mathrm{T}}(\hat{\boldsymbol{M}}\hat{\boldsymbol{M}}^{\mathrm{T}})^{-1}\hat{\boldsymbol{M}})\nabla f(\boldsymbol{x})\\&=-(\hat{\boldsymbol{M}}-\hat{\boldsymbol{M}})\nabla f(\boldsymbol{x})=\boldsymbol{0}\end{aligned} \tag{3.142}$$

即

$$\hat{\boldsymbol{A}}_1\boldsymbol{d}=\boldsymbol{0},\quad \boldsymbol{E}\boldsymbol{d}=\boldsymbol{0} \tag{3.143}$$

将式(3.139)两端左乘 $\boldsymbol{r}_j\hat{\boldsymbol{P}}$，得到

$$\boldsymbol{r}_j\hat{\boldsymbol{P}}\nabla f(\boldsymbol{x})-\boldsymbol{r}_j\hat{\boldsymbol{P}}(\hat{\boldsymbol{M}}^{\mathrm{T}}\overline{\boldsymbol{W}}+u_j\boldsymbol{r}_j^{\mathrm{T}})=\boldsymbol{0} \tag{3.144}$$

由于 $\hat{\boldsymbol{P}}\hat{\boldsymbol{M}}^{\mathrm{T}}=\boldsymbol{0}$，$\boldsymbol{d}=-\hat{\boldsymbol{P}}\nabla f(\boldsymbol{x})$，因此式(3.144)可简化为

$$\boldsymbol{r}_j\boldsymbol{d}+u_j\boldsymbol{r}_j\hat{\boldsymbol{P}}\boldsymbol{r}_j^{\mathrm{T}}=\boldsymbol{0} \tag{3.145}$$

由于 $\hat{\boldsymbol{P}}$ 半正定，$\boldsymbol{r}_j\hat{\boldsymbol{P}}\boldsymbol{r}_j^{\mathrm{T}}\geqslant 0$ 及 $u_j<0$，因此

$$\boldsymbol{r}_j\boldsymbol{d}=-u_j\boldsymbol{r}_j\hat{\boldsymbol{P}}\boldsymbol{r}_j^{\mathrm{T}}\geqslant\boldsymbol{0} \tag{3.146}$$

由式(3.143)和式(3.146)即知

$$\boldsymbol{A}_1\boldsymbol{d}\geqslant\boldsymbol{0},\quad \boldsymbol{E}\boldsymbol{d}=\boldsymbol{0} \tag{3.147}$$

因此，$\boldsymbol{d}$ 为可行方向。考虑到式(3.141)，$\boldsymbol{d}$ 为 $\boldsymbol{x}$ 处的下降可行方向。

梯度投影法计算步骤如下。

a. 给定初始可行点 $\boldsymbol{x}^{(1)}$，置 $k=1$。

b. 在点 $\boldsymbol{x}$ 处，将 $\boldsymbol{A}$ 和 $\boldsymbol{b}$ 分解成

$$\boldsymbol{A}=\begin{bmatrix}\boldsymbol{A}_1\\\boldsymbol{A}_2\end{bmatrix},\quad \boldsymbol{b}=\begin{bmatrix}\boldsymbol{b}_1\\\boldsymbol{b}_2\end{bmatrix} \tag{3.148}$$

使得 $\boldsymbol{A}_1\boldsymbol{x}^{(k)}=\boldsymbol{b}_1$，$\boldsymbol{A}_2\boldsymbol{x}^{(k)}>\boldsymbol{b}_2$。

c. 令

$$\boldsymbol{M}=\begin{bmatrix}\boldsymbol{A}_1\\\boldsymbol{E}\end{bmatrix} \tag{3.149}$$

如果 $\boldsymbol{M}$ 是空矩阵，则令

$$\boldsymbol{P}=\boldsymbol{I}\quad(\text{单位矩阵}) \tag{3.150}$$

否则，令

$$\boldsymbol{P}=\boldsymbol{I}-\hat{\boldsymbol{M}}^{\mathrm{T}}(\hat{\boldsymbol{M}}\hat{\boldsymbol{M}}^{\mathrm{T}})^{-1}\hat{\boldsymbol{M}} \tag{3.151}$$

d. 令 $\boldsymbol{d}^{(k)}=-\boldsymbol{P}\nabla f(\boldsymbol{x}^{(k)})$。若 $\boldsymbol{d}^{(k)}\neq 0$，则转步骤 f；若 $\boldsymbol{d}^{(k)}=0$，则进行步骤 e。

e. 若 $\boldsymbol{M}$ 是空矩阵，则停止计算，得到 $\boldsymbol{x}^{(k)}$；否则，令

$$\boldsymbol{W}=(\boldsymbol{M}\boldsymbol{M}^{\mathrm{T}})^{-1}\boldsymbol{M}\nabla f(\boldsymbol{x}^{(k)})=\begin{bmatrix}\boldsymbol{u}\\\boldsymbol{v}\end{bmatrix} \tag{3.152}$$

如果 $\boldsymbol{u}\geqslant 0$，则停止计算，$\boldsymbol{x}^{(k)}$ 为 K－T 点；如果 $\boldsymbol{u}$ 包含负分量，则选择一个负分量(如 u_j)，修正 $\boldsymbol{A}_1$，去掉 $\boldsymbol{A}_1$ 中对应 u_j 的行，返回步骤 c。

f. 解下列问题，求步长 λ_k：

$$\begin{cases}\min f(\boldsymbol{x}^{(k)}+\lambda\boldsymbol{d}^{(k)})\\ \text{s.t. } 0\leqslant\lambda\leqslant\lambda_{\max}\end{cases}\tag{3.153}$$

其中，$\lambda_{\max}$ 为

$$\lambda_{\max}=\begin{cases}\min\left\{\dfrac{\hat{b}_i}{\hat{d}_i}\,\middle|\,\hat{d}_i<0\right\}, & \hat{\boldsymbol{d}}<0\\ \infty, & \hat{\boldsymbol{d}}\geqslant 0\end{cases}\tag{3.154}$$

得解 λ_k，令

$$\boldsymbol{x}^{(k+1)}=\boldsymbol{x}^{(k)}+\lambda_k\boldsymbol{d}^{(k)}\tag{3.155}$$

置 $k:=k+1$，返回步骤 b。

例 3.12　用梯度投影法求解下列问题：

$$\begin{cases}\min f(\boldsymbol{x})\overset{\text{def}}{=}2x_1^2+2x_2^2-2x_1x_2-4x_1-6x_2\\ \text{s.t. } -x_1-x_2\geqslant-2\\ \qquad -x_1-5x_2\geqslant-5\\ \qquad x_1,x_2\geqslant 0\end{cases}\tag{3.156}$$

解　取初始可行点 $\boldsymbol{x}^{(1)}=[0,0]^{\mathrm{T}}$。在点 $\boldsymbol{x}$ 处的梯度为

$$\nabla f(\boldsymbol{x})=\begin{bmatrix}4x_1-2x_2-4\\ 4x_2-2x_1-6\end{bmatrix}\tag{3.157}$$

a. 第 1 次迭代。在点 $\boldsymbol{x}^{(1)}$ 处的梯度为

$$\nabla f(\boldsymbol{x}^{(1)})=\begin{bmatrix}-4\\ -6\end{bmatrix}\tag{3.158}$$

在 $\boldsymbol{x}^{(1)}$ 处起作用约束指标集 $I=\{3,4\}$，即 $x_1\geqslant 0$ 和 $x_2\geqslant 0$ 是在 $\boldsymbol{x}^{(1)}=[0,0]^{\mathrm{T}}$ 处起作用约束，因此将约束系数矩阵 $\boldsymbol{A}$ 和右端 $\boldsymbol{b}$ 分解为

$$\boldsymbol{A}_1=\begin{bmatrix}1&0\\0&1\end{bmatrix},\quad \boldsymbol{A}_2=\begin{bmatrix}-1&-1\\-1&-5\end{bmatrix},\quad \boldsymbol{b}_1=\begin{bmatrix}0\\0\end{bmatrix},\quad \boldsymbol{b}_2=\begin{bmatrix}-2\\-5\end{bmatrix}\tag{3.159}$$

投影矩阵为

$$\boldsymbol{P}=\boldsymbol{I}-\boldsymbol{A}_1^{\mathrm{T}}\ (\boldsymbol{A}_1\boldsymbol{A}_1^{\mathrm{T}})^{-1}\boldsymbol{A}_1=\begin{bmatrix}0&0\\0&0\end{bmatrix}\tag{3.160}$$

令

$$\boldsymbol{d}^{(1)}=-\boldsymbol{P}\,\nabla f(\boldsymbol{x}^{(1)})=\begin{bmatrix}0\\0\end{bmatrix}\tag{3.161}$$

$$\boldsymbol{W}=(\boldsymbol{A}_1\boldsymbol{A}_1^{\mathrm{T}})^{-1}\boldsymbol{A}_1\,\nabla f(\boldsymbol{x}^{(1)})=\begin{bmatrix}u_1\\u_2\end{bmatrix}=\begin{bmatrix}-4\\-6\end{bmatrix}\tag{3.162}$$

修正 $\boldsymbol{A}_1$，去掉 $\boldsymbol{A}_1$ 中对应 $u_2=-6$ 的行，即第 2 行，得到

$$\hat{\boldsymbol{A}}_1=[1,0]\tag{3.163}$$

再求投影矩阵 $\hat{\boldsymbol{P}}$：

$$\hat{\boldsymbol{P}}=\boldsymbol{I}-\hat{\boldsymbol{A}}_1^{\mathrm{T}}\ (\hat{\boldsymbol{A}}_1\ \hat{\boldsymbol{A}}_1^{\mathrm{T}})^{-1}\ \hat{\boldsymbol{A}}_1=\begin{bmatrix}0 & 0\\ 0 & 1\end{bmatrix} \tag{3.164}$$

令

$$\hat{\boldsymbol{d}}^{(1)}=-\hat{\boldsymbol{P}}\nabla f(\boldsymbol{x}^{(1)})=\begin{bmatrix}0\\ 6\end{bmatrix} \tag{3.165}$$

求步长 λ_1：

$$\begin{cases}\min\ f(\boldsymbol{x}^{(1)}+\lambda\,\hat{\boldsymbol{d}}^{(1)})\\ \text{s.t.}\ \ 0\leqslant\lambda\leqslant\lambda_{\max}\end{cases} \tag{3.166}$$

由于

$$\begin{aligned}\hat{\boldsymbol{b}}&=\boldsymbol{b}_2-\boldsymbol{A}_2\boldsymbol{x}^{(1)}=\begin{bmatrix}-2\\ -5\end{bmatrix}-\begin{bmatrix}-1 & -1\\ -1 & -5\end{bmatrix}\begin{bmatrix}0\\ 0\end{bmatrix}=\begin{bmatrix}-2\\ -5\end{bmatrix}\\ \hat{\boldsymbol{d}}&=\boldsymbol{A}_2\ \hat{\boldsymbol{d}}^{(1)}=\begin{bmatrix}-1 & -1\\ -1 & -5\end{bmatrix}\begin{bmatrix}0\\ 6\end{bmatrix}=\begin{bmatrix}-6\\ -30\end{bmatrix}\end{aligned} \tag{3.167}$$

因此

$$\lambda_{\max}=\min\left\{\frac{-2}{-6},\frac{-5}{-30}\right\}=\frac{1}{6} \tag{3.168}$$

这样，式(3.166)即为

$$\begin{cases}\min\ 72\lambda^2-36\lambda\\ \text{s.t.}\ \ 0\leqslant\lambda\leqslant\dfrac{1}{6}\end{cases} \tag{3.169}$$

解得 $\lambda_1=\dfrac{1}{6}$。令

$$\boldsymbol{x}^{(2)}=\boldsymbol{x}^{(1)}+\lambda_1\ \hat{\boldsymbol{d}}^{(1)}=\begin{bmatrix}0\\ 1\end{bmatrix} \tag{3.170}$$

b. 第 2 次迭代。在点 $\boldsymbol{x}^{(2)}$ 处起作用约束指标集 $I=\{2,3\}$，梯度为

$$\nabla f(\boldsymbol{x}^{(2)})=\begin{bmatrix}-6\\ -2\end{bmatrix} \tag{3.171}$$

将 $\boldsymbol{A}$ 和 $\boldsymbol{b}$ 分解为

$$\boldsymbol{A}_1=\begin{bmatrix}-1 & -5\\ 1 & 0\end{bmatrix},\quad \boldsymbol{A}_2=\begin{bmatrix}-1 & -1\\ 0 & 1\end{bmatrix},\quad \boldsymbol{b}_1=\begin{bmatrix}-5\\ 0\end{bmatrix},\quad \boldsymbol{b}_2=\begin{bmatrix}-2\\ 0\end{bmatrix} \tag{3.172}$$

投影矩阵为

$$\boldsymbol{P}=\boldsymbol{I}-\boldsymbol{A}_1^{\mathrm{T}}\ (\boldsymbol{A}_1\boldsymbol{A}_1^{\mathrm{T}})^{-1}\boldsymbol{A}_1=\begin{bmatrix}0 & 0\\ 0 & 0\end{bmatrix} \tag{3.173}$$

这样，方向为

$$\boldsymbol{d}^{(2)}=-\boldsymbol{P}\nabla f(\boldsymbol{x}^{(2)})=\begin{bmatrix}0\\ 0\end{bmatrix} \tag{3.174}$$

$$\boldsymbol{W}=(\boldsymbol{A}_1\boldsymbol{A}_1^{\mathrm{T}})^{-1}\boldsymbol{A}_1\ \nabla f(\boldsymbol{x}^{(2)})=\begin{bmatrix}u_1\\ u_2\end{bmatrix}=\begin{bmatrix}\dfrac{2}{5}\\ -\dfrac{28}{5}\end{bmatrix} \tag{3.175}$$

从 $\boldsymbol{A}_1$ 中去掉 $u_2=-\dfrac{28}{5}$ 所对应的第 2 行，得到

$$\hat{\boldsymbol{A}}_1=[-1,-5] \tag{3.176}$$

令

$$\hat{\boldsymbol{P}}=\boldsymbol{I}-\hat{\boldsymbol{A}}_1^{\mathrm{T}}(\hat{\boldsymbol{A}}_1\hat{\boldsymbol{A}}_1^{\mathrm{T}})^{-1}\hat{\boldsymbol{A}}_1=\begin{bmatrix}\frac{25}{26} & -\frac{5}{26}\\ -\frac{5}{26} & \frac{1}{26}\end{bmatrix} \tag{3.177}$$

$$\hat{\boldsymbol{d}}^{(2)}=-\hat{\boldsymbol{P}}\nabla f(\boldsymbol{x}^{(2)})=\frac{14}{13}\begin{bmatrix}5\\-1\end{bmatrix} \tag{3.178}$$

去掉式(3.178)前面的系数，取搜索方向

$$\boldsymbol{d}^{(2)}=\begin{bmatrix}5\\-1\end{bmatrix} \tag{3.179}$$

这时，有

$$\hat{\boldsymbol{b}}=\boldsymbol{b}_2-\boldsymbol{A}_2\boldsymbol{x}^{(2)}=\begin{bmatrix}-1\\-1\end{bmatrix}$$

$$\hat{\boldsymbol{d}}=\boldsymbol{A}_2\boldsymbol{d}^{(2)}=\begin{bmatrix}-4\\-1\end{bmatrix}$$

$$\lambda_{\max}=\min\left\{\frac{-1}{-4},\frac{-1}{-1}\right\}=\frac{1}{4}$$

$$\boldsymbol{x}^{(2)}+\lambda\boldsymbol{d}^{(2)}=\begin{bmatrix}5\lambda\\1-\lambda\end{bmatrix}$$

$$f(\boldsymbol{x}^{(2)}+\lambda\boldsymbol{d}^{(2)})=62\lambda^2-28\lambda-4 \tag{3.180}$$

求解问题：

$$\begin{cases}\min\ 62\lambda^2-28\lambda-4\\ \text{s.t. }\ 0\leqslant\lambda\leqslant\dfrac{1}{4}\end{cases} \tag{3.181}$$

得到 $\lambda_2=\dfrac{7}{31}$。令

$$\boldsymbol{x}^{(3)}=\boldsymbol{x}^{(2)}+\lambda_2\boldsymbol{d}^{(2)}=\begin{bmatrix}\frac{35}{31}\\ \frac{24}{31}\end{bmatrix} \tag{3.182}$$

c. 第 3 次迭代。在点 $\boldsymbol{x}^{(3)}$ 处起作用约束指标集 $I=\{2\}$，梯度为

$$\nabla f(\boldsymbol{x}^{(3)})=\begin{bmatrix}-\frac{32}{31}\\ -\frac{160}{31}\end{bmatrix} \tag{3.183}$$

将 $\boldsymbol{A}$ 和 $\boldsymbol{b}$ 分解为

$$\boldsymbol{A}_1=[-1,-5],\quad \boldsymbol{A}_2=\begin{bmatrix}-1 & -1\\ 1 & 0\\ 0 & 1\end{bmatrix},\quad \boldsymbol{b}_1=[-5],\quad \boldsymbol{b}_2=\begin{bmatrix}-2\\ 0\\ 0\end{bmatrix} \tag{3.184}$$

投影矩阵为

$$\boldsymbol{P}=\boldsymbol{I}-\boldsymbol{A}_1^{\mathrm{T}}(\boldsymbol{A}_1\boldsymbol{A}_1^{\mathrm{T}})^{-1}\boldsymbol{A}_1=\frac{1}{26}\begin{bmatrix}25 & -5\\ -5 & 1\end{bmatrix} \tag{3.185}$$

$$\boldsymbol{d}^{(3)}=-\boldsymbol{P}\nabla f(\boldsymbol{x}^{(3)})=\begin{bmatrix}0\\ 0\end{bmatrix} \tag{3.186}$$

$$\boldsymbol{W}=(\boldsymbol{A}_1\boldsymbol{A}_1^{\mathrm{T}})^{-1}\boldsymbol{A}_1\nabla f(\boldsymbol{x}^{(3)})=\frac{32}{31}>0 \tag{3.187}$$

必有

$$\boldsymbol{x}^{(3)}=\begin{bmatrix}\frac{35}{31}\\ \frac{24}{31}\end{bmatrix} \tag{3.188}$$

为 K－T 点。由于本例为凸规划，因此 $\boldsymbol{x}^{(3)}$ 是全局最优解。

(2) 可行方向法。

可行方向法与梯度投影法的思想不同，它是从可行点出发，沿着下降的可行方向进行搜索，求出使目标函数值下降的新的可行点。可行方向法在每一迭代步选择的方向不是紧挨着边界，而是离开边界适当地远，该方法的主要步骤是选择搜索方向和确定沿此方向移动的步长。在可行方向法中，逐次迭代是一系列的沿可行方向 $\boldsymbol{S}$ 的一维搜索。所谓可行方向，这里定义为从可行点 $\boldsymbol{x}^{(k)}$ 出发到一个新的可行点 $\boldsymbol{x}^{(k+1)}$ 的方向 $\boldsymbol{S}$：

$$\boldsymbol{x}^{(k+1)}=\alpha\boldsymbol{S}^{(k)}+\boldsymbol{x}^{(k)} \tag{3.189}$$

这种不马上离开可行域的方向称为可行方向。显然，当 $\boldsymbol{x}^{(k)}$ 是一个在可行域内的可行设计时，从 $\boldsymbol{x}^{(k)}$ 出发的任何一个方向都是可行的。当 $\boldsymbol{x}^{(k)}$ 处在可行域边界上且有 Q 个约束是紧约束时，有

$$h_j(\boldsymbol{x}^{(k)})=0,\quad j=1,2,\cdots,Q \tag{3.190}$$

为了使 $\boldsymbol{x}^{(k+1)}$ 可行，应当满足

$$h_j(\boldsymbol{x}^{(k)}+\alpha\boldsymbol{S}^{(k)})\leqslant 0,\quad j=1,2,\cdots,Q \tag{3.191}$$

或展开成泰勒级数后，只取线性近似得到

$$\nabla^{\mathrm{T}}h_j(\boldsymbol{x}^{(k)})\boldsymbol{S}^{(k)}\leqslant 0,\quad j=1,2,\cdots,Q \tag{3.192}$$

对于线性约束，式(3.192)就是可行方向应当满足的条件；对于非线性约束，式(3.192)必须取严格的不等号，即可行方向应满足

$$\nabla^{\mathrm{T}}h_j(\boldsymbol{x}^{(k)})\boldsymbol{S}^{(k)}<0 \tag{3.193}$$

不允许取用等号是因为在等号的情况下，$\boldsymbol{S}^{(k)}$ 沿约束的切平面内前进，一般来说将进入不可行域。进而还要求方向 $\boldsymbol{S}^{(k)}$ 可用，即沿 $\boldsymbol{S}^{(k)}$ 前进时至少在 $\boldsymbol{x}^{(k)}$ 处的邻近目标值应该降低，也就是说这个方向应该是下山方向，满足

$$(\boldsymbol{S}^{(k)})^{\mathrm{T}}\nabla f<0 \tag{3.194}$$

可行方向法的具体执行可分成两步，从一个可行点 x° 出发：

a. 求一个可行方向 $\boldsymbol{S}$；

b. 沿着可行方向 $\boldsymbol{S}$ 求步长 α 使目标函数极小化，求得一个新的可行点 x^n。

如果当前点 x° 不是一个局部极小，式(3.192)和式(3.194)定义了一个可行方向构成的锥(图 3.1)。可以有几种不同的确定可行方向的办法，从而就形成几种不同的可行方向法，下面仅介绍由佐特第克(Zoutendijk)给出的方法。

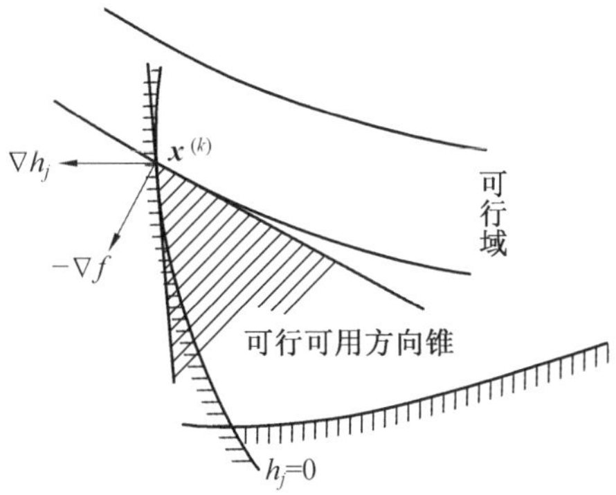

图 3.1　可行可用方向锥

① 可行方向求法。

佐特第克指出，寻求可行方向的问题可以归结为一个线性规划问题，即使目标函数减小得尽可能多的可行方向是下列问题的解(第 k 次迭代，$\boldsymbol{S}$ 的上标省略)：

$$\begin{cases}\min\limits_{S}\ \boldsymbol{S}^{\mathrm{T}}\nabla f(\boldsymbol{x}^{(k)})\\ \text{s.t.}\ \ \boldsymbol{S}^{\mathrm{T}}\nabla h_i(\boldsymbol{x}^{(k)})\leqslant 0,\quad i=1,2,\cdots,Q\\ \qquad -1\leqslant S_j\leqslant 1,\quad j=1,2,\cdots,Q\end{cases}\tag{3.195}$$

最后一个约束条件是因为 $\boldsymbol{S}$ 只是一个方向，可以让它规格化，让它的所有分量的绝对值都小于 1。这样做得到的是一个线性规划问题。$\boldsymbol{S}$ 的规格化也可以采用 $|\boldsymbol{S}|=\sqrt{S_1^2+S_2^2+\cdots+S_n^2}\leqslant 1$，但由此而得的将是非线性规划。

按照式(3.195)求出的可行方向 $\boldsymbol{S}$，可能是在某个约束的切平面内，即 $\boldsymbol{S}^{\mathrm{T}}\nabla h_i(\boldsymbol{x}^{(k)})=0$。当 $h_i(\boldsymbol{x})$ 为线性函数时，$\boldsymbol{S}$ 是允许这样取的，但当 $h_i(\boldsymbol{x})$ 为非线性函数时，这样的 $\boldsymbol{S}$ 实际上是不可行的。另外，如果这样求得的 $\boldsymbol{S}$ 使式(3.195)中的目标值非负，则方向 $\boldsymbol{S}$ 也是不可用的。为了排除 $\boldsymbol{S}$ 落在约束(非线性)边界的切平面，且又排除 $\boldsymbol{S}$ 落在目标函数等值面的切平面，将式(3.192)及式(3.194)修改为

$$\begin{cases}\nabla^{\mathrm{T}}h_j(\boldsymbol{x}^{(k)})\boldsymbol{S}^{(k)}+\theta_i\beta\leqslant 0,\quad i=1,2,\cdots,Q\\ \boldsymbol{S}^{\mathrm{T}}\nabla f+\beta\leqslant 0\end{cases}\tag{3.196}$$

引入 θ_i 是为了更灵活些，不同的约束可以允许有不同程度的松弛。根据这样的理由，佐特第克把确定可行方向 $\boldsymbol{S}$ 的问题归结为下列线性规划问题：

$$\begin{cases}\max\limits_{S}\ \beta\\ \text{s.t.}\ \ \boldsymbol{S}^{\mathrm{T}}\nabla f(\boldsymbol{x}^{(k)})+\beta\leqslant 0\\ \qquad \boldsymbol{S}^{\mathrm{T}}\nabla h_i(\boldsymbol{x}^{(k)})+\theta_i\beta\leqslant 0,\quad i=1,2,\cdots,Q\\ \qquad -1\leqslant S_j\leqslant 1,\quad j=1,2,\cdots,n\end{cases}\tag{3.197}$$

其中，当 $h_i(\boldsymbol{x}^{(k)})$ 为线性函数时，$\theta_i=0$；当 $h_i(\boldsymbol{x}^{(k)})$ 为非线性函数时，$\theta_i>0$。

式(3.197)是一个标准的线性规划问题，可以调用标准的子程序求解。如果求得的 β 最大值 $\beta_{\max}>0$，式(3.192)和式(3.194)取严格的不等号，所选择的可行方向因而也是一个下山方向。如果 $\beta_{\max}=0$，说明初始点已是一个局部极小，至少是满足K－T条件的点。

正常数 θ_i 可以事先选定，它的大小反映了选用的可行方向离开约束边界的远近。因此，佐特第克称它为推离因子，推离因子影响示意图如图3.2所示。可以看出，如果 θ_i 近似为零，可行方向实质上为

$$\boldsymbol{S}^{\mathrm{T}}\nabla f(\boldsymbol{x}^{(k)})+\beta\leqslant 0,\quad -\boldsymbol{S}^{\mathrm{T}}\nabla h_i\geqslant 0 \tag{3.198}$$

因此，目标函数减小得很快，但是这个可行方向紧紧地挨着可行域边界，步长 α 选得稍大一点便可能违反约束，如图3.2(a)所示。

相反，如果把 θ_i 取得很大，可行方向接近目标函数等值面，跑到可行域外的危险是会减少，但目标函数减小得很少，如图3.2(b)所示。

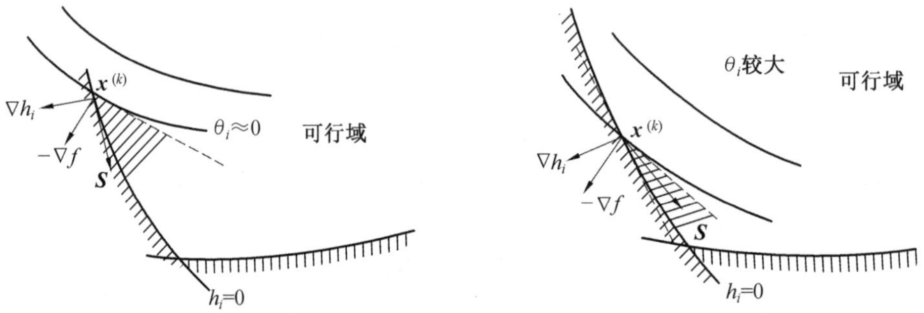

(a) 较小的推离因子　　(b) 较大的推离因子

图 3.2　推离因子影响示意图

如果 θ_i 取成中等大小，这个搜索方向在出发点邻近可使目标和约束以相类似的速度减小。

一般来说，约束非线性程度很高时，相应 θ_i 应该取得较大；约束非线性程度低时，相应 θ_i 可以取得较小。

最后是进入线性规划问题式(3.197)中约束的个数。在该式中选定的 Q 个约束是在点 $\boldsymbol{x}^{(k)}$ 处的紧约束，即 $h_j(\boldsymbol{x}^{(k)})=0(j=1,2,\cdots,Q)$。从数值计算的角度来看，要使 $\boldsymbol{x}^{(k)}$ 精确地满足 $h_j=0$ 是非常困难的，而且也是不必要的。实际做法是规定一个容差 δ，凡是满足 $0\geqslant h_j(\boldsymbol{x}^{(k)})\geqslant-\delta(\delta>0)$ 的约束算作可能的紧约束而列入式(3.197)中。

② 步长选择。

假定已经由佐特第克法或其他方法求得了严格的、可用且可行的方向，选择步长的问题就成为主要问题。采用基本的下降算法中介绍的一维搜索可能有两种结果。

a. 在新设计点 $\boldsymbol{x}^n$ 处若干约束被违反。此时的问题是要确定不违反约束的最大允许步长。实际中，由于约束是非线性的，因此计算很困难。另外，由于约束是非线性的，在 $\boldsymbol{x}^0$ 处的紧约束在点 $\boldsymbol{x}^n$ 处很可能又变成紧约束。

b. 最后的点 $\boldsymbol{x}^n$ 是相对于 α 的无约束极小，此时，步长选择便由一维搜索来决定。

关于可行方向法的困难及具体克服措施，这里就不再做详细的介绍了。

3. 简化法

简化法的主要求解思路是将原来的约束非线性规划问题转化为一系列比较简单的约束数学规划问题进行求解。简化法主要包括序列二次规划算法(sequential quadratic programming,SQP)和序列近似规划算法(sequential approximate programming, SAP)。这里仅介绍序列近似规划算法,序列二次规划算法可参考其他资料。

序列近似规划算法的基本思想是它把原问题近似为一系列的近似规划子问题,每一个子问题都采用近似的目标函数和约束函数,通过求解这一系列的子问题逐渐得到原问题的解。该算法的优点主要包括:① 在近似规划中约束和目标函数都是设计变量的显函数;② 约束和目标函数都是一些项的和,其中每一项都只和一个设计变量有关,即近似规划是可分离规划;③ 近似约束函数是原约束函数的高精度近似;④ 近似规划可以高效求解。

通常构造的序列近似规划内层的规划应该是可分离的凸规划,而为了使内层规划成为凸规划,应该根据灵敏度的不同符号,对不同的设计变量采用不同的变量变换。Svanberg 提出了移动渐近线法(method of moving asymptotes,MMA),引入移动的渐近线控制内层近似规划的凸性和保守性,使得算法既稳定又加速了收敛速度。

移动渐近线法将目标函数和约束函数近似为

$$\tilde{f}_j^k(\boldsymbol{x}) = r_j^k + \sum_{i=1}^{n}\left(\frac{p_{ji}^k}{U_i^k - x_i} + \frac{q_{ji}^k}{x_i - L_i^k}\right) \tag{3.199}$$

其中,

$$\begin{cases} p_{ji}^k = \begin{cases} (U_i^k - x_i^k)^2 \dfrac{\partial f_j}{\partial x_i}, & \dfrac{\partial f_j}{\partial x_i} > 0 \\ 0, & \dfrac{\partial f_j}{\partial x_i} \leqslant 0 \end{cases} \\ q_{ji}^k = \begin{cases} 0, & \dfrac{\partial f_j}{\partial x_i} \geqslant 0 \\ -(x_i - L_i^k)^2 \dfrac{\partial f_j}{\partial x_i}, & \dfrac{\partial f_j}{\partial x_i} < 0 \end{cases} \\ r_j^k = f_j(\boldsymbol{x}^k) - \displaystyle\sum_{i=1}^{n}\left(\frac{p_{ji}^k}{U_i^k - x_i^k} + \frac{q_{ji}^k}{x_i^k - L_i^k}\right) \end{cases} \tag{3.200}$$

其中,导数 $\dfrac{\partial f_j}{\partial x_i}$ 都是在当前设计点 $\boldsymbol{x}^k$ 处计算的。可以证明在当前设计点 $\boldsymbol{x}^k$ 处,近似函数式(3.199)和原函数的函数值及一阶导数值相等,即

$$\tilde{f}_j^k(\boldsymbol{x}^k) = f_j(\boldsymbol{x}^k), \quad \frac{\partial \tilde{f}_j^k(\boldsymbol{x}^k)}{\partial x_i} = \frac{\partial f_j(\boldsymbol{x}^k)}{\partial x_i} \tag{3.201}$$

此外,近似函数的二阶导数为

$$\begin{cases} \dfrac{\partial^2 \tilde{f}_j^k(\boldsymbol{x}^k)}{\partial x_i^2} = \dfrac{2p_{ji}^k}{(U_i^k - x_i)^3} + \dfrac{2q_{ji}^k}{(x_i - L_i^k)^3} \\ \dfrac{\partial^2 \tilde{f}_j^k(\boldsymbol{x}^k)}{\partial x_i \partial x_l} = 0, \quad i \neq l \end{cases} \tag{3.202}$$

因为 $p_{ji}^k \geqslant 0, q_{ji}^k \geqslant 0$，所以只要 $L_i^k < x_i < U_i^k$，近似函数的海森矩阵是正定的，近似函数是凸函数。特别地，在当前设计点 $\boldsymbol{x}^k$ 处，有

$$\frac{\partial^2 \tilde{f}_j^k(\boldsymbol{x}^k)}{\partial x_i^2} = \begin{cases} \dfrac{2\partial f_j(\boldsymbol{x}^k)/\partial x_i}{U_i^k - x_i^k}, & \dfrac{\partial f_j(\boldsymbol{x}^k)}{\partial x_i} > 0 \\ \dfrac{-2\partial f_j(\boldsymbol{x}^k)/\partial x_i}{x_i^k - L_i^k}, & \dfrac{\partial f_j(\boldsymbol{x}^k)}{\partial x_i} < 0 \end{cases} \tag{3.203}$$

因此，L_i^k、U_i^k 越靠近 x_i^k，这些二阶导数越大，近似函数 $\tilde{f}_j^k(\boldsymbol{x})$ 曲率越大，原函数的近似越保守。更准确地说，如果 $\tilde{f}_j^k(\boldsymbol{x})$ 和 $\hat{f}_j^k(\boldsymbol{x})$ 是两个近似函数，分别对应于在式(3.199)中用 $\tilde{L}_i^k$、$\tilde{U}_i^k$ 或 $\hat{L}_i^k$、$\hat{U}_i^k$ 代替 L_i^k、U_i^k，且对所有设计变量有 $\tilde{L}_i^k \leqslant \hat{L}_i^k < x_i^k < \hat{U}_i^k \leqslant \tilde{U}_i^k$，则 $\tilde{f}_j^k(\boldsymbol{x}) \leqslant \hat{f}_j^k(\boldsymbol{x})$。相应地，如果 $\boldsymbol{L}^k$、$\boldsymbol{U}^k$ 离开 $\boldsymbol{x}^k$ 越远，二阶导数越小，近似函数越接近线性函数，而如果 $\boldsymbol{L}^k = -\infty, \boldsymbol{U}^k = +\infty$，近似函数就是一个原函数在原设计变量空间内的线性近似，序列近似规划也就是序列线性规划。如果对所有的设计变量 x_i 有 $L_i^k = 0, U_i^k = +\infty$，$\tilde{f}_j^k(x)$ 和式(3.204)中的近似函数一致，对 $\dfrac{\partial f_j(\boldsymbol{x}^k)}{\partial x_i} \geqslant 0$ 的设计变量 x_i，近似函数线性依赖于 x_i；对 $\dfrac{\partial f_j(\boldsymbol{x}^k)}{\partial x_i} < 0$ 的设计变量 x_i，近似函数是凸的。

$$\begin{aligned} f_j(x) &\approx \tilde{f}_j(x) \\ &= f_j(\boldsymbol{x}^k) + \sum_{i \in I^+} \frac{\partial f_j(\boldsymbol{x}^k)}{\partial x_i}(x_i - x_i^k) \\ &\quad - \sum_{i \in I^-} \frac{\partial f_j(\boldsymbol{x}^k)}{\partial x_i}\left(\frac{1}{x_i} - \frac{1}{x_i^k}\right)(x_i^k)^2 \end{aligned} \tag{3.204}$$

其中，

$$I^+ = \left\{ i \mid i = 1, 2, \cdots, n; \frac{\partial f_j(\boldsymbol{x}^k)}{\partial x_i} \geqslant 0 \right\}$$

$$I^- = \left\{ i \mid i = 1, 2, \cdots, n; \frac{\partial f_j(\boldsymbol{x}^k)}{\partial x_i} < 0 \right\}$$

由于 L_i^k、U_i^k 总取有限值，除了对 $\dfrac{\partial f_j(\boldsymbol{x}^k)}{\partial x_i} = 0$ 的设计变量 x_i 外，$\tilde{f}_j^k(\boldsymbol{x})$ 是严格的凸函数。由于 L_i^k、U_i^k 的取值影响近似函数的凸性和保守程度，也影响这个方法所构造的序列近似规划的收敛特性，L_i^k、U_i^k 称为渐近线。在实际使用这个方法时，可以适当调整其取值，移动其覆盖的区间，所以 Svanberg 称该方法为移动渐近线法。

归纳起来，采用移动渐近线法时，近似规划可写成 P^k，即

$$\begin{cases} \min\ \tilde{f}_0^k(\boldsymbol{x}) = r_0^k + \displaystyle\sum_{i=1}^n \left(\frac{p_{0i}^k}{U_i^k - x_i} + \frac{q_{0i}^k}{x_i - L_i^k} \right) \\ \text{s.t.}\ \ \tilde{f}_j^k(\boldsymbol{x}) = r_j^k + \displaystyle\sum_{i=1}^n \left(\frac{p_{ji}^k}{U_i^k - x_i} + \frac{q_{ji}^k}{x_i - L_i^k} \right) \leqslant \hat{f}_j, \quad j = 1, 2, \cdots, m \\ \qquad \max\{\underline{x}_i, \alpha_i^k\} \leqslant x_i \leqslant \min\{\bar{x}_i, \beta_i^k\}, \quad i = 1, 2, \cdots, n \end{cases} \tag{3.205}$$

其中，参数 α_i^k 和 β_i^k 是运动极限，随迭代进程而修改。

为了保证在设计变量当前允许取值区间(α_i^k, β_i^k)内函数的凸性，渐近线L_i^k、U_i^k的取值应该满足$L_i^k < \alpha_i^k \leqslant x_i^k \leqslant \beta_i^k < U_i^k$。如果迭代过程中设计点振荡，可以将渐近线$L_i^k$、$U_i^k$更靠拢当前设计点；如果迭代过程单调但缓慢，可以扩大渐近线L_i^k、U_i^k的区间，远离当前设计点。对于更困难的问题，随迭代调节渐近线L_i^k、U_i^k的方法需要用户积累经验。

类似于线性规划的求解一样，采用上列序列近似规划法时，初始设计的选择对算法的收敛也有影响。为了避免初始设计不可行对求解带来困难，也可以对所需求解的近似规划加以改造：每个约束引进非负的人工变量$z_j(j=1,2,\cdots,m)$，将相应约束松弛，并在目标函数中增加对松弛量的惩罚。具体来说，在第k轮迭代求解的近似规划为P^k：

$$\begin{cases}\min \displaystyle\sum_{i=1}^{n}\left(\frac{p_{0i}}{U_i-x_i}+\frac{q_{0i}}{x_i-L_i}\right)+\sum_{j=1}^{m}(d_j z_j+d_j z_j^2)+r_0 \\ \text{s.t.} \displaystyle\sum_{i=1}^{n}\left(\frac{p_{ji}}{U_i-x_i}+\frac{q_{ji}}{x_i-L_i}\right)-z_j \leqslant b_j,\quad j=1,2,\cdots,m \\ \alpha_i \leqslant x_i \leqslant \beta_i,\quad i=1,2,\cdots,n \\ z_j \geqslant 0,\quad j=1,2,\cdots,m\end{cases} \tag{3.206}$$

在从式(3.205)改写成式(3.206)时，为了表达更清晰，省略了表示迭代次数的上标k，用b_j代替$\hat{f}_j-r_j$，设计变量的上下界也用α_i代替$\max\{\underline{x}_i, \alpha_i\}$，$\beta_i$代替$\max\{\bar{x}_i, \beta_i\}$。显然，如果所有的人工变量$z_j=0(j=1,2,\cdots,m)$，则式(3.206)的解就是式(3.205)的解。选用逐渐增加的d_j求解式(3.206)就可以逐渐减少z_j。

3.3　启发式求解方法

3.3.1　基本概念

1. 问题的结构

有些实际问题的结构比较清晰，各元素之间的关系明确，边界清楚，容易通过建模和使用一定的算法求得解决，这类问题称为良性结构问题。一般而言，良性结构问题具有以下特征：

(1) 能建立起反映该问题性质的一种“可接受”模型，与问题有关的主要信息可纳入模型之中；

(2) 模型所需要的数据能够获取；

(3) 有判定解的可行性和最优性(满意性)的明确准则；

(4) 模型可解，能拟订出求解模型的程序性步骤，而且得出的解能反映解决问题的可行方案；

(5) 求解工作所需的计算量不过大，所需费用不过多。

很多实际问题不具有良性结构，当套用传统的运筹学方法去处理时，就难以得到满意的效果。这时，与其偏离事实，忽略或修正某些重要条件，勉强使用某种标准模型而使问题得到简化以易于求解，还不如保持问题的本来面目，建立基本符合问题实际情况的非标准模型。前者虽可用已有的标准算法，但由于问题的模型失真，得到的解通常难以付诸实施；后者由于模型涉及因素多，结构复杂，而与传统的标准模型相去甚远，难以套用已有的标准算法。在后面这种情况下，为得到可用的近似解，分析人员必须用自己的感知和洞察力，从与其有关而较基本的模型及算法中寻求其中的联系，从中得到启发，去发现和构想可用于解决该问题的思路和途径，人们称这种方法为启发式求解方法，简称启发式方法，用这种方法建立的算法为启发式算法（heuristic algorithm）。

2. 启发式方法的特点

由上述可知，启发式方法是寻求解决问题的一种适宜方法和策略；当然，它也可以是面向某种具体问题的一种求解手段。启发式方法建立在经验、比较和判断的基础上，体现了人的主观能动作用和创造力。

用启发式方法解决问题时强调“满意”，常常是得到“满意解”，决策者就认为可以了，而不去苛求最优性和探求最优解。之所以如此，其原因是：

(1) 有很多问题不存在严格意义下的最优解（例如目标之间相互矛盾的多目标决策问题、一般的多属性评价问题、群决策问题等），这时，对目标和属性的满意性已能足够准确地描述人们的意愿和选择行为了；

(2) 对有些问题，要得到最优解需花费过大的代价，既难以做到，也不合算；

(3) 从决策的实际需要出发，有时不必要求解具有过高的精度。

假定为解决某类问题设计了一个算法，它能用于求解所有这类问题，而且获得最优（满意）解的计算工作量可表示为这类问题“大小”的多项式函数，就称这个算法是确定型的多项式算法，简称为多项式算法或有效算法。很多“组合优化”问题（如设施定位问题、货郎担问题、多个工件在多台设备上的加工排序问题等）不存在多项式算法，欲求其最优解需要花费巨大的代价。

用启发式方法解决问题是通过迭代过程实现的，因而需拟订出一套科学的解的搜索规则。为能得到满意的解，在整个迭代过程中要不断吸收出现的新信息，考察采用的求解策略，必要时改变原来拟订的不合适的策略，建立新的搜索规则，注意从失败中吸取教训，并逐步缩小搜索范围。

启发式方法具有以下优点：

(1) 计算步骤简单，易于实施；

(2) 不需要高深和复杂的理论知识，因而可由未经高级训练的人员实现；

(3) 与应用优化方法相比，可以减少大量的计算工作量，从而显著节约开支和节省时间；

(4) 易于将定量分析与定性分析相结合。

启发式方法在解决工农业、商业、社会、管理、工程等方面的很多复杂实际问题时常具有重要的作用。

3. 启发式方法的策略

用启发式方法解决问题时，首先应认真归纳问题的条件和正确确定问题的目标和要解决的关键问题，建立能恰当反映问题性质、条件、要求、结构和目标的模型，防止问题扭曲和表述失真。其次还要采用一定的策略，以便得出理想的结果。下面举出几种常用的策略，在使用时可根据问题的性质和要求选用其中之一，或将几个策略结合起来综合运用。

(1) 逐步构解策略。

一般来说，实际中面临的问题都是多维问题，它的解由多个分量组成。当使用该策略时，应建立某种规则，求解时按一定次序每次确定解得一个分量，逐步进行，直至得到一个完整的解为止。

(2) 分解合成策略。

在解决一个复杂的大问题时，可首先将其分解为若干个小的子问题(分解方法视问题而定)，再选用合适的方法(包括优化方法、启发式方法、模拟方法等) 按一定顺序求解每个子问题，根据子问题之间以及各子问题与总子问题之间的关系(例如递进关系、包含关系、平行关系等)，将子问题的解作为下一阶子问题的输入，或在某种相容原则下进行综合，最后得出合乎总问题要求的解。

(3) 改进策略。

在运用改进策略时，首先从问题的一个解决方案或初始解(初始解不一定要求为可行解) 出发，然后对方案或解的质量(包括可行性、可接受程度、目标函数值的优劣、对环境的适应性、可靠性等) 进行评价，并采用某种启发式方法设计改进规则，对解决方案或初始解进行改进，直至满意为止。

(4) 搜索学习策略。

搜索学习策略包括确定搜索方向，拟订搜索方法，建立发现和收集在搜索过程中出现的新信息的机制，并根据对新信息的分析结果，重新确认或改变原来的搜索方向和搜索方法，修正搜索参数，消去不必要的搜索范围。其目的在于提高搜索效率，加快搜索速度，尽快获得合乎要求的解决方案(问题的解)。

3.3.2　遗传算法

遗传算法是模拟生物在自然环境中的遗传和进化过程而形成的一种自适应全局优化概率搜索算法。它最早由美国 Michigan 大学的 Holland 教授提出，起源于 20 世纪 60 年代对自然和人工自适应系统的研究。20 世纪 70 年代，De Jong 基于遗传算法的思想在计算机上进行了大量的纯数值函数优化计算实验。在一系列研究工作的基础上，20 世纪 80 年代，由 Goldberg 进行归纳总结，形成了遗传算法的基本框架。

1. 遗传算法概要

对于一个函数最大值的优化问题，一般可描述为下述数学规划模型：

$$\begin{cases} \max\ f(\boldsymbol{X}) \\ \text{s.t.}\ \ \boldsymbol{X} \in R \\ \qquad R \subseteq U \end{cases} \tag{3.207}$$

其中，$\boldsymbol{X}$ 为决策变量，$\boldsymbol{X}=[x_1, x_2, \cdots, x_n]^{\mathrm{T}}$；$f(\boldsymbol{X})$ 为目标函数；U 为基本空间；R 为 U 的一个子集。

遗传算法中，将 n 维决策向量 $\boldsymbol{X}=[x_1,x_2,\cdots,x_n]^{\mathrm{T}}$ 用 n 个记号 $\boldsymbol{X}_i(1,2,\cdots,n)$ 所组成的符号串 $\boldsymbol{X}$ 来表示：

$$\boldsymbol{X}=\boldsymbol{X}_1\boldsymbol{X}_2\cdots\boldsymbol{X}_n\Rightarrow\boldsymbol{X}=[x_1,x_2,\cdots,x_n]^{\mathrm{T}}$$

把每一个 $\boldsymbol{X}_i$ 看作一个遗传因子，其所有的可能取值称为等位基因，这样，$\boldsymbol{X}$ 就可看作是由 n 个遗传基因所组成的一个染色体。染色体的长度可以是固定的，也可以是变化的。等位基因既可以是一组整数，也可以是某一范围内的实数值，或者是记号。最简单的等位基因是由 0 和 1 这两个整数组成的，相应的染色体就可表示为一个二进制符号串。这种编码所形成的排列形式 $\boldsymbol{X}$ 是个体的基因型，与它对应的 $\boldsymbol{X}$ 值是个体的表现型。染色体 $\boldsymbol{X}$ 也称为个体 $\boldsymbol{X}$，对于每一个个体 $\boldsymbol{X}$，要按照一定的规则确定出其适应度。个体的适应度与其对应的个体表现型 $\boldsymbol{X}$ 的目标函数值相关联，$\boldsymbol{X}$ 越接近于目标函数的最优点，其适应度越大；反之，其适应度越小。

反之，遗传算法中，决策变量 $\boldsymbol{X}$ 组成了问题的解空间。对问题最优解的搜索是通过对染色体 $\boldsymbol{X}$ 的搜索来进行的，从而所有的染色体 $\boldsymbol{X}$ 组成了问题的搜索空间。

生物的进化是以集团为主体的。与此相对应，遗传算法的运算对象是由 M 个个体所组成的集合，称为群体。与生物一代一代的自然进化过程相似，遗传算法的运算过程也是一个反复迭代的过程，第 t 代群体记为 $P(t)$，经过一代遗传和进化后，得到第 $t+1$ 代群体，它们也是由多个个体组成的集合，记作 $P(t+1)$。这个群体不断地经过遗传和进化，并且每次都按照优胜劣汰的规则将适应度较高的个体更多地遗传到下一代，这样最终在群体中将会得到一个优良的个体 $\boldsymbol{X}$，它所对应的表现型 $\boldsymbol{X}$ 将达到或接近于问题的最优解 $\boldsymbol{X}^*$。

生物的进化过程主要是通过染色体之间的交叉和染色体的变异来完成的。遗传算法中最优解的搜索过程也模仿生物的这个进化过程，使用遗传算子(genetic operator) 作用于群体 $P(t)$ 中，进行下述遗传操作，从而得到新一代群体 $P(t+1)$。

(1) 选择(selection)。根据各个个体的适应度，按照一定的规则或方法，从第 t 代群体 $P(t)$ 中选择一些优良的个体遗传到下一代群体 $P(t+1)$ 中。

(2) 交叉(crossover)。将群体 $P(t)$ 内的各个个体随机搭配成对，对每一个个体，以某个概率(交叉概率，crossover probability) 交换它们之间的部分染色体。

(3) 变异(mutation)。对群体 $P(t)$ 中的每一个个体，以某一概率(称为变异概率，mutation probability) 改变某一个或一些基因座上基因值为其他的等位基因。

2. 遗传算法的特点

遗传算法是一类可用于复杂系统优化计算的鲁棒搜索算法，与其他一些优化算法相比，主要有下述特点。

(1) 遗传算法以决策变量的编码作为运算对象。传统的优化算法往往直接利用决策变量的实际值本身进行优化计算，但遗传算法不是直接以决策变量的值，而是以决策变量的某种形式的编码作为运算对象，从而可以很方便地引入和应用遗传操作算子。

(2) 遗传算法直接以目标函数值作为搜索信息。传统的优化算法往往不只需要目标函数值，还需要目标函数的导数等其他信息。这样，对许多目标函数无法求导或很难求导的函数，遗传算法就比较方便。

(3) 遗传算法同时进行解空间的多点搜索。传统的优化算法往往从解的一个初始点开始搜索,这样容易陷入局部极值点。遗传算法进行群体搜索,而且在搜索的过程中引入遗传运算,使群体又可以不断进化。这些是遗传算法所特有的一种隐含并行性。

(4) 遗传算法使用概率搜索技术。遗传算法属于一种自适应概率搜索技术,其选择、交叉、变异等运算都是以一种概率的方式来进行的,从而增加了其搜索过程的灵活性。

3. 遗传算法的应用领域

遗传算法提供了一种求解复杂系统优化问题的通用框架,它不依赖于问题的具体领域,对问题的种类有很强的鲁棒性,所以广泛用于很多学科。

遗传算法主要应用于以下两个领域。

(1) 函数优化。

函数优化是遗传算法的经典应用区域,也是遗传算法进行性能评价的常用算例。对于一些非线性、多模型、多目标的函数优化问题,用其他优化方法较难求解,而遗传算法就可以方便地得到较好的结果。

(2) 组合优化。

随着问题规模的增大,组合优化问题的搜索空间也急剧增大,有时在目前的计算上用枚举法很难求出最优解。对这类复杂的问题,人们已经意识到应把主要精力放在寻求满意解上面,而遗传算法是寻求这种满意解的最佳工具之一。实践证明,遗传算法对于组合优化中的非线性规划(nonlinear programming,NP) 问题非常有效。

4. 遗传算法的原理

遗传算法是模拟生物基因遗传的做法。在遗传算法中,通过编码组成初始群体后,遗传操作的任务就是对群体的个体按照它们对环境的适应度评估施加一定的操作,从而实现优胜劣汰的过程,从搜索的角度看,遗传操作可使问题的解一代又一代地进化,并逼近最优解。

遗传操作包括三个基本遗传算子:选择、交叉和变异。

个体遗传的操作都是在随机扰动情况下进行的。因此,群体中个体向最优解迁移的规则是随机的。需要强调的是,这种随机操作和传统的随机搜索方法是有区别的。遗传操作进行的是高效、有效的搜索而不是如一般随机搜索方法所进行的无向搜索。

遗传操作的效果和上述三个遗传算子所取得的操作概率、编码方法、群体大小、初始群体以及适应度函数的设定密切相关。

(1) 选择。

从群体中选择优胜个体,淘汰劣质个体的操作称为选择。选择算子有时也称为再生算子(reproduction operator)。选择的目的是把优化的个体直接遗传到下一代或通过配对交叉产生新的个体再遗传到下一代。

遗传操作是建立在群体中个体的适应度评估基础上的,目前常用的选择算子方法有轮盘赌选择法(roulette wheel selection)、适应度比例方法、随机遍历抽样法和局部选择法。

其中轮盘赌选择法是最简单也是最常用的选择方法。在该方法中,各个个体的选择概率和其适应度值成比例。设群体大小为 n,其中个体 i 的适应度为 f,则 i 被选择的概

率为

$$p_i = f_i / \sum_{j=1}^{n} f_i$$

显然,概率反映了个体适应度在群体适应度总和中所占的比例。个体适应度越大,其被选择的概率就越高,反之亦然。

计算出群体中各个个体的选择概率后,为了选择配对个体,需要进行多轮选择。每一轮产生一个[0,1]之间均匀随机数,将该随机数作为选择指针来确定被选择个体。

个体被选后,可随机配对,以供后面的交叉操作。

(2) 交叉。

在自然界生物进化的过程中起核心作用的是生物遗传基因的重组(加上变异)。同样,遗传算法中起核心作用的是遗传操作的交叉算子。交叉是指把两个父代个体的部分结构加以替换重组而生成新个体的操作。通过交叉,遗传算法的搜索能力得以飞跃提高。

交叉算子根据交叉概率将种群中的两个个体随机地交换某些基因,能够产生新的基因组合,期望将有益基因组合在一起。根据编码表示方法的不同有以下几种算法。

① 实值重组。包括离散重组、中间重组、线性重组、扩展线性重组。

② 二进制交叉。包括单点交叉、多点交叉、均匀交叉、洗牌交叉、缩小代理交叉。

最常用的交叉算子为单点交叉。具体操作是:在个体串中随机设定一个交叉点,实行交叉时,将该点前或后的两个个体的部分结构进行互换,并生成新个体。单点交叉示例如下:

个体 A:1 0 0 1 ↑ 1 1 1 → 1 0 0 1 0 0 0 新个体

个体 B:0 0 1 1 ↑ 0 0 0 → 0 0 1 1 1 1 1 新个体

(3) 变异。

变异算子的基本内容是对群体中的个体串的某些基因座上的基因值做变动。依据个体编码表示方法的不同,可以有以下的算法:实值变异、二进制变异。一般来说,变异的基本步骤如下。

① 对群中所有个体以事先设定的变异概率判断是否进行变异。

② 对进行变异的个体随机选择变异位进行变异。

遗传算法引入变异的目的有两个。

① 使遗传算法具有局部的随机搜索能力。当遗传算法通过交叉算子已接近最优解邻域时,利用变异算子的这种局部随机搜索能力可以加速向最优解收敛。显然,此种情况下的变异概率应取较小值,否则接近最优解的积木块会因变异而遭到破坏。

② 使遗传算法可维持群体多样性,以防止出现未成熟收敛现象。此时,收敛概率应取较大值。

遗传算法中,交叉算子因其全局搜索能力而作为主要算子,变异算子因其局部搜索能力而作为辅助算子。遗传算法通过交叉和变异这对相互配合又相互竞争的操作而使其具备兼顾全局和局部均衡搜索能力。所谓相互配合,是指当群体在进化中陷于搜索空间中某个超平面而仅靠交叉不能摆脱时,通过变异操作可有助于这种摆脱。所谓相互竞争,是指当通过交叉已形成所期望的积木时，变异操作有可能破坏这些积木。如何有效地配合使用交叉和变异操作，是目前遗传算法的一个重要研究内容。

基本变异算子是指对群体中的个体码串随机挑选一个或多个基因座并对这些基因座的基因值做变动，(0,1) 二值码串中的基本变异操作如下：

$$(\text{个体 } A)\ 10010110 \xrightarrow{\text{变异}} 11000110(\text{个体 } A')$$

变异率的选择一般受种群大小、染色体长度等因素的影响，通常选取很小的值，一般取 0.001 ～ 0.1。

(4) 终止条件。

当最优个体的适应度达到给定阈值，或者最优个体的适应度不再上升，或者迭代次数达到预设的代数时，算法终止。预设的代数一般为 100 ～ 500 代。

3.3.3　粒子群算法

粒子群算法(particle swarm optimization，PSO) 是一种有效的全局寻优算法，最初由美国学者 Kennedy 和 Eberhart 于 1952 年提出。该算法是基于群体智能理论的优化算法，通过群体中粒子间的合作与竞争产生的群体智能指导优化搜索。与传统的进化算法相比，粒子群算法保留了基于种群的全局搜索策略，但是采用的速度 — 位移模型，操作简单，避免了复杂的遗传操作，该算法特有的记忆可以动态跟踪当前的搜索情况而相应地调整搜索策略。由于每代种群中的解具有“自我” 学习提高和向“他人” 学习的双重优点，因此能在较少的迭代次数内找到最优解。目前该方法已经广泛应用于函数优化、机器人智能控制、交通运输等领域。

下面简要介绍一下基本粒子群算法原理。

1. 基本原理

PSO 中，每个优化问题的潜在解都是搜索空间中的一只鸟，也称为粒子。所有的粒子都有一个由被优化的函数决定的适值(fitness value)，每个粒子还有一个速度决定它们“飞行” 的方向和距离。然后粒子就随当前的最优粒子在解空间中搜索。

PSO 初始化为一群随机粒子，然后通过迭代找到最优解。在每一次迭代中，粒子通过跟踪两个极值来更新自己：第一个就是粒子本身所找到的最优解，这个解称为个体极值；另一个极值是整个种群目前找到的最优解，这个极值是全局极值。另外，也可以不用整个种群而只是用其中一部分作为粒子的邻居，那么在所有邻居中的极值就是局部极值。

假设在一个 D 维目标的搜索空间中，有 N 个粒子组成一个群落，其中第 i 个粒子表示为一个 D 维向量，记为

$$\boldsymbol{X}_i = (x_{i1}, x_{i2}, \cdots, x_{iD}), \quad i = 1, 2, \cdots, N$$

第 i 个粒子的“飞行” 速度也是一个 D 维的向量，记为

$$\boldsymbol{v}_i = (v_{i1}, v_{i2}, \cdots, v_{iD}), \quad i = 1, 2, \cdots, N$$

第 i 个粒子迄今为止搜索到的最优位置称为个体极值，记为

$$p_{\text{best}} = (p_{i1}, p_{i2}, \cdots, p_{iD}), \quad i = 1, 2, \cdots, N$$

整个粒子群迄今为止搜索到的最优位置为全局极值，记为

$$g_{\text{best}}=(p_{g1},p_{g2},\cdots,p_{gD})$$

在找到这两个最优值时，粒子根据下式来更新自己的速度和位置：

$$\begin{cases}v_{id}=w*v_{id}+c_1r_1(p_{id}-x_{id})+c_2r_2(p_{gd}-x_{id})\\x_{id}=x_{id}+v_{id}\end{cases}$$

其中，c_1 和 c_2 为学习因子，也称为加速度常数；r_1 和 r_2 为[0,1]范围内的均匀随机数。粒子速度更新表达式等号右边由以下三部分组成：

第一部分为惯性或动量部分，反映了粒子的运动习惯，代表粒子有维持自己先前速度的趋势；

第二部分为认知部分，反映了粒子对自身历史经验的记忆或回忆，代表粒子有向自身历史最佳位置逼近的趋势；

第三部分为社会部分，反映了粒子间协同合作与知识共享的群体历史经验，代表粒子有向群体或邻域历史最佳位置逼近的趋势。

2. 基本流程

基本粒子群算法流程如图 3.3 所示，其具体过程如下。

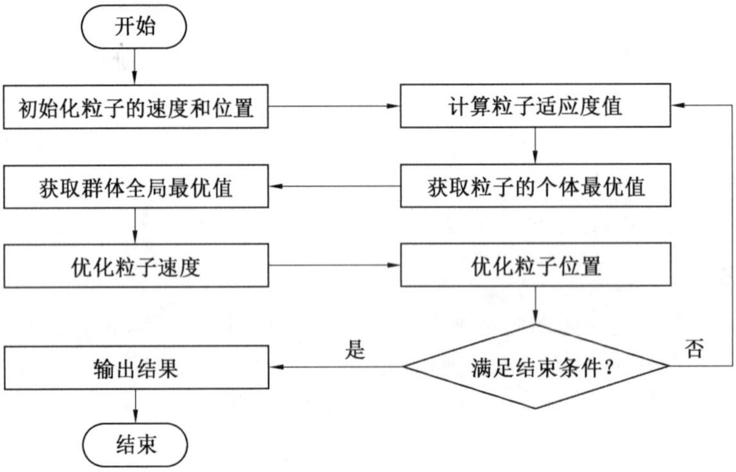

图 3.3　基本粒子群算法流程

(1) 初始化粒子群，包括群体规模 N，每个粒子的位置 x_i 和速度 v_i。

(2) 计算每个粒子的适应度值 $F_it(i)$。

(3) 对每个粒子，用其适应度值 $F_it(i)$ 和个体极值 $p_{\text{best}}(i)$ 进行比较，如果 $F_it(i)>p_{\text{best}}(i)$，则用 $F_it(i)$ 替换掉 $p_{\text{best}}(i)$。

(4) 对每个粒子，用其适应度值 $F_it(i)$ 和全局极值 $g_{\text{best}}(i)$ 进行比较，如果 $F_it(i)>g_{\text{best}}(i)$，则用 $F_it(i)$ 替换掉 $g_{\text{best}}(i)$。

(5) 更新粒子的速度 v_i 和位置 x_i。

(6) 如果满足约束条件(误差足够好或达到最大循环次数)退出，否则返回(2)。

思考题

1. 试判定下述非线性规划是否为凸规划。

$$\begin{cases}\min\ f(\boldsymbol{X})=x_1^2+x_2^2+8\\ x_1^2-x_2\geqslant 0\\ -x_1-x_2^2+2=0\\ x_1,x_2\geqslant 0\end{cases}$$

2. 试用梯度法求 $f(\boldsymbol{X})=(x_1-2)^2+(x_2-2)^2$ 的极小点，已知 $\varepsilon=0.1$。

3. 试用外罚函数法求解非线性规划。

$$\begin{cases}\min\ f(\boldsymbol{X})=x_1+x_2\\ g_1(\boldsymbol{X})=-x_1^2+x_2\geqslant 0\\ g_2(\boldsymbol{X})=x_1\geqslant 0\end{cases}$$

4. 试用障碍函数法求解非线性规划。

$$\begin{cases}\min\ f(\boldsymbol{X})=\dfrac{1}{3}(x_1+1)^3+x_2\\ g_1(\boldsymbol{X})=x_1-1\geqslant 0\\ g_2(\boldsymbol{X})=x_2\geqslant 0\end{cases}$$

第 4 章　任务规划典型应用

本书第 2 章和第 3 章分别介绍了线性规划理论和非线性规划理论，本章将介绍几种任务规划在军事中的典型应用，包括一般线性规划在军事中的典型应用、整数线性规划在军事中的典型应用、线性目标规划在军事中的典型应用、无约束非线性规划在军事中的典型应用，以及约束非线性规划在军事中的典型应用。

4.1　一般线性规划在军事中的典型应用

4.1.1　求解一般线性规划问题的 MATLAB 函数 linprog

(1) 功能。

linprog 函数的功能是求解一般线性规划问题。

(2) 格式。

```
x = linprog(f,A,b)
x = linprog(f,A,b,Aeq,beq)
x = linprog(f,A,b,Aeq,beq,lb,ub)
x = linprog(f,A,b,Aeq,beq,lb,ub,options)
[x,fval] = linprog(…)
[x,fval,exitflag,output] = linprog(…)
[x,fval,exitflag,output,lambda] = linprog(…)
```

(3) 说明。

① 输入参数。

linprog 函数用于求解一般线性规划问题，基本输入参数有 8 个，其含义如下：

f—— 价值系数向量，可以是行向量，也可以是列向量；

A—— 不等式约束实系数矩阵；

b—— 对应于不等式约束系数向量的资源约束向量；

Aeq—— 等式约束实系数矩阵；

beq—— 对应于等式约束实系数矩阵的资源约束向量；

lb—— 决策变量的取值下限；

ub—— 决策变量的取值上限；

options—— 可配置选项，通过调节其参数来调整运算相关信息。

② 输出参数。

linprog 函数可以有多达 5 个输出参数，常用的通常有 3 个，其含义如下：

x—— 一般线性规划问题的解；

fval—— 问题解 x 对应的目标函数值；

exitflag—— 运算结束标志，返回一个整数值。

linprog 函数的输出参数 exitflag 的不同返回值含义见表 4.1。

表 4.1　linprog 函数的输出参数 exitflag 的不同返回值含义

返回值	含义
1	运算收敛于 x，找到最优解
0	运算过程超出了最大迭代次数，未必是最优解
−2	无可行解
−3	问题无界
−4	运算过程遇到 NaN(非数)
−5	原问题及其对偶问题均无可行解
−7	搜索方向过小，无法继续运算

如果需要，还可以输入以下参数：

output—— 返回一个结构体，包含了优化过程的相关信息，如迭代次数、函数计数、一阶最优度测量、使用的算法等；

lambda—— 返回一个结构体，包含解 x 对应的拉格朗日乘数。

4.1.2　兵力兵器与物资输送问题

兵力兵器与物资输送问题可以描述如下：

有 m 个储存地储存有武器装备或物资，其储存量都为 $a_i(i=1,2,\cdots,m)$。有 n 个需求地，需求量都为 $b_j(j=1,2,\cdots,n)$。从第 i 个储存地到第 j 个需求地的运输成本(代价) 为 c_{ij}。以 x_{ij} 表示从第 i 个储存地到第 j 个需求地的运输量，要求成本(代价) 最小的运输方案，则有线性规划模型：

$$\min z=\sum_{i=1}^{m}\sum_{j=1}^{n}c_{ij}x_{ij}$$

$$\text{s. t.}\begin{cases}\displaystyle\sum_{i=1}^{m}x_{ij}=b_j, & j=1,2,\cdots,n\\ \displaystyle\sum_{j=1}^{n}x_{ij}\leqslant a_i, & i=1,2,\cdots,m\\ x_{ij}\geqslant 0\end{cases}$$

若 $\sum_{i=1}^{m}a_i=\sum_{j=1}^{n}b_j$，则该问题为产销平衡的输送问题，此时，$\sum_{j=1}^{n}x_{ij}=a_i,i=1,2,\cdots,m$。

例 4.1　有两个导弹仓库 A_1 和 A_2，分别储存有一定数量的导弹，需向 B_1、B_2 和 B_3 阵地转运。各仓库的导弹储存数量、到各阵地的转运距离、各阵地的导弹需求量见表 4.2。试问如何转运才能使总距离最短？

表 4.2　各仓库的导弹储存数量、到各阵地的转运距离及各阵地的导弹需求量

	仓库	阵地			导弹储存数量
		B_1	B_2	B_3	
转运距离	A_1	21	14	22	40
	A_2	20	16	24	50
导弹需求量		30	30	20	—

解　设 x_{ij} 为从 A_i 转运到 B_j 的导弹数量，则有线性规划模型：

$$\min f = 21x_{11} + 14x_{12} + 22x_{13} + 20x_{21} + 16x_{22} + 24x_{23}$$

$$\text{s. t.}\begin{cases} x_{11} + x_{12} + x_{13} \leqslant 40 \\ x_{21} + x_{22} + x_{23} \leqslant 50 \\ x_{11} + x_{21} = 30 \\ x_{12} + x_{22} = 30 \\ x_{13} + x_{23} = 20 \end{cases}$$

编写 MATLAB 求解程序：

```
clear,clc
f=[21,14,22,20,16,24];
A=[1 1 1 0 0 0;0 0 0 1 1 1];
b=[40,50];
Aeq=[1 0 0 1 0 0;0 1 0 0 1 0;0 0 1 0 0 1];
beq=[30 30 20];
lb=zeros(1,6);
[x,fval,exitflag]=linprog(f,A,b,Aeq,beq,lb)
x=reshape(x,3,2);
```

运行结果：

```
x =
      0      20      20
     30      10       0
fval = 1480
```

4.2　整数线性规划在军事中的典型应用

4.2.1　求解混合整数线性规划问题的 MATLAB 函数 intlinprog

(1) 功能。

intlinprog 函数的功能是求解混合整数线性规划问题。

（2）格式。

```
x=intlinprog(f,intcon,A,b)
x=intlinprog(f,intcon,A,b,Aeq,beq)
x=intlinprog(f,intcon,A,b,Aeq,beq,lb,ub)
x=intlinprog(f,intcon,A,b,Aeq,beq,lb,ub,x0)
x=intlinprog(f,intcon,A,b,Aeq,beq,lb,ub,x0,options)
[x,fval,exitflag,output]=intlinprog (…)
```

（3）说明。

① 输入参数。

intlinprog 函数用于求解混合整数线性规划问题，基本输入参数有 10 个，其中大部分参数含义与 linprog 函数一致，新增参数含义如下：

intcon—— 解 x 中须满足整数约束的元素的集合；

x0—— 初始可行解。

② 输出参数。

intlinprog 函数可以有 4 个输出参数，常用的通常有 3 个，其含义如下：

x—— 混合整数线性规划问题的解；

fval—— 问题解 x 对应的目标函数值；

exitflag—— 运算结束标志，返回一个整数值。

intlinprog 函数的输出参数 exitflag 的不同返回值含义见表 4.3。

表 4.3　intlinprog 函数的输出参数 exitflag 的不同返回值含义

返回值	含义
2	运算过早结束，找到满足整数约束的可行解
1	运算收敛于 x，找到最优解
0	运算过早结束，未找到满足整数约束的可行解
−1	运算因输出函数或绘图函数结束
−2	无可行解
−3	Root LP 问题无界

如果需要，还可以输入以下参数：

output—— 返回一个结构体，包含了优化过程的相关信息，如迭代次数、函数计数、一阶最优度测量、使用的算法等。

4.2.2　异类武器打击异类目标火力分配问题

异类武器打击异类目标火力分配问题可以描述如下：

拟采用 m 个不同性能的武器 $A_i(i=1,2,\cdots,m)$ 打击 n 个不同类型的目标 $B_j(j=1,2,\cdots,n)$，A_i 对 B_j 的毁伤概率为 p_{ij}。一个武器只能分配给一个目标，一个目标只能分配给一个武器。求毁伤目标期望数最大的火力分配方案。

以 x_{ij} 表示 A_i 对 B_j 的火力分配结果，$x_{ij}=1$ 表示采用 A_i 去打击 B_j，$x_{ij}=0$ 表示不采用 A_i 去打击 B_j，则有整数线性规划模型：

$$\max z=\sum_{i=1}^{m}\sum_{j=1}^{n}p_{ij}x_{ij}$$

$$\text{s. t.}\begin{cases}\sum_{i=1}^{m}x_{ij}=1, & j=1,2,\cdots,n\\ \sum_{j=1}^{n}x_{ij}=1, & i=1,2,\cdots,m\\ x_{ij}\in\{0,1\}\end{cases}$$

上式为一个平衡火力分配问题，即武器数量和目标数量相等。

若武器数大于目标数，或目标数大于武器数，则为非平衡火力分配问题。

第一种情况：$m>n$，此时约束条件为

$$\text{s. t.}\begin{cases}\sum_{i=1}^{m}x_{ij}=1, & j=1,2,\cdots,n\\ \sum_{j=1}^{n}x_{ij}\leqslant 1, & i=1,2,\cdots,m\\ x_{ij}\in\{0,1\}\end{cases}$$

第二种情况：$m<n$，此时约束条件为

$$\text{s. t.}\begin{cases}\sum_{i=1}^{m}x_{ij}\leqslant 1, & j=1,2,\cdots,n\\ \sum_{j=1}^{n}x_{ij}=1, & i=1,2,\cdots,m\\ x_{ij}\in\{0,1\}\end{cases}$$

例 4.2 有 4 套不同性能的武器装备，拟打击 3 个不同类型目标，不同武器对不同目标的毁伤概率见表 4.4。一个武器只能分配给一个目标，一个目标只能分配给一个武器。试确定毁伤概率之和最大的火力分配方案。

表 4.4 不同武器对不同目标的毁伤概率

武器	目标		
	B_1	B_2	B_3
A_1	0.2	0.4	0.3
A_2	0.4	0.5	0.2
A_3	0.4	0.3	0.4
A_4	0.4	0.3	0.5

解 以 x_{ij} 表示 A_i 对 B_j 的火力分配结果，则有整数线性规划模型：

$$\max f=0.2x_{11}+0.4x_{12}+0.3x_{13}+0.4x_{21}+0.5x_{22}+0.2x_{23}+0.4x_{31}$$
$$+0.3x_{32}+0.4x_{33}+0.4x_{41}+0.3x_{42}+0.5x_{43}$$

$$
\text{s. t.}\begin{cases}
x_{11}+x_{12}+x_{13}\leqslant 1\\
x_{21}+x_{22}+x_{23}\leqslant 1\\
x_{31}+x_{32}+x_{33}\leqslant 1\\
x_{41}+x_{42}+x_{43}\leqslant 1\\
x_{11}+x_{21}+x_{31}+x_{41}=1\\
x_{12}+x_{22}+x_{32}+x_{42}=1\\
x_{13}+x_{23}+x_{33}+x_{43}=1\\
x_{ij}\in\{0,1\}
\end{cases}
$$

编写 MATLAB 求解程序：

```
clear,clc
f=-0.1*[2 4 3 4 5 2 4 3 4 4 3 4];
a=[1,1,1];
A = blkdiag(a,a,a,a);
b=[1 1 1 1];
a=diag(a);
Aeq=repmat(a,1,4);
beq=[1 1 1];
lb=zeros(1,12);
ub=ones(1,12);
intcon = 1:12;
[x,fval,exitflag] = intlinprog(f,intcon,A,b,Aeq,beq,lb,ub)
x=reshape(x,3,4)'
```

运行结果：

```
x =

     0     0     0
     0     1     0
     0     0     1
     1     0     0
```

4.3　线性目标规划在军事中的典型应用

4.3.1　求解线性目标规划问题的 MATLAB 函数 ObjPrgSolver

线性目标规划的序贯解法，显然比较烦琐，每求解完一级目标，均需调整目标函数的系数向量和等式约束，不仅要增加向量和矩阵的列数，还要调整其行数，改变其元素值。在此基础上，还要将上一级目标优化的结果添加到约束条件中。因此，这种方法计算效率较低。

利用MATLAB语言在矩阵运算和优化计算方面的优势，基于序贯解法的基本原理，可以一次性完成线性目标规划的解算，具有较高的计算效率。

线性目标规划问题解算程序：

```
function X = ObjPrgSolver(NumOfDVars,IntOrNot,c,A,b,Aeq,beq,lb,ub)

% 函数功能：以序贯解法求解线性目标规划问题
%NumOfDVars 决策变量数，不含偏差变量
%IntOrNot 标记问题是否有整数约束
%c 目标函数系数矩阵
%① 目标函数有几个优先级，该矩阵即有几行
%② 每一行有 a + b 列，a 为原始决策变量数目，b 为偏差变量的组数乘 2
%③ 在每一行中，从左至右依次为决策变量 1 的系数、决策变量 2 的系数……第 1 组负偏差变量的系数、第 1 组正偏差变量的系数、第 2 组负偏差变量的系数……
[rowC,colC] = size(c);
[rowAeq,colAeq] = size(Aeq);
[rowA,colA] = size(A);
if nargin == 8
    ub = [];
end
if nargin == 7
    lb = zeros(1,colC);
end
if nargin == 5
    Aeq = [];
    beq = [];
    lb = zeros(1,colC);
    ub = [];
end
% 检验矩阵一致性
if isempty(A)
    if colC ~= colA | colC ~= colAeq | colA ~= colAeq | rowA ~= numel(b) | rowAeq ~= numel(beq)
        disp({'The columns of C and A or C and Aeq or A and Aeq are not consistent! ';
```

```
            'or The rows of A and b or the rows of Aeq and beq are not consistent! ';
            'Please check your data and input again! '})
    end
else
    if colC ~=colAeq | colC ~=colA | colA ~=colAeq | rowAeq ~=numel(beq) | rowA ~=numel(b)
        disp({'The columns of C and A or C and Aeq or A and Aeq are not consistent! ';
            'or The rows of A and b or the rows of Aeq and beq are not consistent! ';
            'Please check your data consistency and input again! '})
    end
end
if IntOrNot ==1
    intcon=1:colC;
    for i=1:rowC
        [xx,fval,exitflag]=intlinprog(c(i,:),intcon,A,b,Aeq,beq,lb,ub);
        Aeq(end+1,:)=c(i,:);
        beq(end+1)=fval;
    end
else
    for i=1:rowC
        [xx,fval,exitflag]=linprog(c(i,:),A,b,Aeq,beq,lb,ub);
        Aeq(end+1,:)=c(i,:);
        beq(end+1)=fval;
    end
end
%产生结果矩阵
x=sym('x',[1,NumOfDVars]);
d=sym('d',[(colC-NumOfDVars)/2,2]);
d=d.';
d=d(:).';
d=[x,d];
```

```
X=[d;xx'];
end
```

4.3.2 作战单元编组问题

作战单元编组问题可以描述如下：

设需以 m 种型号的作战单元组成某种性质的编队。为使编队具备完成作战任务的能力，经作战筹划和战斗能力计算，区分为 n 种作战能力，并设第 j 种作战能力等级高于第 $j+1$ 种作战能力等级。其中，第 i 型作战单元的总数量为 b_i，第 i 型作战单元的第 j 项作战能力为 a_{ij}，对第 j 种作战能力的需求指数为 r_j，见表 4.5。在各型作战单元允许出动总数限制下，按照作战能力需求指数对作战单元进行编组，并优先满足等级高的作战能力指数需求。求使编队中作战单元数量最少的编组方案。

表 4.5 作战能力需求指数

作战单元类型	作战能力				作战单元数量
	A_1	A_2	…	A_n	
B_1	a_{11}	a_{12}	…	a_{1n}	b_1
B_2	a_{21}	a_{22}	…	a_{2n}	b_2
⋮	⋮	⋮	…	⋮	⋮
B_m	a_{m1}	a_{m2}	…	a_{mn}	b_m
作战能力需求指数	r_1	r_2	…	r_n	

针对上述问题，可构建线性目标规划模型：

$$\min f=\sum_{j=1}^{n} p_j d_j^- + p_{n+1} d_{n+1}^+$$

$$\text{s.t.}\begin{cases} x_i \leqslant b_i, \quad i=1,2,\cdots,m \\ \sum_{i=1}^{m} a_{ij} x_i + d_j^- - d_j^+ = r_i, \quad j=1,2,\cdots,n \\ \sum_{i=1}^{m} x_i + d_{n+1}^- - d_{n+1}^+ = 0 \\ x_i \in N, \quad i=1,2,\cdots,m \\ d_j^+, d_j^-, d_{n+1}^+, d_{n+1}^- \in \mathbf{N}, \quad j=1,2,\cdots,n \end{cases}$$

其中，p_j 为作战能力优先等级；p_{n+1} 为作战单元数量优先等级；d_j^-、d_j^+ 为作战能力偏差变量；d_{n+1}^-、d_{n+1}^+ 为作战单元数量偏差变量；x_i 为第 i 种作战单元的实际编组数量。

例 4.3 拟以 3 种型号的作战单元组成战斗编队，遂行对目标攻击作战任务。各类作战单元对不同类型目标的作战能力指数和作战需求见表 4.6。

经作战筹划和计算，为使编队具有完成此次作战任务的能力：

(1) 打击 A 类目标能力指数最好不低于 195；

(2) 打击 B 类目标能力指数最好不低于 150；

(3) 打击 C 类目标能力指数最好不低于 120；

(4) 尽量满足前三项约束的前提下，希望总作战单元数量最少。

试求编组方案。

表 4.6　各类作战单元对不同类型目标的作战能力指数和作战需求

作战单元	打击 A 类目标	打击 B 类目标	打击 C 类目标	最大允许编组数量
A 型作战单元	45	35	30	3
B 型作战单元	50	35	20	3
C 型作战单元	25	25	40	5
作战需求	195	150	120	—

解　构建线性目标规划模型，目标函数为

$$\min f = p_1 d_1^- + p_2 d_2^- + p_3 d_3^- + p_4 d_4^+$$

约束条件为

$$\text{s.t.}\begin{cases} x_1 \leqslant 3, x_2 \leqslant 3, x_3 \leqslant 5 \\ 45x_1 + 50x_2 + 25x_3 + d_1^- - d_1^+ = 195 \\ 35x_1 + 35x_2 + 25x_3 + d_2^- - d_2^+ = 150 \\ 30x_1 + 20x_2 + 40x_3 + d_3^- - d_3^+ = 120 \\ x_1 + x_2 + x_3 + d_4^- - d_4^+ = 0 \\ x_i \in \mathbf{N}, \quad i = 1,2,3 \\ d_1^+, d_1^-, d_2^+, d_2^-, d_3^+, d_3^-, d_4^+, d_4^- \in \mathbf{N} \end{cases}$$

编写 MATLAB 求解程序：

```
clear,clc
c=[0,0,0,1,zeros(1,7);
   zeros(1,5),1,zeros(1,5);
   zeros(1,7),1,0,0,0;
   zeros(1,10),1];
A=[eye(3),zeros(3,8)];
b=[3,3,5];
Aeq1=[45 50 25;35 35 25;30 20 40];
E=[1,-1];
Aeq2=blkdiag(E,E,E);
Aeq3=[1,1,1,zeros(1,6),1,-1];
Aeq=[Aeq1,Aeq2,zeros(3,2);Aeq3];
beq=[195 150 120 0];
lb=zeros(1,11);
X=ObjPrgSolver(3,1,c,A,b,Aeq,beq,lb)
```

运行结果：

```
X =
    [ x1,x2,x3,d1_1,d1_2,d2_1,d2_2,d3_1,d3_2,d4_1,d4_2]
    [ 3,1,1,0,15,  0,15,0,30,  0,  5]
```

4.4 无约束非线性规划在军事中的典型应用

求解无约束非线性规划，实际上是求解一个非线性表达式的极值问题。MATLAB提供了求解非线性规划问题的优化工具箱(optimization toolbox，或称为最优化工具箱)，其中内置了强大的优化计算函数。在某次军事任务中，技术保障阵地的优化，实质上是一种选址优化问题，即基于各种条件的技术保障阵地对发射阵地保障时的位置优化问题。根据保障条件与属性，技术保障阵地优化问题又可以分为不同的类型。本章先简要介绍MATLAB工具箱中的一种优化函数，再对两种典型应用场景进行分析计算。

4.4.1 求解无约束非线性规划问题的MATLAB函数fminunc

(1) 功能。

fminunc函数的功能是求解多变量无约束函数的最小值。

(2) 格式。

```
x =fminunc(fun,x0)
x =fminunc(fun,x0,options)
[x,fval]=fminunc(…)
[x,fval,exitflag]=fminunc(…)
```

(3) 说明。

① 输入参数。

fminunc函数用于求解多变量无约束非线性模型的最小值，基本输入参数有两个：目标函数和初始值，其含义如下。

fun—— 目标函数，有两种常用的形式输入。

a. 函数句柄。

```
x =fminunc(@myfun,x0)
function f =myfun(x)
f =sin(x(1)) * cos(x(2));
end
```

目标函数以函数句柄的形式输入，实际的目标函数以MATLAB函数的形式书写。

b. 匿名函数。

```
fun = @(x)3 * x(1)^2 + 2 * x(1) * x(2) + x(2)^2 - 4 * x(1) + 5 * x(2);
x = fminunc(fun,x0)
```

目标函数是匿名函数的形式，在 fminunc 中输入参数时，直接输入匿名函数的名称即可。

x0—— 初始搜索点，是指定的实数向量或实数数组。fminunc 根据 x0 的元素数目和大小决定目标函数中变量的个数，如，x0 = [1,2,3,4]。

options—— 选项。

使用该函数还可额外设置如下选项。

• Algorithm：算法选择。缺省算法是"quasi - newton"，可选算法为"trust - region"。"quasi - newton" 算法需提供目标函数梯度。

• CheckGradients：对用户提供的差分（目标函数的梯度）与有限差分进行比较。

• Diagnostics：显示最小函数的诊断信息。

• DiffMaxChange：变量差分梯度的最大变化。

• DiffMinChange：变量差分梯度的最小变化。

• Display：显示水平。"off" 和"none" 不显示输出；"iter" 显示迭代信息；"iter - detailed" 显示更详细的迭代信息；"notify"，若优化不收敛，则显示结束信息；"final" 是缺少选项，只显示最后结果；"final - detailed" 显示更详细的最后结果。

• FiniteDifferenceStepSize：有限差步长。

• FiniteDifferenceType：有限差分类型。

• FunValCheck：目标函数值有效性检查。

• MaxFunctionEvaluation：函数评价的最大次数。

• MaxIterations：最大允许迭代次数。

• OptimalityTolerance：一阶最优性容差。

• OutputFcn：指定至少一个优化函数迭代时调用的用户定义函数。

• PlotFcn：回执目标函数图。"optimplotx" 输出当前点；"optimplotfunccount" 输出函数计数；"optimplotfval" 输出函数值；"optimplotstepsize" 输出步长；"optimplotfirstorderopt" 输出一阶最优度量。

• SpecifyObjectiveGradient：提供用户定义的目标函数梯度。

• StepTolerance：变量 x 的终止容限，缺省值为 1×10^{-6}。

• TypicalX：典型 x 值。

• FunctionTolerance：目标函数终止容限。

• HessianFcn："objective" 时，fminunc 使用用户提供的目标函数 Hessian 矩阵；[] 时，fminunc 使用有限容差。

• HessianMultiplyFcn：Hesse 倍增函数。

• HessPattern：用于有限差分的 Hessian 矩阵的稀疏形式。若不方便求 fun 函数的稀疏 Hessian 矩阵 H，可以通过梯度的有限差分获得的 H 的稀疏结构（如非零值的位置等）来得到近似的 Hessian 矩阵 H。若不知道矩阵的稀疏结构，则可将 HessPattern 设为密集矩阵，在每一次迭代过程中，都将进行密集矩阵的有限差分近似（这是缺省设置）。

• MaxPCGIter：PCG 迭代的最大次数。

• PrecondBandWidth：PCG 前处理得上宽带，缺省为 0。对于有些问题，增加带宽可以减少迭代次数。

• SubproAlogrithm：确定如何计算迭代步。

• TolPCG：PCG 迭代的终止容限。

• HessUpdate："Quasi－Newton" 算法时选择搜索方向的方法。

• ObjectiveLimit：停止迭代值，标量。如果设定此值（缺省值为 1×10^{-2}），某次迭代的目标函数值不大于该值，则停止迭代。

• UseParallel：是否使用平行算法。

② 输出参数。

Fminunc 函数可以有多达 6 个输出函数。常用的输出参数通常有 3 个，其含义如下：

x—— 目标函数的最小点，以向量或矩阵形式返回目标函数最小值对应的变量值，向量大小与目标函数中包含的变量个数相同；

fval——x 处的目标函数实数值，即 fval＝fun(x)；

exitflag—— 优化函数 fminunc 优化结束标志，返回一个整数值。

fminunc 函数的输出参数 exitflag 的不同返回值含义见表 4.7。

表 4.7　fminunc 函数的输出参数 exitflag 的不同返回值含义

返回值	含义
1	一阶最优性条件满足容许范围
2	x 的变化小于容许范围
3	目标函数的变化小于容许范围
5	重要方向导数小于规定的容许范围并且约束违背小于 options Tolcon
0	达到最大迭代次数函数评价
－1	算法由输出函数终止
－3	当前迭代的目标函数低于目标限制

如果需要，还可以输入以下参数。

output—— 返回一个结构体，包含了优化过程的相关信息，如迭代次数、函数计数、一阶最优度测量、使用的算法等。

grad——fun 在极值点处的梯度，实数向量。

hessian—— 近似 Hessian 实数矩阵。

注：

a. 目标函数必须是连续的。fminunc 函数有时会给出局部最优解。

b. fminunc 函数只对实数进行优化，即 x 必须为实数，而且 f(x) 必须返回实数。当 x 为复数时，必须将它分解为实部和虚部。

c. 在使用大型算法时，用户必须在 fun 函数中提供梯度（options 参数中 Specify ObjectiveGradient 属性必须设置为"on"），否则将给出警告信息。

d. 目前，若在 fun 函数中提供解析梯度，则 options 参数 CheckGradients 不能用于大型算法以比较解析梯度和有限差分梯度。通过将 options 参数的 MaxIterations 属性设置为 0，用中型方法核对导数，然后重新用大型方法求解问题。

e. 对于求解平方和问题，fminunc 函数不是最好的选择，用 lsqnonlin 函数效果更佳。

4.4.2　基于总距离最短的技术保障阵地选址优化问题

基于总距离最短的技术保障阵地选址优化问题可以描述如下：

有 n 个发射阵地或待机阵地需进行装备或导弹技术保障，其坐标为 $(x_j, y_j)(j=1, 2, \cdots, n)$。现需选取一个技术阵地，对这 n 个需求点进行装备或技术保障，试确定对 n 个被保障阵地进行保障时总距离或总时间最短的技术保障阵地位置。

若只考虑距离因素，则有规划模型：

$$\min d = \sum_{i=1}^{n} d_i = \sum_{i=1}^{n} \sqrt{(x - x_i)^2 + (y - y_i)^2}$$

其中，(x, y) 为技术保障阵地坐标；(x_j, y_j) 为发射阵地或待机阵地坐标。

例 4.4　某导弹部队有 4 个发射阵地，其坐标见表 4.8。试设计一个技术保障阵地对 4 个发射阵地进行技术保障，使得技术保障阵地到各发射阵地的总保障距离最短。

表 4.8　某导弹部队 4 个发射阵地坐标

坐标	发射阵地 1	发射阵地 2	发射阵地 3	发射阵地 4
x_i	2	11	10	4
y_i	2	3	8	9

解　构建无约束非线性规划模型：

$$\min d = \sqrt{(x-2)^2 + (y-2)^2} + \sqrt{(x-4)^2 + (y-9)^2} + \sqrt{(x-11)^2 + (y-3)^2} + \sqrt{(x-10)^2 + (y-8)^2}$$

编写 MATLAB 解算程序：

```
clear,clc
xi=[2,11,10,4];
yi=[2,3,8,9];
d=@(x)sqrt((x(1)-xi(1))^2+(x(2)-yi(1))^2)+sqrt((x(1)-xi(2))^2+…
(x(2)-yi(2))^2)+sqrt((x(1)-xi(3))^2+(x(2)-yi(3))^2)+…
sqrt((x(1)-xi(4))^2+(x(2)-yi(4))^2)
x0=rand(1,2)
[x1,fval,exitflag1]=fminunc(d,x0)
[x1,fval,exitflag1]=fminsearch(d,x0)
```

运行结果：

技术保障阵地的坐标为(7.422 2,6.066 7)；

技术保障阵地至各发射阵地或待机阵地的总距离 d＝19.2195。

4.4.3 考虑需求数量的技术保障阵地选址优化问题

若发射阵地或待机阵地的导弹需求量不同，则需求量大的发射阵地，其保障量大于需求量小的发射阵地。规划保障阵地位置时，应将保障数量考虑在内，因此可用以下数学模型：

$$\min C=\sum_{i=1}^{n} c_i d_i=\sum_{i=1}^{n} c_i \sqrt{(x-x_i)^2+(y-y_i)^2}$$

式中，c_i 为第 i 个发射阵地或待机阵地的需求量。

例 4.5 某部队有 6 个作战编组，其发射阵地坐标及对导弹的需求量见表 4.9。现需选择技术保障阵地地址，以便对 6 个作战编组进行保障。试求：考虑距离与导弹需求量两个因素的技术保障阵地配置，使得总保障量最小。

表 4.9 某部队 6 个作战编组的发射阵地坐标及对导弹的需求量

作战编组	1	2	3	4	5	6
x_i	210	170	160	140	150	120
y_i	210	130	180	290	200	170
需求量 / 枚	18	16	18	22	24	12

解 构建无约束非线性规划模型：

$$\begin{aligned}\min \sum_{i=1}^{n} c_i d_i=&18\sqrt{(x-210)^2+(y-210)^2}+16\sqrt{(x-170)^2+(y-130)^2}\\&+18\sqrt{(x-160)^2+(y-180)^2}+22\sqrt{(x-140)^2+(y-290)^2}\\&+24\sqrt{(x-150)^2+(y-200)^2}+12\sqrt{(x-120)^2+(y-170)^2}\end{aligned}$$

编写 MATLAB 解算程序：

```
clear,clc
xi=[21,17,16,14,15,12]*10;
yi=[21,13,18,29,20,17]*10;
c=[18,16,18,22,24,12];
F=@(x)c(1)*sqrt((x(1)-xi(1))^2+(x(2)-yi(1))^2)+...
    c(2)*sqrt((x(1)-xi(2))^2+(x(2)-yi(2))^2)+...
    c(3)*sqrt((x(1)-xi(3))^2+(x(2)-yi(3))^2)+...
    c(4)*sqrt((x(1)-xi(4))^2+(x(2)-yi(4))^2)+...
    c(5)*sqrt((x(1)-xi(5))^2+(x(2)-yi(5))^2)+...
    c(6)*sqrt((x(1)-xi(6))^2+(x(2)-yi(6))^2)
x0=rand(1,2)
[x1,fval,exitflag1]=fminunc(F,x0)
[x1,fval,exitflag1]=fminsearch(F,x0)
```

运行结果：

技术保障阵地的坐标为(150.5164,199.5864)；

技术保障阵地至各发射阵地或待机阵地的总保障成本 C＝5163.3。

4.5　约束非线性规划在军事中的典型应用

相对来说，在实际应用领域中，大多数优化问题属于有约束优化。导弹火力分配是规划理论运用较多也比较普遍的领域，火力分配的基本模型是非线性的。因此，应用非线性规划方法，更能体现火力分配问题的特点和属性。目前来说，约束非线性规划问题没有一种适合各类模型的通用算法，大多非线性规划问题可借助于 MATLAB 工具箱来进行求解。

4.5.1　求解约束非线性规划问题的 MATLAB 函数 ga

MATLAB 提供了求解约束非线性规划问题的优化工具箱(optimization toolbox，或称为最优化工具箱)。优化工具箱中内置了强大的优化计算函数，其中 fmincon、Patterb Search、ga、Particle Swarm 可以求解约束非线性规划模型，而 Global Search 和 Multi Start 与 run 结合，能够较好地找到约束非线性规划模型的全局最优解。

遗传算法作为一种启发式算法，在工程问题中得到了广泛的应用，因此本节主要讲述 ga 函数的使用，其余函数的使用方法可参考相关工具书。

(1) 功能。

ga 函数的功能是用遗传算法求解函数的极小值。

(2) 格式。

```
[x,fval,exitflag]=ga(fun,nvars) % 求解无约束问题的局部极小值。nvars 表示变量的个数
[x,fval,exitflag]=ga(fun,nvars,A,b) % 求解约束条件为 A*x≤b时目标函数的极小值
[x,fval,exitflag]=ga(fun,nvars,A,b,Aeq,beq) % 求解约束条件为 Aeq*x≤beq 和 A*x≤b 时目标函数的极小值
[x,fval,exitflag]=ga(fun,nvars,A,b,Aeq,beq,lb,ub) % 求解有边界约束时目标函数的极小值:lb≤x≤ub
[x,fval,exitflag]=ga(fun,nvars,A,b,Aeq,beq,lb,ub,nonlcon) % 求解有非线性约束时目标函数的极小值:C(x)≤0 和 Ceq(x)=0
[x,fval,exitflag]=ga(fun,nvars,A,b,Aeq,beq,lb,ub,nonlcon,options) % 使用自设定选项求解目标函数的极小值
[x,fval,exitflag]=ga(fun,nvars,A,b,[],[],lb,ub,nonlcon,IntCon) % 设定有整数要求的决策变量序号
[x,fval,exitflag]=ga(fun,nvars,A,b,[],[],lb,ub,nonlcon,IntCon,options)
```

(3) 说明。

① 输入参数。

ga 函数用于求解多变量约束非线性模型的最小值，基本输入参数及其含义如下。

fun—— 目标函数，有两种常用的形式输入。

a. 函数句柄。

```
x = ga(@myfun,x0)
function f = myfun(x)
f = sin(x(1)) * cos(x(2));
end
```

目标函数以函数句柄的形式输入，实际的目标函数以 MATLAB 函数的形式书写。

b. 匿名函数。

```
fun = @(x)3 * x(1)^2 + 2 * x(1) * x(2) + x(2)^2 - 4 * x(1) + 5 * x(2);
x = ga(fun,x0)
```

目标函数是匿名函数的形式，在 ga 中输入参数时，直接输入匿名函数的名称即可。

x0—— 初始搜索点，是指定的实数向量或实数数组。ga 根据 x0 的元素数目和大小决定目标函数中变量的个数，如 x0 = [1,2,3,4]。

$\boldsymbol{A}$ 和 $\boldsymbol{b}$ 线性不等式约束。

$\boldsymbol{A}$ 是一个 m 行 n 列的实数矩阵，m 是不等式的数量，n 是决策变量个数。

$\boldsymbol{b}$ 是一个包含 m 个元素的向量。

若 $\boldsymbol{x}$ 以列向量表示，则

$$\boldsymbol{A} \cdot \boldsymbol{x} \leqslant \boldsymbol{b}$$

$\boldsymbol{A}_{eq}$ 和 $\boldsymbol{b}_{eq}$ 线性等式约束。

$\boldsymbol{A}_{eq}$ 是一个 m 行 n 列的实数矩阵，m 是等式的数量，n 是决策变量的数量。

若 $\boldsymbol{x}$ 以列向量表示，则

$$\boldsymbol{A}_{eq} \cdot \boldsymbol{x} = \boldsymbol{b}_{eq}$$

$\boldsymbol{lb}$ 和 $\boldsymbol{ub}$ 决策变量取值下限与上限。

$\boldsymbol{lb}$ 是决策变量的取值下限，是一个实数向量。

$\boldsymbol{ub}$ 是决策变量的取值上限，同样是一个实数向量。

若 x0 的元素数量与 $\boldsymbol{lb}$、$\boldsymbol{ub}$ 的元素数量相等，则有

$$\boldsymbol{x}(i) \geqslant \boldsymbol{lb}(i), \quad 对于所有\ i$$

$$\boldsymbol{x}(i) \leqslant \boldsymbol{ub}(i), \quad 对于所有\ i$$

否则

$$\boldsymbol{x}(i) \geqslant \boldsymbol{lb}(i), \quad 1 \leqslant i \leqslant \mathrm{numel}(\boldsymbol{lb})$$

$$\boldsymbol{x}(i) \leqslant \boldsymbol{ub}(i)\ \mathit{for}\ 1 \leqslant i \leqslant \mathrm{numel}(\boldsymbol{ub})$$

nonlcon 非线性约束函数，以匿名函数或函数句柄形式计算 x 点处的约束函数值，包括两部分 $c(x)$ 和 $c_{eq}(x)$。

$c(x)$ 是非线性不等式约束，其形式为

$$c(x) \leqslant 0$$

$c_{eq}(x)$ 是非线性等式约束，其形式为

$$c_{eq}(x)=0$$

options—— 选项，用于选择算法和其他优化选项。

② 输出参数。

ga 函数可以有多达 6 个输出参数。常用的输出参数通常有 3 个，其含义如下：

x—— 目标函数的最小点，以向量或矩阵形式返回目标函数最小值对应的变量值，向量大小与目标函数中包含的变量个数相同；

fval——x 处的目标函数实数值，即 fval = fun(x)；

exitflag——ga 函数优化结束的标志，返回一个整数值。

ga 函数的输出函数 exitflag 的返回值及其含义见表 4.10。

表 4.10　ga 函数的输出函数 exitflag 的返回值及其含义

返回值	含义
0	迭代次数超过 MaxGenerations
1	无非线性约束时：适应度函数值在 MaxStallGenerations 内积累变化小于 FunctionTolerance，且约束冲突小于 ConstraintTolerance
	非线性约束时：互补测度小于 ConstraintTolerance，子问题容差小于 FunctionTolerance，约束冲突小于 ConstraintTolerance
3	目标函数值在 MaxStallGenerations 内不再变化，约束冲突小于 ConstraintTolerance
4	步长量级小于机器计算精度，约束冲突小于 ConstraintTolerance
5	最小适应度函数值达到 FitnessLimit，约束冲突小于 ConstraintTolerance
−1	算法被输出函数终止
−2	没有可行解
−4	停止时间超过 MaxStallTime
−5	算法超过最大运行时间设定值 MaxTime

4.5.2　基于毁伤目标期望数的导弹火力分配问题

某部队有 n 种类型反舰导弹，其数量都为 $b_i(i=1,2,\cdots,m)$，有 n 个目标。第 i 种反舰导弹对第 j 个目标的毁伤概率为 p_{ij}，则毁伤目标期望数最大的非线性模型为

$$\max z=\sum_{j=1}^{n}\left(1-\prod_{i=1}^{m}(1-p_{ij})^{x_{ij}}\right)$$

$$\text{s.t.}\begin{cases}\sum\limits_{j=1}^{n}x_{ij}\leqslant b_i, & i=1,2,\cdots,m\\ x_{ij}\in\mathbf{N}, & i=1,2,\cdots,m;j=1,2,\cdots,n\end{cases}$$

其中，m 为反舰导弹的类型数；n 为目标种类数；x_{ij} 为分配给第 j 个目标的第 i 种反舰导弹的数量；p_{ij} 为第 i 种反舰导弹对第 j 个目标的单发毁伤概率；b_i 为第 i 种反舰导弹的数量。

例 4.6 某部队有 3 种导弹,4 个不同类型的目标。导弹数量及不同导弹对不同目标的毁伤概率,见表 4.11。试求毁伤目标期望数最大的火力分配方案。

表 4.11 导弹数量及不同导弹对不同目标的毁伤概率(基于毁伤目标期望数)

导弹类型	目标 A	目标 B	目标 C	目标 D	导弹数量 / 枚
导弹 A	0.27	0.21	0.28	0.22	4
导弹 B	0.29	0.22	0.22	0.26	6
导弹 C	0.26	0.28	0.23	0.20	8

解 设对第 j 个目标分配的第 i 种导弹的数量为 x_{ij},则

$$\begin{aligned}\max z = & 1-(1-0.27)^{x_{11}}(1-0.29)^{x_{21}}(1-0.26)^{x_{31}} \\ & +1-(1-0.21)^{x_{12}}(1-0.22)^{x_{22}}(1-0.28)^{x_{32}} \\ & +1-(1-0.28)^{x_{13}}(1-0.22)^{x_{23}}(1-0.23)^{x_{33}} \\ & +1-(1-0.22)^{x_{14}}(1-0.26)^{x_{24}}(1-0.20)^{x_{34}}\end{aligned}$$

$$\text{s.t.}\begin{cases}x_{11}+x_{12}+x_{13}+x_{14}\leqslant 4\\x_{21}+x_{22}+x_{23}+x_{24}\leqslant 6\\x_{31}+x_{32}+x_{33}+x_{34}\leqslant 8\\x_{ij}\in \mathbf{N}\end{cases}$$

编写 MATLAB 解算程序:

```
clear,clc
a=ones(1,4);
A=blkdiag(a,a,a);
b=[4,6,8];
Aeq=[];
beq=[];
lb=zeros(1,12);
ub=ones(1,12)*8;
intcon=1:12;
N=10;
for i=1:N
    [x,fval,exitflag]=ga(@fun,12,A,b,Aeq,beq,lb,ub,[],intcon);
    X(i,:)=[fval,x,exitflag];
end
X
fvalMin=min(X(:,1));
row=find(X(:,1)==fvalMin);
X=X(row(1),:);
```

```
Eqn = A * X(2:13)';% 验证可行性
x = X(2:13);
fvalMax = fun(x);% 验证函数值
x = reshape(X(1,2:13),4,3)';% 输出决策变量
function [y] = fun(x)
y = -(1 - (1 - 0.27)^x(1) * (1 - 0.29)^x(5) * (1 - 0.26)^x(9) + ...
    1 - (1 - 0.21)^x(2) * (1 - 0.22)^x(6) * (1 - 0.28)^x(10) + ...
    1 - (1 - 0.28)^x(3) * (1 - 0.22)^x(7) * (1 - 0.23)^x(11) + ...
    1 - (1 - 0.22)^x(4) * (1 - 0.26)^x(8) * (1 - 0.20)^x(12));
end
```

运行结果：

Fval = 3.0336，x = [0,0,4,0,2,0,0,4,3,5,0,0]。

火力分配问题有唯一最优解。

4.5.3　基于至少毁伤目标数的导弹消耗量问题

至少毁伤目标数是指导弹突击时毁伤的目标期望数不小于某一任务目标。此时，有规划模型：

$$\max z = \sum_{i=1}^{m} \sum_{j=1}^{n} x_{ij}$$

$$\text{s.t.} \begin{cases} \sum_{j=1}^{n} \left(1 - \prod_{i=1}^{m} (1 - p_{ij})^{x_{ij}}\right) \geqslant M \\ x_{ij} \in \mathbf{N}, \quad i = 1,2,\cdots,m; j = 1,2,\cdots,n \end{cases}$$

例 4.7　某部队有 3 种导弹，4 个不同类型的目标。导弹数量及不同导弹对不同目标的毁伤概率，见表 4.12。要求毁伤目标期望数不小于 3，试求导弹消耗量最小的火力分配方案。

表 4.12　导弹数量及不同导弹对不同目标的毁伤概率(基于至少毁伤目标数)

导弹类型	目标 A	目标 B	目标 C	目标 D	导弹数量 / 枚
导弹 A	0.33	0.31	0.38	0.32	4
导弹 B	0.39	0.32	0.32	0.36	6
导弹 C	0.36	0.38	0.33	0.30	8

解　设对第 j 个目标分配的第 i 种导弹的数量为 x_{ij}，则

$$\min z = x_{11} + x_{12} + x_{13} + x_{14} + x_{21} + x_{22} + x_{23} + x_{24} + x_{31} + x_{32} + x_{33} + x_{34}$$

$$
\text{s.t.}\begin{cases}
1-(1-0.33)^{x_{11}}(1-0.39)^{x_{21}}(1-0.36)^{x_{31}} \\
+1-(1-0.31)^{x_{12}}(1-0.32)^{x_{22}}(1-0.38)^{x_{32}} \\
+1-(1-0.38)^{x_{13}}(1-0.32)^{x_{23}}(1-0.33)^{x_{33}} \\
+1-(1-0.32)^{x_{14}}(1-0.36)^{x_{24}}(1-0.30)^{x_{34}} \geqslant 3 \\
x_{11}+x_{12}+x_{13}+x_{14} \leqslant 4 \\
x_{21}+x_{22}+x_{23}+x_{24} \leqslant 6 \\
x_{31}+x_{32}+x_{33}+x_{34} \leqslant 8 \\
x_{ij} \in \mathbf{N}
\end{cases}
$$

编写 MATLAB 解算程序：

```
clear,clc
a=ones(1,4);
A=blkdiag(a,a,a);
b=[4,6,8];
Aeq=[];
beq=[];
lb=zeros(1,12);
ub=ones(1,12)*8;
intcon=1:12;
N=100;
tic
fun= @(x)x(1)+x(2)+x(3)+x(4)+x(5)+x(6)+x(7)+x(8)+x(9)+x(10)
+x(11)+x(12)
for i=1:N
    [x,fval,exitflag]=ga(fun,12,A,b,Aeq,beq,lb,ub,@nonlcon,intcon);
    X(i,:)=[fval,x,exitflag];
end
toc
X
fvalMin=min(X(:,1));
row=find(X(:,1)==fvalMin);
```

```
X=X(row(1),:);
Eqn=A*X(2:13)';% 验证可行性
x=X(2:13);
fvalMax=fun(x);% 验证函数值
p=prb(x)
x=reshape(X(1,2:13),4,3)';% 输出决策变量
function[c,ceq]=nonlcon(x)
c=-[1-(1-0.33)^x(1)*(1-0.39)^x(5)*(1-0.36)^x(9)+...
    1-(1-0.31)^x(2)*(1-0.32)^x(6)*(1-0.38)^x(10)+...
    1-(1-0.38)^x(3)*(1-0.32)^x(7)*(1-0.33)^x(11)+...
    1-(1-0.32)^x(4)*(1-0.36)^x(8)*(1-0.30)^x(12)-3];
ceq=[]
end
function[p]=prb(x)
p=[1-(1-0.33)^x(1)*(1-0.39)^x(5)*(1-0.36)^x(9)+...
    1-(1-0.31)^x(2)*(1-0.32)^x(6)*(1-0.38)^x(10)+...
    1-(1-0.38)^x(3)*(1-0.32)^x(7)*(1-0.33)^x(11)+...
    1-(1-0.32)^x(4)*(1-0.36)^x(8)*(1-0.30)^x(12)];
end
```

基于至少毁伤目标数的优化结果见表 4.13。

表 4.13　基于至少毁伤目标数的优化结果

导弹类型	目标 A	目标 B	目标 C	目标 D
导弹 A	0	0	2	0
导弹 B	2	0	1	3
导弹 C	1	3	0	0
毁伤概率 p	0.761 9	0.761 7	0.738 6	0.737 9

由表 4.13 可知，最少导弹消耗量为 12 枚。毁伤目标期望数为 3.011 9，满足任务指标要求。由于遗传算法的随机性，因此每次运行的结果不一定完全一样。

思考题

1. 保障物资配置问题。

在军事行动中，常遇到一类保障物资配置的问题。运输车辆的容积和载重是有限的，可携载不同类型的保障物资，每种物资具有一定的质量和体积，且其发挥的效用各不相同。如何配置这些物资的数量，使得在满足运输车辆允许的容积、载重等约束的前提下，取得最大的效用指数？

在一次行动中，需要制定保障物资配置的方案。运输车辆可携载 A、B、C、D 四种物资，单位数量物资的质量、体积与效用指数及车辆的装载能力见表 4.14，且要求 A 物资携载量不小于 2，D 物资携载量不小于 2。问如何配置可使得所携载物资的效用指数最大？

表 4.14　单位数量物资的质量、体积与效用指数及车辆的装载能力

物资	质量 /t	体积 /m^2	效用指数
A	0.8	0.61	12
B	0.75	0.23	4
C	0.35	0.22	6
D	0.22	0.11	2
车辆装载能力	4.6	9	—

2. 最长时间最小化兵力部署问题。

未来作战越来越强调作战系统的体系性、整体性。最长时间最小化兵力部署问题，是指所有兵力全部就位所消耗的时间最短。所有兵力全部就位，才是整个作战体系全部部署完毕。

根据战场态势变化，需将原部署于 A_1、A_2、A_3 发射阵地的武器单元重新部署至 B_1、B_2、B_3 发射阵地。要求武器单元尽早全部就位，以遂行协同攻击。原发射阵地武器单元数量($a_i, i=1,2,3$)、新发射阵地部署需求数量($b_j, j=1,2,3$)、原发射阵地至新发射阵地的机动时间见表 4.15。试确定最长时间最短的兵力部署方案。

（注：这类问题可采取加权法来构造目标函数。其基本思想是，越大的数，权重越大，尽量拉开级差，从而将最长时间最短这一要求隐含至目标函数中。）

表 4.15　武器单元数量部署需求数量及机动时间

原阵地		新阵地		
		B_1	B_2	B_3
		$b_1=2$	$b_2=3$	$b_3=2$
A_1	$a_1=2$	1	1.1	1.6
A_2	$a_2=2$	2.5	2.7	3.1

3. 考虑复杂约束的导弹转运问题。

有 3 个导弹洞库 A_1、A_2 和 A_3，分别储存有一定数量的导弹，需向 B_1、B_2、B_3 技术阵地转运。各洞库储存的导弹数量、到各阵地的运输距离、各阵地的导弹需求量见表 4.16。

表 4.16　各洞库储存的导弹数量、到各阵地的运输距离、各阵地的导弹需求量

	洞库	技术阵地			储存量 / 枚
		B_1	B_2	B_3	
运输距离	A_1	21	14	22	30
	A_2	22	31	24	30
	A_3	25	28	27	20
导弹需求量		30	30	20	—

要求：

(1) 技术阵地 B_1 保障应急作战任务，需尽量优先满足其需求；

(2) 由于导弹型号的原因，因此尽量由 A_2 保障 B_3，且尽量满足其需求；

(3) A_1 到 B_2 虽距离较近，但由于导弹型号原因，因此最好仅由 A_1 满足 B_2 需求量的 50%，剩余导弹最好由 A_3 保障；

(4) A_1、A_3 到 B_3 转运途中敌情威胁较大，最好不要保障 B_3；

(5) 为便于组织实施，每个导弹洞库保障的技术阵地数量最好不超过两个；

(6) 尽量满足各技术阵地导弹需求量；

(7) 为降低保障成本，故总转运距离越短越好。

试确定满足要求的导弹转运方案。

4. 考虑发射阵地保障权重的技术保障阵地选址优化问题。

若发射阵地或待机阵地的导弹需求量不同，且其重要性程度不同，即优先保障程度不同，或保障时间要求不同，有些需优先、尽快保障，有些发射阵地的急迫程度则没有那么高。

例如，某部队有 6 个某导弹突击群，其发射阵地坐标及对导弹的需求量见表 4.17。现需选择技术保障阵地地址，以便对 6 个作战编组进行保障。试根据距离、导弹需求量和突击群权重，设计一个最优技术保障阵地。

表 4.17　6 个某导弹突击群的发射阵地坐标及对导弹的需求量

突击群	1	2	3	4	5	6
x_i	210	170	160	140	150	120
y_i	210	130	180	290	200	170
需求量 / 枚	18	16	18	22	24	12
权重	1	3	2	4	5	2

5. 有突击目标数要求的最大毁伤目标期望数问题。

沿用 4.5.2 节中的数据，要求最多选择敌目标编队中的两个目标进行打击。试求最大毁伤目标数，且计算被打击目标的毁伤概率。

第5章　作战评估概述

作战评估是任何一种作战行动及其指挥控制过程的有机组成部分。它是核实与分析任务完成情况所必需的重要前提。指挥员在其参谋团队和下属部队指挥员的协助下，应持续地监控作战环境，评估作战行动是否朝着实现预期结束状态的方向发展。在作战评估方面，美军起步较早，建立了较为成熟的体系框架，下面将重点结合美军的理论与实践经验进行阐述。

5.1　作战评估的概念

5.1.1　基本定义

评估(assessment)即对事物进行评价和估量。

作战评估(operational assessment)是一套连续进行的过程，它可通过衡量作战行动是否正朝着完成任务、创造行动所需的某种条件或实现作战目的发展，以支持指挥员的决策活动。

在军事领域，美军将"评估"界定为：① 在军事作战行动中，估计衡量武装部队作战能力的整体运用效果(效率)的持续过程；② 判断行动进展是否正朝着完成任务、创造行动所需的某种条件或实现作战目的的方向；③ 对现有或计划的情报活动的安全、效能和潜力进行分析；④ 对现有或未来的雇员或"谍报员"的动机、资格和特点进行的判断。其中，前两个释义正对着美军所称的"作战评估"，即"对不断变化着的作战环境，进行持续的观察和经验性衡量评判的循环，用以帮助指挥员做出对未来的决策，使其作战行动更具效率"的过程。作战行动的目的和预期最终态势，决定了指挥员的意图。评估必须要能反映出当前行动正朝着实现预期目的和最终态势发展的过程。

评估寻求解决以下四类基本的问题：

(1) 发生了什么？

(2) 为什么认为事件会发生？

(3) 未来可能存在的机会和风险又是什么？

(4) 接下来需要做什么？

评估包括三类活动：

(1) 监控当前形势，收集相关评估信息；

(2) 评价行动进展情况，衡量评价行动朝着实现最终态势或下一预期态势条件、作战目的的进展，以及任务当前执行的状态或情况；

(3) 建议和引导行动，使其能实现作战目的、达成最终态势条件。

5.1.2　概念辨析

(1) 作战评估与战斗评估。

在美军的一整套评估体系中，战斗评估处于评估概念体系的最底层，被定义为“对军事行动期间部队运用整体效能的判定”。战斗评估由三项相互联系的部分组成，分为战斗毁伤评估、弹药效能评估、再次攻击建议。

① 战斗毁伤评估是对运用武装力量针对预先确定的行动对象所造成毁伤结果的及时、精确的衡量和估计。

② 弹药效能评估是对武器系统和弹药进行的评估，用来决定和建议对作战战术、武器系统、弹药、引信和武器投射参数进行必要的改变，以增强部队的效能。

③ 再次攻击建议是基于前两项评估结论而形成的具体目标工作建议。

(2) 作战效能评估与作战方案评估。

作战效能评估是指对作战效能进行的评价和估量，包括定性评估和定量评估。作战方案评估是指对作战方案的可行性、风险度、作战效益等进行的评价和估量。

5.1.3　评估层级

作战评估发生于军事行动的所有层级，而这些发生于战略、战役和战术层级的作战评估也都是相互联系和相互依存的。

美军在战区战略、战役和战术各个层次均实施作战评估，各层作战评估的重点是不同的。图 5.1 体现了不同层级军事行动作战评估的相互作用与影响。通常，战区战略和战役层次作战评估，重点集中在作战行动的使命、效果、目标和达到终态的进展程度上，而战术层次的评估，则主要聚焦于具体任务的完成情况。各层作战评估活动之间相互联系，共同构成了一个层级结构。每一层的评估活动都与上一层的评估活动产生联系，一方面接受其指导，另一方面则为其提供支持。例如，战役层的作战评估明确了其与战术层作战评估之间的关系，其中包括两层之间信息交互的机制。在这一指导下，战术层的作战评估便可将本层的评估数据或结论报告等，通过信息交互机制纳入战役层的作战评估活动之中，从而为其提供支持。当各个层次的评估活动都能够紧密联系时，作战评估便能够取得很好的效果。

5.1.4　重要意义

作战评估是部队指挥员筹划决策、指挥控制的重要依据，对于指挥员准确掌握部队战斗力底数，及时调控纠偏作战行动具有重要意义，一定程度上影响和制约着战局走向和发展。

① 为指挥员决策活动提供重要支撑。对行动的及时准确评估，是指挥员 OODA 决策周期中关键的组成部分，它可为各级指挥员提供当前的战场态势、战役或作战行动的建站情况，以及对后续作战行动计划与实施的建议。

与通常对指挥员决策起到支撑作用的情报活动不同，评估是以作战目的为最终指向的，并对战场情报信息进行进一步精练和处理的活动，它对指挥员决策过程的支撑更加直

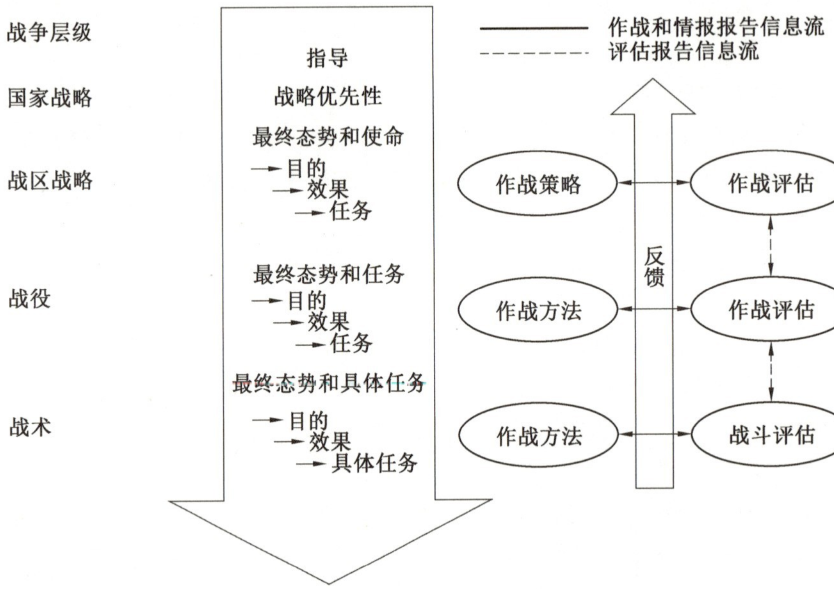

图 5.1 不同层级军事行动作战评估的相互作用与影响

接和明确(图 5.2)。

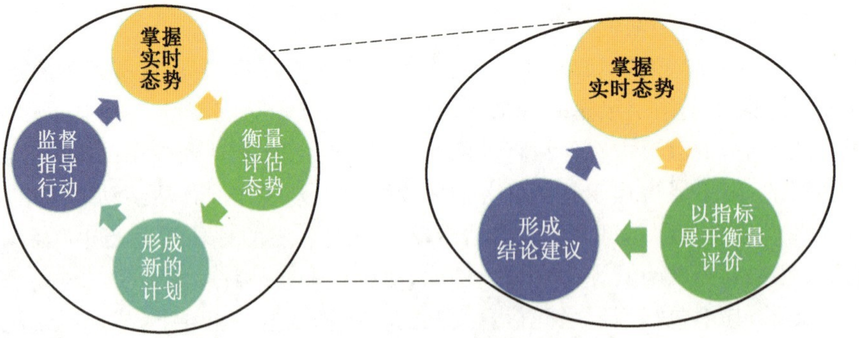

图 5.2 指挥员决策周期中的评估活动

② 促进重新建立行动的协调与同步。现代战争中,大量作战行动交织、反复展开。通常,战前精心制定的行动协同计划,在战事开展之后很快失去了作用,需要在战事进行过程中根据具体进展情况重新建立新的协同。

因此,作战实施期间,及时准确把握当前态势和各作战力量的行动进展,是协调、同步各作战力量有序高效遂行行动的必要前提。

③ 促进理解作战进程并筹划后续行动。除直接支撑指挥员的决策活动外,作战评估还具有促进指挥员及其指挥机构,以及其他相关部门和人员,持续理解和共享战场环境、态势及行动进程信息的功能。

例如,美国空军战时每日发布的“空中任务分配命令”(ATO)就是在前一天作战行动结束后,参考前一天作战评估结论及建议,于当日凌晨完成制订和发布的当日空中作战计划。

5.2　发展历程与未来趋势

5.2.1　产生背景

战争是一项最复杂、残酷的对抗性活动，随着战争行为主体对作战环境、战场和对方态势反复且不断深化的认识与理解，大量、频繁且复杂的评估活动持续、反复地进行着。长期以来，战争节奏相对缓慢，信息反馈手段有限，无法为指挥员及时掌握战争行动进展提供必要支撑，导致在信息化时代之前的战争实践中，评估活动被简化为指挥员的主观判断过程。例如，火器时代的欧洲战场上，拿破仑总是亲临一线感受战场上有限且概略的战场表象信息，以其主观色彩强烈的个人经验与直觉加以衡量，进而形成对战场态势或战局发展趋势的判断，最终做出调控作战行动的决策。直到进入以第二次世界大战为代表的机械化战争时代后，激烈频繁的战争实践才促使各国部队形成最初的作战评估理论。

5.2.2　发展历程

美军的作战评估活动起源于第二次世界大战期间，美陆军航空队在欧洲战场上对德国实施战略轰炸后，为尽快判明战略轰炸的效果而开展的评估实践。可以说，美军的作战评估理论是伴随美军日益参与全球角逐而逐渐形成的。

1. 美军作战评估发展历程

美军的作战评估发展历程可概括为：萌芽于第二次世界大战；兴起于 1961—1975 年期间越南战争、衰落于 20 世纪 80 年代末到 90 年代初的后冷战时期、复兴于信息时代、发展于伊阿战争。

(1) 第二次世界大战时期。

第二次世界大战期间，大规模空中作战、战略轰炸行动已相当成熟，为及时掌握轰炸效果，制定后续空袭行动，陆航作战计划人员开始主动听取飞行人员返航后的归询简报，并为轰炸机配备航拍装置，根据航空照片进行判定效果。"轰炸效果判定"最终演变为"轰炸效果评估"，后又演变为"战斗毁伤评估"。上述方法在实践中面临诸多难题，例如：轰炸产生的烟尘持续时间长，任务轰炸机携带的航拍设备很难在任务过程中完成对轰炸后目标区域的拍摄；而等待烟尘散去之后，由其他侦察机进行拍照，又会拉长信息反馈周期，使其很难应用于战役或战术用途。

战争中后期，美军尝试一种预先判断炸弹落点的评估方法，利用炸弹投出弹仓后瞬间拍摄的照片来判断弹着点。但应用不理想，炸弹在落地前易受气象因素影响而使判定失效。后期，为缩短评估响应时间，美军开始编组评估人员，制定相应的判读评估流程，并将各评估小组直接部署在侦察机起降的基地内。在评估结论的应用上，逐渐形成先战术、再战役、最后战略的评估模式。

(2)1961 — 1975 年越南战争时期。

麦克纳马拉入主五角大楼后，大力倡导系统分析方法，突出以数据为中心及数学化的准确性。尽管作战研究在 1961 年前已经持续了数十年，但他却将作战研究与系统分析方法有机地结合起来，直接运用于越南战争的作战评估。

首先，随着战争的推进和资源投入的增多，麦克纳马拉宣布“净评估”结束，并与其参谋团队顺势开发作战评估方法，试图基于系统的定量的思想对作战行动进行精确的评估。他们采用一种以消耗对手作战人员为中心的战略模型——实力统计法，旨在确定对手消耗速度大于补充速度的“拐点”。但由于对手消耗数量很难统计，部队与部队之间的统计方法也不尽一致，有的甚至把平民消耗也统计在内，因此统计信息极不准确。其实，无论统计准确与否，实力统计方法并不适用于反控制对手作战效能评估，其主要原因在于战略思考的根源是错误的。

其次，还有一种有名的评估工具——哈姆雷特评估系统。该系统要求每个月对1.1～1.3万个村庄逐一调查，并汇总上报数据，其初衷是为高级决策者提供有关战场上的客观情况。由于需要将部队在广大而离散环境下搜集而来的大量数据转变为可管理的评估基础，因此不可避免地忽略了每个村庄的特性，也必然导致一些关键信息的丧失。

(3)20世纪80年代末到90年代初的后冷战时期

20世纪80年代末到90年代初的后冷战时期缺乏审慎和详细的作战评估方法，原因包括：

① 对于与对手国家的冲突的可能性持续消耗了领导人的智囊，美国国防政策几乎完全建立在自己的能力和力量如何超越对手，如何遏制冲突的基础上，几乎没有考虑到一旦战事发生如何评估的问题；

② 定量评估方法在越南战争中的表现令人失望，20世纪80年代末到90年代初的后冷战时期人们更愿意综合运用实践经验、下级报告、战场数据，并围绕一套松散的指导方针来进行评估，而指挥员任务繁重，难有充沛的精力推动作战评估的发展。

(3) 信息时代。

随着信息时代的到来和计算机的快速发展，整个社会都在发生大的变革，五角大楼开始大力开发新技术以保持领先优势和霸主地位，为作战评估带来了新的视角。

① 作战理论发展：突出的是军事革命和网络中心概念对于作战评估的影响。随着军事革命的深入推进，长期以来强调的人海战术逐渐失去光华，作战能力更多地体现为速度、灵活性和精确性，同时，也使得越南战争以来一度消沉的系统分析方法重新受到重视，并被代之以“系统之系统”的方法，它强调整体大于局部之和，能够更有效率和效力地实现更高的目标。网络中心战理论的发展证明了先进的数据采集和数据处理能力有助于及时准确地进行评估。

② 基于效果作战：几乎在军事革命和网络中心战兴起的同时，出现了基于效果作战。它强调“系统之系统分析”和“作战净评估”，并将其作为行动计划的必要步骤。相应的评估框架为基于效果的评估，效用度量指标用来评估实现指挥员意图的程度，实际表现指标用来评估相关任务完成情况。

③ 北约的经验：北约在参与巴尔干战争前，并没有成熟的作战评估方法，分析人员不得不在实战中探索和试验，最终开发了一种科学的评估方法，即定性与定量的评估方法。

2. 美军作战评估发展规律

(1) 定性方法与定量方法选择上存在“钟摆效应”。

美军作战评估的发展轨迹就像一只大钟摆，要么倾向于高度量化的方法，要么倾向于松散的指导原则或指挥员的个人判断。所以作战评估实践最显著的特点之一是,评估方法要么高度强调定量方法,要么注重采取一种定性、定量相结合的更为均衡的方法,而且经常在两者之间来回变化。

1961—1975 年期间:仅靠数据进行评估,没有定性分析,出现的弊端是无法描述复杂的战场形势。

20 世纪 80 年代末到 90 年代初期间:依靠简单的定量数据结合一些定性要素进行评估,在一定程度上进行定量与定性的融合,但是难以处理复杂多变的作战评估问题。

信息时代:随着数据计算能力的极大提高,突出强调定量评估和在定量基础上的定性综合评估。

(2) 对作战评估的重视程度与作战评估需求成正比。

当政治目标不明确时,对评估的需求程度就特别高;当战况较为清晰、传统战斗毁伤评估与指挥员估计就能满足需求,作战评估不会得到重视。

1961—1975 年期间:由于当时战场中上层领导急切想要了解与清楚掌握战场情况,因此要求作战评估数据的表现形式易于理解,且要求数据支持,所以定量评估盛行,但出现的弊端是盲目追求数据支撑,评估结果差强人意。

20 世纪 80 年代末到 90 年代初期间:美军重点关注与对手国家军事实力总体作战能力的比较,实际战争作战评估需求较小。

(3) 作战评估要面向不同的受众。

对评估而言,一项主要的挑战在于理解并界定评估到底需要多少评估标准和指标,以及相关的数据,才能实现评估的预期目标,并提高评估数据收集和分析效率。

相关作战评估实践表明,过多的作战信息并不一定转换为更好的结论。因此,基于任务目的和实际评估能力,需合理确定评估流程及所需指标和数据。

(4) 作战评估常常受地方经济或商业发展的影响。

第二次世界大战期间:首次出现受经济发展影响的作战评估思想,军事经济生产的大比拼是作战评估的基础,战争的胜利以武器生产为基础,武器的生产以整个生产为基础,依赖于经济力量和经济状态,受经济发展影响。

1961—1975 年期间:麦克纳马拉大力推广曾在商业领域大获成功的系统分析方法,将战争背景、过程、结果及影响等多个方面进行流程式分解和分析评估。

信息时代:地方经济活动中盛极一时的"基于效果的管理方法"引入作战评估领域,并形成"基于效果的作战"评估条令。

5.2.3　未来趋势

美军在整个作战行动的联合计划制定和执行过程中,就如何开展作战评估工作,提出以下几方面挑战。

(1) 确保评估相关性。

作战评估涉及人员多,各类评估事务中的优先性不断调整,评估人员压力大。为使作战评估有合适的聚焦并有助于作战筹划与决策,在评估过程需满足或达成以下 3 个平行的重要目标:

① 评估团队必须主动适应作战节奏和军事作战行动处于不断变化的特性；

② 评估团队必须清楚理解本级作战评估的组织配置、评估流程和领导模式；

③ 评估团队必须具备丰富的经验基础，评估必须毫无偏私。

(2) 处理评估涉及的制度性挑战。

作战评估通常在现有指挥框架体系内展开，评估流程包含多条上传下达的信息链路，评估过程所涉及的关键利益攸关方分布于多个组织机构中。因此，在作战行动进行以及同步展开的作战评估过程中，在运用评估标准衡量行动进展、与满足不同利益攸关方的利益诉求方面，达成某种平衡至关重要。

(3) 作战评估应当适当地聚焦。

对评估而言，一项主要的挑战在于理解并界定评估到底需要多少评估标准和指标，以及相关的数据，才能实现评估的预期目标，并提高评估数据收集和分析效率。相关作战评估实践表明，过多的作战信息并不一定转换为更好的结论。因此，需基于任务目的和实际评估能力，合理确定评估流程及所需的指标和数据。

(4) 确立可信的评估基点。

战场态势极端复杂和混乱，通常难以确立可信的评估基点，或者难以分辨战场态势的变化对评估的影响。因此，需要在作战行动中尽早确立评估的基点，否则就可能导致评估数据的收集和分析需求增大，评估过程的混乱、失序和脱节。

(5) 作战评估应以衡量行动与效果的相关性为主，而非两者间的因果关系。

评估结论应谨慎且准确地阐述当前行动及其所导致的作战环境和态势的变化，通常这种多种变量和因素相关，因此某个因素或变量的变化并不意味着行动效果的某种变化。

(6) 收集和汇集评估数据。

如何高效地收集和汇集评估数据还存在一些挑战，包括：判定数据收集方法、判定收集的数据的质量和可靠性、判定数据积累的合适水平。

5.3 作战评估的方法手段

未来战争将是复杂体系之间的对抗，无论是战前的作战筹划，还是战中的实时规划，抑或是战后的总结评价，都会涉及包含人员、武器装备、阵地以及作战活动产生的海量数据信息。如何利用这些海量数据信息进行某一次的评估，一直是国内外学者关注的重点。美军依托其全球指控网络，在由底层、中层以及用户层组成的工具体系中嵌入相应的评估功能模块，并在实战中得到检验。

美军认为，信息化局部战争背景下的大规模作战行动，其评估必然需依托信息化、智能化工具，密切依托指挥信息系统构建适应当前及未来需求的评估工具。如此，才能高效分析处理作战中的海量评估信息，形成满足指挥员决策时效性要求的评估结论，进而嵌入指挥员决策周期并融入战中筹划，优化后续行动。经数十年战争实践检验，美军依托其全球指挥控制网络，在各类作战功能软件中嵌入了相应的评估功能模块，并运用于实战之中。

(1) 底层打造高效的评估信息数据库。

美军各级指挥机构评估团队所属的情报分析组及相关专家,首要任务是监控信息系统对收集到的大量情报信息进行高效管理和提取,提取其中可用于评估(供各级形成毁伤评估报告)的信息。美军信息化指挥控制体系最底层的作战数据库管理和通信软件系统包括:现代综合数据库(MIDB)、联合全球情报通信系统(JWICS)、全球指挥和控制系统(GCCS)、保密互联网协议路由器网络(SIPRNET)等加密网络信息系统,它们是各类作战软件和评估模块运行的基础。

① 现代综合数据库是美军全球作战行动所依托的一般军事情报数据库,全球美军(及盟国部队)都可通过保密网络查询访问此数据库。用于评估时,评估团队可通过它获取大量最新的目标原始信息(图片、文字信息等),如此在完成对目标打击并获得打击后的图片后,即可对比该数据库中同一目标的原始图像。

② 联合全球情报通信系统是构成美国国防信息系统网络敏感分类处理信息系统(SCI)的一部分,它融合了先进的网络技术,允许点对点或多点间信息交换,可处理语音、文本、图表、数据和视频电话会议。

③ 全球指挥和控制系统是美国国防部为联合和多国部队在全球范围内遂行任务所运用的指挥控制系统。该系统的通用作战图功能能够连接并融合多类传感器系统及不同情报源的信息,为作战部队提供其遂行任务所需的态势感知。

④ 保密互联网协议路由器网络是美国部署在全球范围内的加密网络,它使用高速互联网协议路由和高容量国防信息系统网络,为各类系统提供基础性网络链接。

(2) 中层实现各软件评估模块的互通。

在具体作战指控软件层面,美军各类作战指控软件中都集成有评估模块,各类作战部队在运用这些软件时,可通过底层的通信及基础数据管理系统,调取基础评估信息用于本级评估活动。这类系统包括:战区战斗管理核心系统(TBMCS)、联合目标工作工具箱系统(JTT)、自动纵深作战协调系统(ADOCS)和信息工作空间系统(INFOWORKSPACE)等。

① 战区战斗管理核心系统是战区空中作战中心(AOC)所运用的自动化战管系统。空军作战行动的评估主要运用该系统内置的情报功能模块,实现对大量空中作战行动的实时跟踪与效果评估。

② 联合目标工作工具箱系统分布嵌入于战区各军种、各联合部队司令部的各类作战信息系统中,可支持国家、战略、战役和战术层次上的目标工作和作战行动。评估人员可利用该软件,整合多种目标及情报信息来源,快速接收、关联、操作、显示和分发与目标相关的情报数据,并将处理后的信息应用于作战计划制定、任务执行及评估过程。

③ 自动纵深作战协调系统是一套联合任务管理软件。可为活跃于战场空间内的各类力量(纵向各级指挥机构、横向联合部队和机构)提供一整套实现作战协同的人机交互接口。如地面部队进攻时,空中支援部队可自动跟踪地面部队行动,甚至可在无须指引的前提下,为地面部队摧毁遭遇或即将遭遇的敌方目标。

④ 信息工作空间系统是一套外源性协作性情报信息系统,可在只能由美军使用的保密互联网协议路由器网络上运行作战毁伤评估功能,并允许与其他作战应用软件进行密

级语音和数据的协作共享，以及与其他非军方美国政府机构之间完成信息传输。在开展评估时，可利用该系统进行协作式评估，如获取中情局的天基图像情报。

(3) 用户层评估系统同作战平台兼容。

在战役级指挥机构评估团队的用户终端，美军主要利用现有的情报融合、同步和管理软件，完成战术级评估信息和结论的汇总和管理，提供作战评估团队在此基础上形成战役级作战行动的评估结论。这类软件及系统包含：情报全源分析系统(ASAS) 及情报收集资源整合、同步及管理计划制定工具系统(PRISM，"棱镜" 系统)。

① 情报全源分析系统是由一系列计算机软硬件和相关可靠通信系统、工作站组成的信息数据系统，它可为各类军方用户提供无缝的多源情报融合与分析服务。评估团队可利用它抽取特定的评估情报信息进行分析，并在系统辅助下进行情报关联和融合。

② 情报收集资源整合、同步及管理计划制定工具系统是战役级评估团队常用的信息收集管理工具。评估团队可通过该软件查询特定时段内所有图像信息收集成果，并通过它向其他系统请求某类图像情报。该软件通常可由战术级部队的评估团队在运行自动纵深作战协调系统(ADOCS) 的环境下使用。

(4) 未来实现分布式集约化评估功能。

采用分布式的配置模式，实现信息化作战评估功能，可能源自以下因素。

① 组织编制上的原因，美军采取临时编组评估团队的模式，平常不设评估团队，因此缺乏设计相对独立的评估系统的需要。

② 评估活动自身特点的原因，与其他指控活动的高度关联性和依附性，决定了单独以评估为聚焦设计独立的软件系统，可能会割裂其与其他指控活动的联系。

③ 传统和习惯的原因，美军自 1975 年后的几场局部战争中才系统性地展开作战评估实践和理论研究，因此其评估功能长期处于分散、独立发展的状态。因而在评估活动、功能仍未完全成熟的初期，独立构建有它的合理性。

思考题

1. 如何理解战略、战役和战术层级的作战评估之间的相互联系和相互依存关系？
2. 如何从美军作战评估发展历程中更好地总结作战评估的发展规律？
3. 从美军作战评估的工具手段发展与融合中会有什么启示？

第 6 章　作战评估理论

现代战争具有高度复杂性和不确定性，作战评估的重要性日益凸显。本章将结合美军作战评估理论，围绕以下几方面进行介绍，主要包括作战评估框架、作战评估指标、指标权重确定，以及指标标准确定等问题。

6.1　作战评估框架

在美军的评估理论中，作战评估框架(operational assessment framework)被定义为："作战评估的概念化体系构架，用以组织评估团队及其他各参谋业务团队在作战过程中持续实时掌握、理解作战环境与行动，高效组织评估信息的分析和衡量，并及时向指挥员提交相关评估建议"。作战评估框架是制定并执行作战行动评估计划的基础性概念构架。

6.1.1　作战评估框架简介

作战评估框架主要发挥 3 项功能：组织评估数据、分析评估数据、向决策指挥员提交相关评估建议。在这些评估活动中，评估团队结合特定任务的具体特点，运用不同的评估方法，确保评估框架的高适应性。显然，这种适应性需要评估团队理解为实现本级行动任务和效果的实现，指挥员需要如何及时做出何种决策。尽管从整体上看，作战评估的方法本质上仍是定性的(越往战术以上层次越是如此)，但在具体实施时仍应综合平衡地运用定性和定量的分析方法，支撑并形成评估结论。具体而言，作战评估框架的 3 项功能如下。

(1) 组织评估数据。这一阶段的评估活动，可根据行动最终态势、行动阶段或地理因素等维度(即行动的目的、时限和空间维度)，对大量评估数据进行分组。有时也可结合态势和行动特点以其他标准划分分组数据，以便于评估团队后续对评估数据做进一步运用。要谨记的是，评估时的各个效能评估指标、执行评估指标、关键质疑或其他评估衡量标准，都会指引评估活动向特定信息、数据聚焦，随时回顾审视这些指标、标准，有助于确保评估活动的展开。评估期间，评估团队的人员需要记录某种待检视的行动效果，将为什么及如何通过某些指标、标准及关键质疑体现出来，这些效果一旦达成将有助于生成预期的最终态势及最终效果。评估团队对大量且繁杂评估信息数据的高效组织管理，将帮助指挥员及团队人员更清晰地理解它们之间的相关性和局限性，以及运用这些信息数据衡量行动进展、效果时所潜藏的逻辑，进而全面支撑高效的评估活动。

(2) 分析评估数据。完成评估数据的组织和有序化后，评估团队必须研究和分析这些数据所暗含的意义。对数据的分析过程，致力于探索和明确作战行动未来发展的趋势和变化，以及作战行动未来的发展轨迹。可能时，评估团队应综合运用定性和定量分析的方法，借助其军事职业判断能力，处理经组织化的评估数据，寻求回答基础性的评估问题，进而将其融入相关的全局性的评估产物中。

(3) 向决策指挥员提交相关评估建议。指挥员应就如何呈现评估产物提供其指导。形成的评估产物应简洁和清晰，同时需防止过度的简化。评估团队必须确保评估产物中所有的图、表清晰无误。要注意，简化的评估产物虽易于实现，但同样也具有丢失其中含义或导致事件之间逻辑关系被隐含的风险。评估产物呈现的方式，并非分析或评估技巧，它只是将评估结论和产物呈现给指挥员的一种方式，其效果发挥有其自身的逻辑。

6.1.2 作战评估框架的功能

运用作战评估框架体系，并不意味着指挥员一定能够通过评估过程，精确地判定军事行动的结果。评估框架实际描述了整个评估过程的三项主要功能划分。

1. 组织评估数据

对评估数据的组织和管理，是成功展开评估活动的基础性工作。在任务分析和行动方案制定期间，评估团队将持续获得对作战环境、作战方法和指挥员意图(实施行动的逻辑)的理解。基于这些理解，指挥员及其评估团队进而制定各类效能评估指标和执行评估指标，拟订评估指标要解决的关键质疑和其他作用以反映指挥员预期行动最终态势的评判衡量标准。这些指标、标准和质疑将作为后续评估展开后收集评估信息数据和修订评估计划的基础。至于大量具体评估指标，则是行动中实际收集的评估数据，用作与各种评判衡量标准进行对比和分析，以及回答评估中的质疑。

(1) 评估数据有效性检验。

组织管理评估数据工作的部分内容，在于解决一些评估数据的有效问题。在处理评估数据有效性时，一项经验性的方法是回答以下有关数据的质疑，“这些数据是否具有可收集性、可衡量性和相关性”。从可靠且可信的信息源收集评估数据，并且标出(剔除)其中明确有误的数据。例如，情报界就制定有用于审查情报数据准确性的标准流程。北约颁布的《作战评估手册》中，明确了核实评估数据的5个步骤。

① 数据剖析：检查剔除存在明显错误、矛盾、不连贯、冗余及不完整数据的信息。

② 数据质量检验：检验经剔除后的数据，应特别重视预期关注范围之外的数据。

③ 数据综合：匹配、合并相关数据，并将不同来源的信息与其来源关联起来，深入分析和理解独立来源的数据，以便从不同角度理解行动趋势。

④ 数据扩充：提升评估数据容量，充分整合利用来自内源或外源的，但并未包含于最初数据分析或收集计划中的信息。

⑤ 数据监测：着眼于行动进展及时补充数据，以确保随时间流逝评估数据的完整性。

评估团队也应采用类似方式严格审查评估所涉及的所有数据信息，评估产物必须使指挥员意识到这些数据所代表的意涵、计划中的假定、限制性因素及其可用性。基于评价衡量数据相关性的流程，这些数据中可能相当部分与行动计划制定之初拟定的效能评估指标、执行评估指标、重要质疑和衡量标准相关；因而需要对在评估活动中持续涌入的评估数据进行高效的组织管理，修订或剔除评估计划中所涉及的相关数据。

(2) 评估数据的管理维度。

与作战环境相关的评估数据，可根据行动最终态势、行动阶段或地理因素等维度(即行动的目的、时间和空间维度) 进行组织和管理，或结合其他维度(视角) 对数据进行管理。

① 从目的维度组织数据。军事行动的目的(意图) 内蕴于指挥员预期的最终态势条件中，行动的计划团队通常会在其行动计划和作战命令中，以明确关键具体任务、行动目标等方式(图 6.1)，来分解并体现预期的行动最终态势。图 6.1 显示了在评估中所运用的效能评估指标(measures of effectiveness，MOE) 和执行评估指标(measures of performance，MOP) 的逻辑关系，两类指标都与指挥员的最终态势相关联。评估期间替代和新增的效能评估指标和执行评估指标，及相关关键质疑或其他衡量标准也适用于此图，且图中最终态势可视作计划团队分解任务的起点，以此出发将分解细化出一系列行动目标和具体任务。

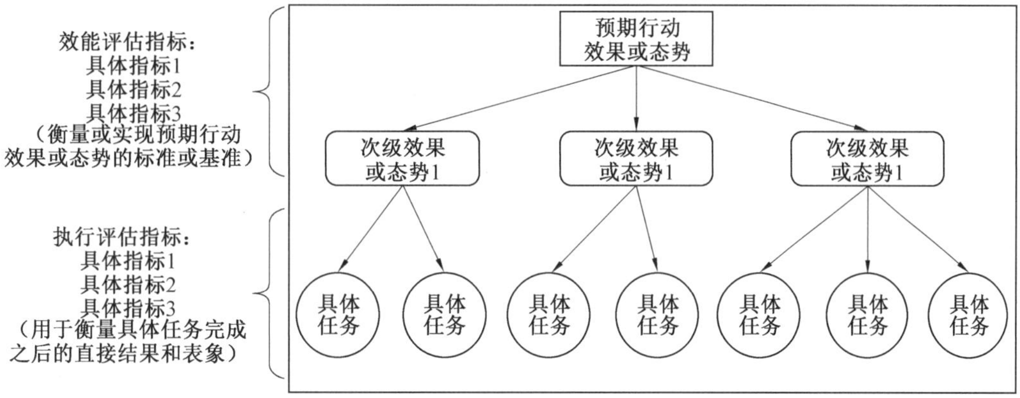

图 6.1　通过行动最终态势组织管理评估数据信息

注意：执行评估指标及支撑它的具体指标通常可被视作具体战术任务的完成标准，因此，并不能像阐述行动效果那样表达。

② 从时间维度组织数据。计划团队通常将作战行动划分为数个阶段，并以时间、行动目的或阶段性的最终态势作为总体阶段划分的参考。在此情况下，评估团队将从行动时间角度，分层级、序列化地组织管理各类数据。按行动阶段组织管理评估数据，可能也反映出战场上特定阶段多个行动目的或最终态势的并行实施情况，并确定用于描述行动进展趋势的手段。图 6.2 所示即为与特定阶段最终态势、行动目的及具体任务紧密相关的效能评估指标和执行评估指标。评估期间替代和新增的效能评估指标和执行评估指标，及相关关键质疑或其他衡量标准也适用于此图。

③ 从空间维度组织数据。特定的地理区域也可用于划分、组织和管理评估数据，联合作战区域内的不同区域，尤其是其中被视作重点的地理区域，可作为组织管理评估数据的一种依据。图 6.3 所示即为以地理区域组织管理评估数据的例子。

注意：上述三种组织管理评估数据的方法是相互补充的。在图 6.3 描述的例子中，一些以区域划分的评估数据集，也可以按时序标准对其进行划分和管理，综合运用几种方

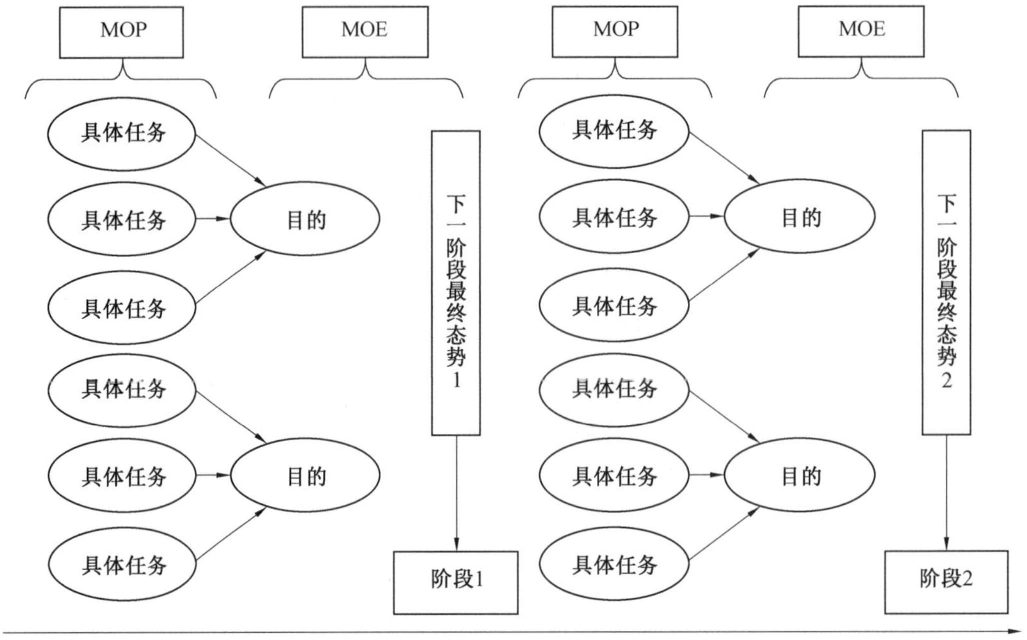

图 6.2　基于行动阶段且配合时序的评估数据管理

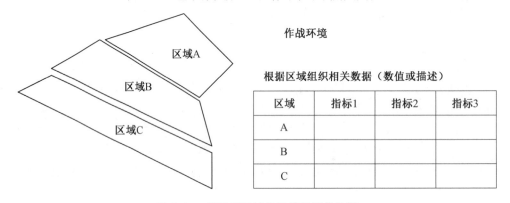

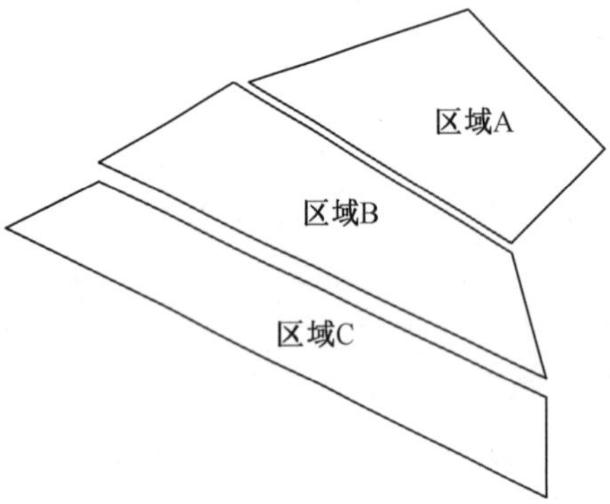

作战环境

根据区域组织相关数据（数值或描述）

区域	指标1	指标2	指标3
A			
B			
C			

图 6.3　以地理区域组织管理评估数据

式，使评估活动更方便地展开。

(3) 评估数据组织管理的注意事项。

在评估活动中组织管理评估数据时，需要考虑以下事项。

① 不要以“评估数据的获得性”，来决定如何组织和管理评估数据。

② 组织管理评估数据时，不要陷入以下误区，即衡量评价哪些“可能”用以评估的数据；相反，“需要”衡量评价的数据更需要组织和管理。

③ 不要忽略那些难以获得，但却必须获得的评估数据，甚至在计划制定过程中就应尽早向指挥员报告此类数据的获得性问题。如果仅仅因为这类数据难以获得，而未能分配合适的信息收集资源，将会使评估的质量置于风险之中，而指挥员也需要决定是否接受此类风险(即不匹配相应的收集资源)，或者重新分配收集资源，再抑或调整评估计划。

无论选择何种特定的方法(或视角) 来组织和管理评估数据，评估团队明确其组织管理的评估数据并调整相应的评估框架仍非常必要。评估团队必定会基于某种原因或逻辑来组织管理大量数据，在其提交的正式评估计划中必须明确针对各行动的评估，如何组织管理相关的评估数据。根据以往评估实践的经验，正式的评估计划（以及其中的评估数据组织管理逻辑）通常会因任务部队的轮值部署而被忽略，因此在评估计划文本附件及作战命令后附的评估附件中，记录相关的原因和逻辑有助于减少这类风险。

2. 分析评估数据

完成评估数据的组织和有序化后，评估团队必须研究和分析这些数据所暗含的意义。对数据的分析过程，致力于探寻和明确作战行动未来发展的趋势和变化，以及作战行动未来的发展轨迹。评估团队借助其军事职业判断能力，通过下列评估所必须予以解答的问题，分析判断当前行动发展趋势能否实现预期最终态势、达成行动目的、实现决定性的行动终止条件，以及获得预期的行动效果。

（1）发生了什么？

（2）为什么会认为（某种趋势）将会发生？

（3）行动未来发展趋势可能带来的机遇和风险？

（4）对此需要如何应对？

为了明确行动的发展趋势和变化，有必要从这些数据中选取那些可能表明形势出现变化的数据信息，这些代表着变化的数据是现实作战环境演变的结果（由持续的监控获得），而非收集数据中无意义的信息“噪声”或“变异”。上述每一个问题都有可能有多个答案，显然评估团队在评估分析区间必须区分各个答案间的优先次序。现实情况中，一些问题还可能无解，评估团队应整理各个问题的不同答案，并将其列入最后提交的评估报告中，以便周知通报各参谋业务部门和行动参与机构，帮助各行动方面聚焦于实现指挥员预期的行动结束状态。

在进行数据分析评估时，应注意以下考虑事项。

（1）在考虑有关执行评估指标的数据分析时，应质疑“我们是在以正确的方式完成任务吗？”的问题。对于各个执行评估，评估团队应运用其专业判断考虑此问题，并基于观察和监控行动以及收集的有关行动评估数据展开分析，进而形成各具体任务完成程度，以及行动中是否存在差距（与预期的具体任务完成度相比）的结论。如果当前行动的效果与预期存在差距，评估还应对为什么会出现此差距给出解释，以及建议的补救措施。

（2）在考虑有关行动效能评估指标的数据分析时，应质疑“我们是在完成正确的任务，以实现作战环境的预期变化吗”的问题。对于各个效能评估指标，评估团队同样应基于其专业经验和技能做出分析判断，并基于行动的结果和收集的评估数据，阐述行动实现指挥员预期行动终止条件的进展程度，包括预期的行动效果和行动未来完全成功所可能面临的障碍。其间，还应解答以下质疑：

① 行动中存在的问题（未达预期）或当前行动状态与预期状态的差距是什么？

② 为什么会存在这样的问题或差距？

③ 是否存在某类评估数据或信息，如果出现的话，就意味着行动中出现了某类问题或出现与预期的差距？如果存在这样的数据信息，通常需要后续研究或收集，以判定其确实存在性。

(3) 由于人的主观意识总是自然地倾向乐观或悲观，因此在评估时要注意那些反对性的意见，或是通过刻意地倾向于悲观的方法，克服评估中倾向于乐观的偏见。如果评估可用时间较为充裕，可再从乐观角度重新评估一次，并调和两个角度的评估结论。

(4) 尽管一些用于分析的数学模型可能在一些数据分析应用中有所助益，但这类完全逻辑、理性化的分析工具完全可能会错误地忽略现实战争的复杂性。单独运用此类模型无法描述复杂的、非结构化的作战环境，因而在应用时必须将更多支撑性的背景因素一并考虑在内。无论如何，作战评估中应用数学模型和量化工具，并不意味着能得出确定的量化评估结论。因此，评估团队在分析数据时不应强求使用数学模型或其他量化评估工具，除非这些模型、工具已经科学检验适用于当前的作战环境。例如，在遂行类似稳定行动这样的军事任务时，行动效能评估所面临的最具挑战的问题，就在于评估的准确性。评估团队在寻求量化分析与各种社会现象相关的数据时，尤其应谨慎。在分析研究这类数据时，通常需要采取稳健的统计学方法以及相关专家的解释，这可能更有意义。因此评估团队应运用其所有可能获得的专业技能、信息，甚至来自民事领域的主题专家，以处理与稳定行动相关的效果评估活动。在这类军事行动中，评估中的定量数据或结构可能是有益的，但如何解释这些定量化的数量和结论则是个问题。

3. 提交和通报评估建议

指挥员在组织指挥作战行动中拥有大量情报信息来源，用以支援其决策活动，这类信息也包含评估产物。明确和简洁地将评估结论周知通报给需求部门，即使通报的评估蕴含有足够的信息，又不致包含过多细节，对评估团队而言是具有挑战性的任务。

评估报告所撰写的内容并非评估本身的过程，也并非用于分析的那些信息数据，而在于得出的评估结论和建议。一份构思完善的作战评估，应清晰地分析作战环境的变化，以及部队在任务执行中的效能。尽管评估结论中可能包含大量精确的数据，但它们本身并非评估结论描述的必要组成部分，因为指挥员并不需要关心每个指标的细节。评估参谋团队有责任组织汇集数据，对其进行合适衡量分析，并从中归纳规律结论，最后准确、简洁地将其分析的评估结论、建议表达出来，通报给相关指挥员用以决策。

(1) 计划提交和通报评估结论的注意事项。

评估结论并非只供指挥员运用，评估团队还应监控并分析作战过程及作战行动节奏，以确定其针对战场态势的合适评估时间间隔，以便评估团队周期性地形成评估结论，更好地支持行动的计划制定、作战调控和指挥员的决策。确定通报评估结论和产物的方式、时间间隔，需要基于评估结论的形成并考虑指挥员个人的偏好。

指挥员的指示和指导，通常会影响提交评估评论的方式。如果因为指挥员个人对评估结论信息的理解及其做出决策的方式，以及因为评估产物传递过程存在的缺陷或不连贯，致使评估结论无法发挥其应有的效用，那么所有评估过程和结论都是无用的。因此，根据指挥员个人的决策习惯以及整个作战行动的筹划组织活动节奏，建立合适的评估产物反馈机制非常重要。

(2) 可用于评估活动的其他参谋业务产物。

在评估团队报送和周知其评估结论和建议时，指挥机构各参谋业务团队应努力使其工作相互配合、协同增效，如此就能尽可能地消除不同参谋业务部门之间可能存在的冲突和重复工作。经报送和周知的评估结论，还可作为传达和共享当前行动态势的中介，确保各参谋业务部门保持对最新行动态势的统一认识和理解，便于支持指挥员的决策活动。期间，潜在可用于评估活动的其他参谋业务产物可能包括如下 7 项。

① 参谋评估(staff estimate)。尽管通常并不需要各业务参谋部门就其本业务领域的评估报告做简报，但此类作战计划于组织期间生成的文书，仍较适合用于解答指挥员的相关疑问。在根据其业务范围之中获得作战评估报告相关部分的通报周知后，各参谋部门的主要任务可能就包括根据评估报告和建议，撰写本业务范围领域内的参谋评估文书。

② 作战环境联合情报准备(JIPOE)和优先情报需求(PIR)。由于作战中各类情报产品直接与各决策点相关，因此在拟制作战评估产物时获得的相关情报评估简报，将为得出作战评估结论添加必要的背景和支撑。例如，优先情报评估，应包括满足各类不同优先级情报的收集进展情况。

③ 目标工作周期结果和联合统一排序目标清单(JIPTL)。目标工作结果，将为那些通常无法参与指挥机构内作战行动组织筹划活动与事件的相关人员，提供了解战斗性和非战斗性军事行动总体背景及情况的机会。作战评估团队更需要借鉴并参考目标工作团队制定的联合统一排序目标清单，将使其更全面地审视行动与任务中涉及的目标，以预期行动目的为基点并根据目标排序清单中各类目标的权重情况，建立并调整其评估工作的优先次序。

④ 指挥员的计划指导和作战方法。尽管通常而言，这类指导性作战文件并不会被简报周知，但作战评估团队仍应将指挥员的计划指导作为其较易获得的评估参考。而重视检视作战方法，将为评估团队提供审视其评估工作的方向，以确保其作战评估和指挥员指导构筑于预期的行动最终态势之上。

⑤ 其他利益攸关方和关键的赋能方。这类行动参与方或人员通常并非每天值守在指挥机构内，但对作战评估而言，他们的意见和参与将使评估团队了解其关切的内容，增进多方对话，进而为消除各方面分歧提供机会。

⑥ 下级部队指挥员。下级部队指挥员周期性地参与作战评估团队的工作有助于增进基层部队与指挥机构之间的对话，并通过确保在汇集评估数据过程中关键信息和细节不被误读，减少因认识和理解偏差而导致潜在的不确定性。参与的频次通常取决于评估周期的情况，或由上级指挥员确定。

⑦ 军事信息支援行动(MISO)和媒体。在大众传媒、自媒体时代，军事信息支援行动和媒体行动塑造着作战行动。因此，对于实现战争各个层级的预期目的而言，在如何解读军事行动方面占据上风，非常必要。

(3) 计划提交和通报评估结论呈现的形式。

评估结论最终应在指挥员的决策中得到体现，如果没有指挥员的决策和后续的行动，任何评估都将毫无价值。作战评估人员可运用多种方式向上级提交其评估结论和信息。

参谋团队选择的与指挥员的沟通交流的方式，将取决于他们要呈现的信息和指挥员本人决策的偏好。无论何种方式(PPT 简报、口头汇报、文字材料报告等)，评估产物必须简明、清晰，但同样不应过分简化。要注意，简化的评估产物虽易于呈现，但同样也蕴含着丢失其中含义或导致事件之间逻辑关系被简化、隐含的风险。

评估结论产物及其呈现形式，必须谨防各种偏见，如那些指挥员、参谋团队和评估团队所经常带有的偏见。此外，还需避免一些常见的偏见，如那些“万金油”似的结论、(群体认定）应正确的答案、上级不愿意听到的结论、过分乐观的结论等。

6.1.3 作战评估的步骤

作战评估流程与作战计划制定和执行同步展开，图 6.4 所示为作战评估步骤。作战评估对明确作战界定作战任务、目的和结束状态发挥着支持性作用，并且还可为参谋团队优选、明确作战信息和情报需求（包含指挥员的关键情报需求）提供一种方法，这类信息都是指挥员决策时最具有支撑作用的信息。

1. 明确信息和情报需求

在联合行动计划制定期间，当参谋团队明确了行动的终点（即指挥机构预期的行动结束状态、行动目标、效果和具体任务）时，作战评估工作亦启动了。接着，评估参谋团队将进一步明确用于评估的相关信息和情报需求，这类信息是团队理解作战环境、衡量行动向着预期行动目的达成程度所必需的。例如，评估团队需要大量信息（背景数据）理解战区气象等环境情况，计划的行动将如何更好地被遂行等，如作战环境特定方面出现变化，他们也需要相关情报信息加以解读。

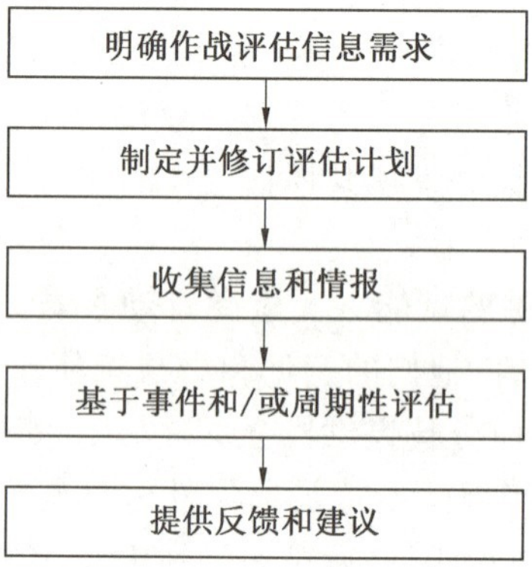

图 6.4 作战评估步骤

在任何一类行动或战役中，清楚地认识和理解行动的预期结束状态，对于评估团队对当前行动的进展的衡量和评估至关重要。如果最初未能明确界定行动结束状态，可能导致后继行动的计划和评估难以聚焦。就评估而言，这将导致下列结果，任务部队的行动效能难以界定，进而导致增加浪费行动时间和资源以及难以更高效地完成任务的风险。为了应对这些问题，相关参谋团队在行动计划阶段，就应明确行动的目的、效果和分解后具体的多项任务。这类可有形的行动筹划行为，及其相关产物应被转化为作战评估所需要的信息和情报需求，进而融入作战评估之中。

在制定作战行动计划期间，对行动（意图、目的）的基本理解有助于指挥员及其参谋团队合理地设定行动的目标，若有需要，还可帮助指挥员及其参谋团队设定预期的发生于作战环境内的战场态势变化速度，并界定行动成功或失败的门限标准。这能够令指挥员及其参谋团队聚焦其情报和信息需求，以回答此类与计划预期执行结果相关的特定问题。

随着行动计划流程的展开，计划参谋团队开始设定制定具体的任务以及通过遂行这类任务所欲达成的目的，同时明确他们所期盼发生的态势转变。精确界定的行动目的，将确定一个单一的预期行动结果或目标，这直接或间接地与上级指挥员及其指挥机构所预期的行动目的或结束状态相联系；行动目的应该是指向性的、毫无歧义的。同时，为便于发挥下级指挥员的主观能动性，并不会明确时限行动目的所需采取的措施、方法和手段。

作战环境中的一些非军事方面的因素，可能在某些军事行动中至关重要。来自其他非军事机构、作战部队或下级指挥机构的信息，可能被评估团队用于聚焦解决作战环境中涉及部分非军事因素间的关系的问题。在解答这类问题时，可能并不总需要指挥员或参谋团队以明确的"因果律"，来界定任务部队行动与作战环境的某种变化之间的关系。当然，理解作战环境中的一些非军事因素与作战行动之间的因果关系，可能也会有助于评估团队洞察当前行动、任务的意义，并在指挥机构内部共享他们对作战环境及其变化发展趋势的认识。

作战评估过程中提出的各类问题，不仅有助于其他参谋部门明确其当前对行动和环境的认识，与欲实现预期行动目的所需具备的认识的差距；可能也有利于衡量已收集获取的信息与情报的价值。对下级单位而言，评估中的质疑以及为解答这些质疑所做的努力，可能还会减少本级对下级部队或机构的冗余、陈旧的情报上报需求。某项信息或情报需求，既可能是定量性质的(即某个数据信息)，也可能是定性的(即某项任务或事件的进展情况)，但无论何种性质的信息都应要解答隐含在其之后的问题。无论何种情况，所确定的信息或情报需求显然都与预期的行动结果相关。

2. 制定并修订评估计划

在整个联合行动计划制定和实施过程中，相关作战评估计划的制定和修订是并行同步展开的，而计划的制定和修订过程亦相互补充和增效。在行动计划团队明确行动欲达成的目的和效果后，评估参谋团队开始制定评估计划，其中包括评估信息、情报收集需求和相关收集职责。评估团队的评估计划制定和修订，亦会得到作战环境联合情报准备、相关参谋评估的支持，并在整个行动方案制定和选取期间持续展开。作战评估计划的制定是整个指挥机构各参谋业务部门共同努力的结果，还包括其他关键的评估参与方，以便制定出更为完善的评估计划。

一份成功的作战评估计划，基于明确行动的结束状态，行动欲实现的目的、效果及据此分解的具体任务。作战评估计划应将评估所需的信息和情报需求与特定合适的评估标准和指标联系起来。计划中将包含一套评估数据收集计划，该收集计划应阐明各类数据收集时的职责等。数据收集计划还应明确各参谋业务部门在分析信息数据、拟制所需的建议和评估产物时的职责；数据分析阶段涉及的参谋部门协调需求，以及评估产物提交事宜等也都应体现在此数据收集计划中。

3. 收集信息和情报

在行动展开期间，联合部队指挥机构依据数据收集计划和明确的上报程序，收集关于作战环境、任务力量行动等用于评估的数据，这通常也作为其指挥和控制活动中的一部分。通常而言，本级指挥机构参谋团队和下级指挥机构，以常规的时间周期收集提供关于计划执行的信息数据。其中，情报参谋团队提供关于作战环境和作战行动影响（效果）的信息，提供的时机既可以是周期性的，也可以由（指挥员）决策需要随时触发提供。依据作战评估计划，作战评估团队将为计划、作战和情报参谋团队判定决策点触发时机是否出现提供协助，并综合协调跨各参谋业务部门的评估活动。

4. 基于事件和／或周期性评估

通常，作战评估区分为两种具体的评估类型：基于事件的评估和周期性评估。指挥机构通常在作战行动的全过程展开这两类评估活动，特别是在平叛行动和稳定作战行动等这类持续时间更长的行动期间。

（1）基于事件的评估。

正如其名称所暗示的，基于事件的评估由作战环境中的特定事件所驱动。这类作为驱动的事件既可能是已计划的，例如作战计划中明确的决策点或遂行某项任务后的结束状态；也可能是非计划的，例如作战责任区内爆发的需要实施人道主义救援军事行动的自然灾害。在计划事件的情况下，参谋团队应持续监控作战环境，以判定作为触发评估的事件是否即将发生或已经发生。一旦判定事件发生，评估团队应立即运用已有数据信息展开评估，并提出相关建议。相对地，对于计划外出现的需要评估的事件，评估团队应在事件出现后展开评估，分析作战环境中的变化，包括当前采取行动后可能导致的效果，并拟制相关建议提交指挥员。指挥机构应随时准备好展开计划或非计划的基于事件的评估活动。通常，基于事件的评估可用于支持以下类型的决策活动：

① 作战阶段的转化；

② 分支行动计划和后继行动计划的执行；

③ 作战力量和资源配置的调整；

④ 调整作战行动；

⑤ 修订行动命令、目的和结束状态；

⑥ 调整和修改欲实现行动效果的优先级；

⑦ 调整指挥关系和指挥体系；

⑧ 修订行动策略（如调整战术、技术和程序，或行动交战规则）；

⑨ 修订行动的战略指导。

（2）周期性评估。

周期性评估通常以固定的时间间隔展开，以明确联合行动力量执行行动计划，实现预期结束状态的进展情况。当前存在着多种可行的方法，可用于汇集、分析关于作战环境的信息数据，生成周期性的作战评估文书。理解几次周期性评估文书中相关因素的变化程度，将有助于参谋团队更好地把握行动态势，充分考虑行动中风险的变化情况，进而协助指挥员做出决策。周期性评估还可帮助参谋团队预判涉及当前行动的决策点是否正在来临。周期性评估的间隔时段，将取决于指挥员的决策需要、作战节奏和作战环境的具体条件。周期性评估也可与基于事件的评估活动结合起来，而且两类评估活动应避免相互隔离独立地展开。

5. 提供反馈和建议

执行任务期间，指挥员和 / 或参谋团队可能会认识到作战环境中的行动结束条件也许并不能反映出事前行动计划中所预设的结束条件和背景。基于当前的对作战环境的理解，参谋团队能够评估当前作战力量和资源配置的效果，判定现有行动计划所遵循的一些前提假定是否仍然有效，判断现有的行动目的是否正在被实现，或者判定计划中的决策点是否已出现。基于这些分析和判断，参谋团队就可能明确行动完成过程中的风险和挑战，或是发现加速任务达成预期效果的战机。

行动执行过程中，各类参谋团队在作战评估团队的支持下，可能需要基于最初在作战评估计划中设定的评估结论和建议指导，制定相关的综合性建议报告提交给指挥员。作战评估报告使指挥员及其指挥机构认识到作战环境内当前作战行动的现实与行动发展的预期结果之间的差距，向上级指挥机构提供关于当前作战行动进展的说明，评估联合作战力量影响当前作战环境的能力，以及在多国联军作战环境下向他国伙伴通报、周知行动进展。

通过作战评估，参谋团队得出的关于当前战局发展的具体结论，包括行动实现预期结束状态，行动力量和资源的部署配置调整，之前行动计划得以成立的基本前提假定的有效性，以及决策点等重要事宜；将进而促进其形成关于当前行动是否继续实施，以及分支或后续行动是否需要修订。就达成行动的最终目的而言，通过广泛通报周知相关指挥员和部队，建议将提高当前作战行动和行动计划的执行效果，建议可能涉及的方面包括：

① 更新、修订、添加或移除行动计划得以构建的前提假定条件；

② 不同行动阶段间的转换；

③ 分支行动计划或后续行动计划的执行；

④ 行动资源配置；

⑤ 调整当前作战行动；

⑥ 修订行动命令、目的和结束状态；

⑦ 调整和修改欲实现行动效果的优先级；

⑧ 调整支援指挥机构；

⑨ 修订决策点；

⑩ 调整或修订作战评估计划。

6.2　作战评估指标

就评估本身而言，作战评估活动包含三项基本要素（评估主体、评估客体、衡量指标或标准），其具体展开分为两个阶段（首先明确比较、评价的主观或客观标准或指标，其次由评估主体展开主观的衡量与判断）。其中，各类评估指标要件的确定，是后续所有评估活动的基础。

6.2.1　作战目的与效果

作战目的是明确界定的、决定性和可实现性的行动目标，通过明确作战目的使每一次军事行动的实施都有所趋向。在作战筹划阶段，指挥员首先需理解其行动所应达成的军事最终态势，并进而设定本级军事行动的终止标准。行动终止标准，可将其理解为本级结束作战行动的作战目的。后续，计划团队将以各类具体作战目的为基础，展开细节化的计划制定活动。

具体作战目的描述了己方作战力量特定行动的终止标准。战役级行动的作战目的是大量具体战术行动目的的集合。

作战目的描述了为实现最终态势所必须要达成的状态。由于作战目的本身是对特定态势的高度抽象，因此要采取某种结构化、工程化的描述方式非常困难。对此，美军采取的方法是从军事、外交、经济和信息等领域来描述某种作战目的，它将帮助从各个领域界定和澄清作战计划团队所必须完成的、用以支持实现国家战略最终态势的状态。

作战目的将战术层具体任务的完成与最终态势的达成联系在一起，效果则可视为因一次(一系列)具体行动，或其他行动效果，所导致的系统呈现的实体和行为状态的变化情况。预期的效果也可被认为是一种能够支持实现某个相关作战目的的条件，而非预期效果则是那类能够抑制进展达成作战目的的条件。

在各类行动与效果因果关系模糊的复杂战场背景下，导致某次行动后出现特定效果的近似原因可能非常难以被预知，甚至在此类作战行动中行动的直接效果也非常难以实现、预测和衡量，特别是当它们与道德和认知这样的无向效果相关联时，更是如此。行动的直接效果如此，其间接效果更加难以描述和衡量。间接行动效果通常都是意外的、非预料的，因为在实战过程中对作战环境的理解总与实际发生的情况存在着差异，因此行动筹划团队很可能无法有效预知行动所导致的间接效果。

6.2.2 设计评估指标的考虑

作战行动涉及的环境、样式千差万别，针对每次作战涉及整套独立评估指标并不现实。从衡量、判断作战行动完成后所呈现的外在表象的实证性角度，衡量作战行动的实施情况，可从其实施后所产生的直接效果、间接效果两个方面考虑。

1. 作战行动的直接与间接效果

作战行动的直接效果是立即出现的，它是军事行动所导致的第一阶段即时结果。间接的目标打击效果通常具有延迟性，而且这类效果通常都是由军事行动直接打击效果溢出、转换至第二阶段，甚至更高阶空间或领域的结果。

直接和间接的作战效果，具有根本性的、对敌方能力施加影响的特点。大量个别的打击行动效果会随着时间流逝而相互交织作用与影响，将产生远大于所有单独即时行动效果叠加后的结果。类似地，对敌方目标系统各要素遂行打击的间接效果通常也会相互间作用、影响并协同增效，产生比各独立间接效果相叠加后更显著的效果。

当前作战体系各要素和节点普遍相互联系、影响的打击，使得打击行动的间接效果可能波及作为综合目标系统的敌方整个作战体系。这种效果的“波及”和“溢出”大多通过目标系统内部或目标系统之间的节点进行，它们对目标间、目标系统间的联系至关重要。对敌方目标打击所造成的种种效果通常会溢出、涉及造成其他非预期的结果，如对与行动目的毫无关系的人员或对象造成损害。稳健完善的作战行动计划，应充分考虑到行动导致的非预期第二阶、三阶效果。

2. 作战评估指标设计思路

上述给出了作战目的和行动(直接或间接)效果之间的关系,下面给出评估指标分类和具体设计的逻辑,即针对各类作战行动实施后所呈现的外在表象,从行动所导致的直接、间接效果层面,设计易用且精简的评估指标体系。

在美军理论中,衡量作战行动的发展过程,具体可以从其导致的直接结果(对应着具体任务)、间接效果(对应着作战意图),以及时间因素三个维度着眼。前者可形成执行评估指标,后者则可演化为效能评估指标。

这种从行动的直接和间接效果的角度设计衡量指标的思路,也适应当前军事行动与政治、外交、经济及心理认知等其他领域相互影响程度日益深化的现实。尤其是与战略决策层意图密切相关的大规模作战行动,战区指挥员更需要超越单纯军事视角,更应考虑作战行动结果溢出到其他领域的衍生、次生效果。

因此,某一项军事行动的评估活动可以划分为两个层次:首先评价判断具体任务完成情况,即行动的直接效果的达成情况(主要以执行评估指标为主);继而评价判断行动是否实现预期的意图,或者说其间接效果情况(主要以效能评估指标为主)。而两类评估指标,再由其下层的一系列具体评估指标支撑,分层级的评估指标框架如图 6.5 所示。

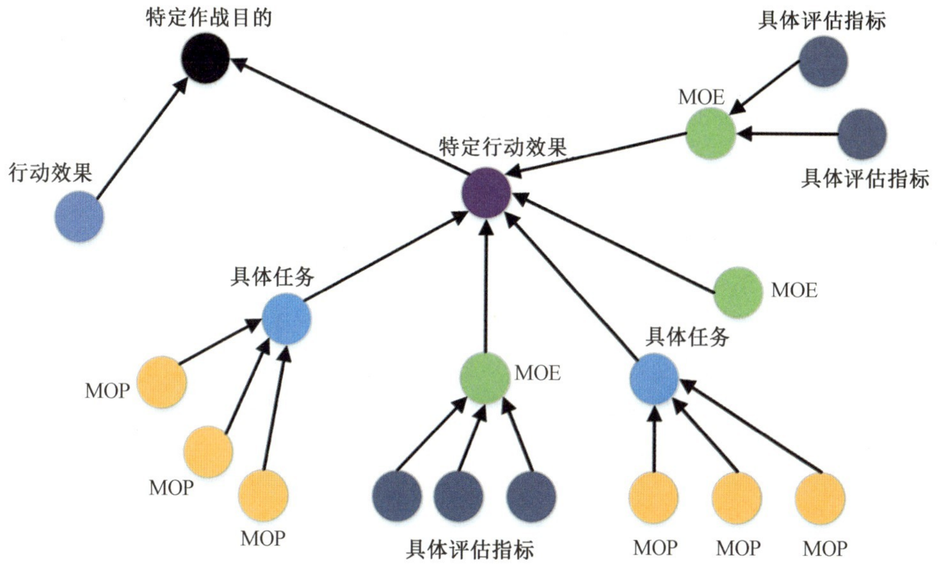

图 6.5　分层级的评估指标框架

通过上述对评估维度的划分,在评估过程中运用执行评估指标衡量评价任务完成直接结果,它们更多地与具体任务目标相关;继而运用效能评估指标判定作战行动达成间接效果的情况,或实现预期行动间接效果的进展和完成度。

6.2.3　执行评估指标及其制定

执行评估指标通常是定量信息,但也能应用其定性的特性来评估任务完成情况。

1. 执行评估指标的特点

执行评估指标是用于衡量本级部队完成其担负的具体任务的规则和标准，与行动预实现的直接结果有关，它是作战行动最直接的体现，具有以下主要特点。

(1) 执行评估指标是分层级的。作战行动特别是战役级作战行动由一系列相互联系的具体战术行动构成，而且考虑到具体的任务力量的层级性，顶层的作战执行评估指标，向下涵盖下层级的同类指标。

(2) 执行评估指标以定量指标为主。任务部队及其下属各级部队的执行评估指标，通常与本级担负的具体任务直接相关。它聚焦于及时衡量、判定各类行动遂行后在军事领域内形成的外在表象。在战役级及以下各层级部队，该指标多为具体的定量指标，如作战发起后的联合空中作战行动，预期需要毁伤打击的目标体系类、数量及各类目标的具体数量等。

(3) 执行评估指标应可衡量易判定。执行评估指标聚焦于作战行动产生的直接结果，评估团队在进行准备时，可依托作战筹划过程形成的目标清单和任务清单明，确具体的定量评估指标。

2. 执行评估指标的制定

执行评估指标与具体任务和任务评估紧密相关，因此特定任务或一系列相关的具体任务都对应着适合用于评估它们的执行评估指标。执行评估指标应是可衡量的，通常聚焦于对战术具体任务所产生的直接结果进行衡量。它们被设计用来帮助评估团队解答与具体任务或相关一系列任务实施情况相关的问题，如任务是否完成，完成的成功与否，是否还需要再次进行任务，以及任务部队是否以正确的方式完成任务等。

美军在制定本级及下属部队的执行评估指标时，通常按照下列三步完成。

(1) 制定本级执行评估指标。一个可用于制定任务部队遂行任务执行评估标准的来源，是通用联合任务清单或各军种的详细具体任务清单、联合目标清单。联合部队可利用这类任务清单，将其作为制定明确本级部队具体任务及相应评估标准的基准。制定相应作战行动计划时，计划团队通过分析上级作战意图、任务，将逐步分解明确本级担负的任务以及这些任务的目的，达成任务所需实现的特定条件等，在此过程中形成的这类具体任务清单将能帮助评估团队制定相应的执行评估指标。

(2) 指导下级制定评估指标。战役级指挥机构在拟制本级作战计划时，必然涉及本级作战任务向下属各组成部队的分解和明确，这些具体任务又将形成各组织部队行动的基础，而下级明确的本级任务清单和目标清单，则可作为本级的执行评估指标。

(3) 汇总下级执行评估指标。按上述步骤由上至下逐级形成本级的执行评估指标。

6.2.4 效能评估指标及其制定

制定明确相关效能评估指标及其具体评估指标的目的，在于提前建立精确的评估基准模型，以便评估团队利用其判定当前的联合作战行动，是否正在向实现预期行动效果的方向发展。由于作战行动的战略和战役效果很少会立即表露或实现，因此效能评估指标将为评估团队基于所观测到的特定、不连续的评估指标，分析当前行动的趋势变化，以便提供一套衡量框架。

1. 效能评估指标的特点

效能评估指标是用于衡量本级部队通过遂行其作战行动，实现预期间接影响或效果的规则及标准，是对行动遂行情况的更深层次评估。与执行评估指标类似，效能评估指标具有部分类似的性质，如具有一定的层级性，不同层级指挥机构需明确各自行动的效能评估指标，除此之外，它还具有一些不同于执行评估指标的特点。

(1) 效能评估指标以定性及趋势判断为主。无论是行动的直接效果还是间接效果，效果本身难以定量度量，效能评估指标聚焦于对行动的间接效果的定性判断。战役级效能评估指标，以作战行动的直接结果为基础，延伸至整体作战行动的预期或非预期间接影响的衡量上。它更聚焦于检视作战行动在军事及其他领域产生的衍生性、次生性影响。

(2) 各级行动效能评估指标相对独立。虽然战役级及其下属部队的效能评估指标具有一定的层级性，但各级效能评估指标仍应主要基于本级任务目的和预实现的行动效果制定。上下级部队作战行动的效果虽具有一定级联累积的特性，但体系作战过程中行动效果的非线性和涌现性特征决定，对战役级作战行动效果的评估不能等同于简单累加下级部队作战行动的效果，这与执行评估指标具有级联累加的特性显著不同。

(3) 行动效能评估指标应具有调适性。在作战实施期间，随着行动持续展开，作战组织与实施的节奏加快甚至难以把握，使得评估团队基本无法全面设计各类评估指标，而只能从当前最简洁、最易理解的角度设计效能评估指标。因而，高效的效能评估指标需要具备在评估过程中调整适应的能力。

2. 效能评估指标的制定

在制定效能评估指标和用于评估行动效果的指标时，评估团队还需要各类参谋部门及专业人员的支持，确保评估特定效果的效能评估指标是可观测和衡量的，以便展开可信赖的评估。针对各个行动的预实现效果，分别制定效能评估指标和具体评估指标。然后，根据各指挥机构的评估需求和事件限制，对相关指标进行修订。

制定效能评估指标的具体步骤如下。

(1) 分析预期行动效果。在制定效能评估指标之前，评估团队应分析行动预期要实现的效果，以确保评估人员对预期或非预期的行动效果的共同理解，以及这类预期或非预期的行动效果将如何在敌方目标系统上显露出来。

(2) 集体讨论制定效能评估指标。在形成了行动预实现效果的共同理解后，就可以开始研讨制定效能评估指标。“头脑风暴”式的讨论可用于研究完善效能评估指标。

(3) 考察评价效能评估指标。在第(2) 步完成后，将形成具体效能评估指标，接着应从文法措辞、清晰明确程度、相关行动效果、适当性等角度对所有效能评估指标进行考察和评价。

(4) 制定效能评估指标及其具体评估指标。在此步骤中，将为(3) 中完成的效能评估指标制定相关具体评估指标。针对各个效能评估指标，评估团队将明确与之配套的特定离散指标点，这将使评估可以考虑对效能评估指标所针对的作战活动做更细化的评定和分级。这些具体评估指标必须是可衡量的，而且需直接与效能评估指标所针对的作战活动直接相关,并能为评估团队掌握有关敌方目标系统或体系的特定消息。

(5) 考察评价效能评估指标及其具体评估指标。在完成评估指标的制定后,将其作为指标群,并进行整体评价。

(6) 优选排列效能评估指标。效能评估指标制定过程中的下一步,就是排列优选各个针对特定行动效果的效能评估指标,并为下一步针对各效能评估指标的倒序审查做准备。

(7) 倒序审查。倒序审查即针对前一步排列的效能评估指标,先从排序后列的效能评估指标审查起,以确保这些效能评估指标是评估实战行动效果时所确实需要的,同时确保相关评估模型和流程的效率,且评估所需情报监视和侦察资源不会被浪费。

(8) 区分各效能评估指标权重。在此步骤,评估团队将基于相关评估标准针对衡量评价相关行动效果的相对重要性,评价衡量所有效能评估指标的权重,即在确定评估时所运用的哪些效能评估指标,对评估过程具有更大的重要性。显然,确定各效能评估指标的权重排序不可避免地掺杂着主观因素,排列过程基于分析人员的主观判断。如果缺乏主观或客观的衡量权重基础,针对特定行动效果的所有评估指标可能都被认为是同等重要的。指标权重的具体确定方法将在后续介绍。

6.2.5 具体评估指标的定义、作用及制定

1. 具体评估指标的定义和作用

具体评估指标为最基础的指标,被界定为“一项信息,用于提供对效能评估指标或执行评估指标的深刻理解和洞察”。具体评估指标可以支撑执行评估指标,但更多地用于支撑效能评估指标的运用。与前两类指标类似,具体评估指标同样必须是可度量的(可以进行定量或定性的计量)、可收集的(可合理获得的数据集信息)和相关联的(与其支撑的效能评估指标或执行评估指标具有相关性,即可用来更好地理解这两类主要指标)。

2. 具体评估指标的制定

行动计划制定期间,确定具体评估指标的阈限标准非常重要,因为这些标准为评估趋势分析构建一套连贯的基础,并减少相关评估机构的主观性。制定此类具体评估指标阈限标准的步骤如下。

(1) 审查评估指标。该步骤是为确保考虑制定的效能评估指标能够用于衡量评价特定的作战活动,这些具体评估指标都将被逐个审查,以确保它们是相关的、可衡量的、响应迅速的,以及拥有相应行动资源以获得相关指标数据。

(2) 判定报告阈限。完成评估指标审查后,各个具体指标将被详细地审视,以便确定某类需上报的评估数据或指标,以及这些指标数据向上级报告的特定阈限,即从时间、数据数量、质量或重要性等角度,确定达到的某种需上报的标准。

(3) 优选排序评估指标。在确定了上报数据类型和明确了相关阈限后,就需要优先排列评估指标,以便为后续倒序审查这些指标做准备。常用的方式是,利用一系列独立的标准对具体评估指标进行衡量、评价,之后基于评估结果对其进行排序。

(4) 倒序审查。该步骤的目的是确保这些评估指标是应用特定行动效果的效能评估

指标所确实需要的，且运用这些具体指标，对准确评估衡量效能评估指标的风险是可接受的。

(5) 区分评估指标权重。为使各评估参与方掌握相关评估模型和数据管理工具的运用，评估团队将基于相关具体指标针对衡量评价相关效能评估指标的相对重要性，评价衡量所有评估指标的权重，即确定在衡量效能评估指标时所运用的具体指标，对评估过程具有更大的重要性。显然，确定各具体评估指标的权重顺序不可避免地掺杂着主观因素，排列过程基于分析人员的判断，因为评估过程中所获得的各种评估数据仅为评估团队的分析提供一个起点；而且针对特定效能评估的一系列具体评估指标，在应用时可能具有同等的重要性，即各指标权重相同。除非这一系列指标中的某些指标在评估中的重要性方面，与其他指标具有显著的差异。

(6) 重复进行上述具体评估指标制定过程。需针对各个效能评估指标，对用于评估此标准的具体评估指标重复进行上述指标制定、审查和权重判定过程。

(7) 将相关结论提交给评估信息收集管理方。

(8) 通报评估模式。无论采取何种评估工具，在作战行动展开前，所有可能用到的评估工具或模型都应向相关机构或评估团队通报，并确保由相关参与方熟练运用。

6.2.6　三类指标的区别、设置数量和检验

1. 三类评估指标的区别

效能评估指标帮助评估团队解答这样的问题，“我们在采取的行动正确吗，我们采取的具体行动是否正产生预期的行动效果，或者是否还需采取其他的具体行动以实现预期效果”。执行评估指标则与具体作战任务的完成情况密切相关。执行评估指标帮助评估团队解答这样的问题，“是否已采取行动，或具体任务是否按标准完成，或者行动实现当前进展情况时投入了多少努力”。精心设计的评估指标与标准，能帮助指挥员及其参谋团队理解特定具体任务与预期(行动) 效果之间的因果关系。

2. 评估指标设置的数量

在评估计划中设定过多数量的效能评估指标和具体评估指标时，将耗费大量准备时间，作战行动及相关评估活动展开后，评估团队需耗费大量时间进行相关评估指标的数量收集与验证，因此后继对时效性要求高的数据分析处理过程就会受到阻碍，评估就难以聚焦于对行动产生的实际效果和作战目的的衡量与评价。为具体行动设定的效果、效能评估指标和具体指标的数量，应基于行动所预期达成的总体目的和需求来确定，而不应该预先设定某些限制。

3. 评估指标的检验

评估过程所需的各类指标，应该是相关性、可衡量性、对变化响应迅速、拥有评估资源，它们可作为检验评估指标的标准。

(1) 相关性。执行评估指标和效能评估指标，都应该与任务、条件、作战行动、作战环境、军事上的最终态势及指挥员决策息息相关。

(2) 可衡量性。评估衡量活动，应该有定性或定量的标准，确定可被用于衡量和判

定。执行评估指标和效能评估指标，在本质上是可以被测量、鉴定的，当然为避免受主观因素影响，评估时最好选取有意义的定量指标。

(3) 对变化响应迅速。评估过程应该足够迅速地感知到情况的变化，以便参谋人员能有效地应对，指挥员能及时做出决策。

(4) 拥有评估资源。为使评估活动更具效率，评估必须有充足的资源参谋团队，应确保为评估收集和分析提供充分的资源，并将其纳入到整体行动的计划中，同时在计划实施时监控其运用。高效的评估能够帮助避免重复执行很多具体任务，避免采取不必要的行动，这反过来有助于保存和高效运用作战资源与能力。

6.3 指标权重确定

指标权重是衡量单项指标对总目标影响程度的重要因素，指标权重设置是否合理直接影响着评估结果的准确度。传统的指标赋权方法主要分为主观赋权法、客观赋权法和组合赋权法三种。

(1) 主观赋权法。

主观赋权法是依靠专家主观经验来分析指标的相对重要性，然后确定权重的方法，主要包括层次分析法(analytic hierarchy process，AHP)、G1法、德尔菲法(Delphi)等。主观赋权法计算简单，但是由于专家领域知识和个体认知存在差异，因此得出的指标权重结论存在较大的误差。

(2) 客观赋权法。

客观赋权法基于样本指标评价值的差异性和影响程度，通过一定的方法对指标评价值进行分析和整理，然后计算得出指标权重的方法，主要包括变异系数法、熵权法、CRITIC法等。客观赋权法充分考虑了指标的客观评价值，规避了主观赋权法偏好性强的缺点，但是客观赋权法解释性较差，计算出的指标权重可能偏离现实情况。

(3) 组合赋权法。

为了兼顾主客观赋权法的优势，只有融合主客观赋权法，实现优势互补，才能获得较为理想的指标权重。

6.3.1 主观赋权法

主观赋权法，即由专家给出指标偏好信息，再根据一定的准则得到指标权重。

1. 德尔菲法

德尔菲法利用专家集体智慧来确定各指标在决策问题中的重要程度权重 $w_i(i=1,2,\cdots,m)$。其主观权重确定步骤如下。

(1) 确定各指标 u_i 的重要性序列值。邀请专家组凭借个人知识经验和对评估指标的了解划定各指标的重要性序列值 e_i，这里 $e_i\in(1,2,\cdots,m)$ 是这样确定的：对最重要的指标，取 $e_i=m$；对最次要的指标，取 $e_i=1$。将第 k 个专家就指标 u_i 所给定的指标重要性序列值记为 $e_i(k)$。由每一位专家提供一份各指标 u_i 的 e_i 值决策表，第 k 个专家的决策表见

表 6.1。

表 6.1　第 k 个专家的决策表

指标序号	u_1	u_2	…	u_m
重要性序列值 $e_i(k)$	$e_1(k)$	$e_2(k)$	…	$e_m(k)$

(2) 计算优先得分 A_{ij} 值。根据专家组的指标重要性决策表进行下面的赋值操作：

$$A_{ij}(k)=\begin{cases}1, & e_j(k)/e_i(k)>1\\ 0, & e_j(k)/e_i(k)<1\end{cases} \tag{6.1}$$

设参加决策的专家共有 n 位，将所有参加决策的专家的 $A_{ij}(k)$ 值进行累加，即

$$A_{ij}=\sum_{k=1}^{n}A_{ij}(k),\quad i,j=1,2,\cdots,m$$

(3) 求 $\sum A_i$ 值。令

$$\sum A_{\max}=\max\left\{\sum A_1,\sum A_2,\cdots,\sum A_m\right\}$$
$$\sum A_{\min}=\min\left\{\sum A_1,\sum A_2,\cdots,\sum A_m\right\}$$

其中，$\sum A_i=\sum_{j=1}^{m}A_{ij}\,(i=1,2,\cdots,m)$。则与 $\sum A_{\max}$ 相对应的指标重要性程度是最高的，与 $\sum A_{\min}$ 相对应的指标重要性程度是最低的。

(4) 计算级差 d。令 $a_{\max}=1, a_{\min}=0.1$，则

$$d=\left(\sum A_{\max}-\sum A_{\min}\right)/(a_{\max}-a_{\min}) \tag{6.2}$$

(5) 计算归一化主观权重值 w_i^*。令 $w_i^*=\left(\sum A_i-\sum A_{\min}\right)/d+0.1,\quad i=1,2,\cdots,m$，进而可得归一化主观权重为

$$w_i^*=w_i/\sum_{i=1}^{m}w_i,\quad i=1,2,\cdots,m \tag{6.3}$$

2. 环比值法

环比值法又称为环比系数法(DARE 法)，该方法是在缺少目标信息情况下的一种有效的赋权方法，处理过程比层次分析法简单，但精度要比层次分析法低。该方法的实质就是将指标任意排列，设定第一个指标重要性为 1，再做出后一个指标与前一个指标重要性的比值，最后累积得到各指标的权重，其基本步骤如下。

(1) 把 n 个指标任意排列。

(2) 计算相邻指标的重要性比值 A_{j+1}，A_{j+1} 为第 $j+1$ 个指标的重要性与第 j 个指标的重要性之比，设定第一个 $A_1=1$。

(3) 以第一个指标重要性为基准，按照下式计算每个指标的重要性：

$$R_j=\prod_{i=1}^{j}A_i,\quad R_1=1 \tag{6.4}$$

(4) 按下式求解各指标权值：

$$w_{1j}^{1}=R_j/\sum_{i=1}^{n}R_j \tag{6.5}$$

环比值法求解步骤简单，需要的专家偏好信息小，其应用比较广泛。但是，由于其只做出相邻指标间的重要度比率，因此不能反映一个指标与其他所有指标的重要度比率。

6.3.2 客观赋权法

1. 信息熵法

为方便分析，设目标评估指标矩阵如下：

$$\mathbf{A}=\begin{bmatrix} a_{11} & a_{12} & \cdots & a_{1n} \\ a_{21} & a_{22} & \cdots & a_{2n} \\ \vdots & \vdots & & \vdots \\ a_{m1} & a_{m2} & \cdots & a_{mn} \end{bmatrix}$$

信息熵是以信息论中对熵的定义为基础，计算各指标的熵值来确定指标权重的赋权法。对于 m 个目标有 n 个指标而言，其具体步骤如下。

(1) 将目标指标矩阵 $\mathbf{A}$ 中 a_{ij} 规范化为 $R=(r_{ij})_{mn}$。

(2) 对 $R=(r_{ij})_{mn}$ 进行归一化，得到归一化矩阵 $\dot{R}=(\dot{r}_{ij})_{mn}$，其中 $\dot{r}_{ij}$ 可表示为

$$\dot{r}_{ij}=r_{ij}/\sum_{i=1}^{m}r_{ij}, \quad i=1,2,\cdots,m;j=1,2,\cdots,n \tag{6.6}$$

(3) 计算指标 u_j 的信息熵 E_j：

$$E_j=-\frac{1}{lnm}\sum_{i=1}^{m}\dot{r}_{ij}ln\dot{r}_{ij}, \quad j=1,2,\cdots,n \tag{6.7}$$

(4) 计算指标权重：

$$w_{1j}^2=\frac{1-E_j}{\sum\limits_{k=1}^{m}(1-E_k)}, \quad j=1,2,\cdots,n \tag{6.8}$$

信息熵法依据各指标在评估中提供信息的多少来给出指标权重，一个指标在评估中提供的信息越多，该指标对评估的贡献度越大，其赋予的权重就会越大，但其具有随机性，目标指标值改变将会导致权重的改变。

2. 离差最大化法

离差最大化法利用指标测度值的离散程度来确定指标的权重大小。如果某项指标的测度值在所有方案下均无差异，则其指标权重可视为 0；如果指标的测度值在所有方案中有较大差异，则说明其对权重排序将起重要作用，应当赋予较大的权重。

设 a_{ij} $(i=1,2,\cdots,m;j=1,2,\cdots,n)$ 为第 j 个评估方案中第 i 个指标规范化后的属性值，那么对于指标 i，用 $\eta_{ij}(w)$ 表示评估方案 j 与其他所有评估方案指标属性值的离差，记为 $\eta_{ij}(w)=\sum\limits_{i=1}^{n}|a_{ij}\lambda_i-a_{ik}\lambda_i|$，其中 λ_i 为第 i 个指标的权重且 $\lambda_i\geqslant 0$，则对于第 i 个指标，各方案与其他方案间的总离差为

$$\eta_i(w)=\sum_{k=1}^{n}\sum_{j=1}^{n}|a_{ij}-a_{ik}|\lambda_i \tag{6.9}$$

则有最优化模型：

$$\begin{cases} \max\ \eta_i(w)=\sum_{i=1}^{m}\sum_{k=1}^{n}\sum_{j=1}^{n}|a_{ij}-a_{ik}|\lambda_i \\ \sum_{i=1}^{m}\lambda_i^2=1,\quad \lambda_i\geqslant 0 \end{cases} \tag{6.10}$$

做拉格朗日函数：

$$L=\sum_{i=1}^{m}\sum_{k=1}^{n}\sum_{j=1}^{n}|a_{ij}-a_{ik}|\lambda_i+\frac{1}{2}\xi\left(\sum_{i=1}^{m}\lambda_i^2-1\right) \tag{6.11}$$

令其导数为 0，求得其最优解为

$$\lambda_i'=\frac{\sum_{k=1}^{n}\sum_{j=1}^{n}|a_{ij}-a_{ik}|}{\sqrt{\sum_{i=1}^{m}\left(\sum_{k=1}^{n}\sum_{j=1}^{n}|a_{ij}-a_{ik}|\right)^2}} \tag{6.12}$$

对 λ_i' 归一化处理的客观权重为

$$\lambda_i^*=\frac{\sum_{k=1}^{n}\sum_{j=1}^{n}|a_{ij}-a_{ik}|}{\sum_{i=1}^{m}\sum_{k=1}^{n}\sum_{j=1}^{n}|a_{ij}-a_{ik}|},\quad i=1,2,\cdots,m \tag{6.13}$$

离差最大化法与信息熵法一样，基于目标指标矩阵进行赋权，所得结果具有随机性。

6.3.3　组合赋权法

1. 简单线性加权法

简单线性加权法，即选用一种主观赋权法和一种客观赋权法进行线性融合。该算法虽然比较简单，但也是权重优化的一种途径。如下式所给出的指标组合权重 $W=(w_1,w_2,\cdots,w_n)$，即可作为目标各个指标的组合权重：

$$w_j=\alpha\varepsilon_j+\beta\mu_j \tag{6.14}$$

其中，ε_j 为主观赋权法确定的第 j 个指标权重；μ_j 为客观赋权法确定的第 j 个指标权重；α 为主观权重影响因子，β 为客观权重影响因子，且满足 $\alpha+\beta=1$。其确定的准则：专家的战场经验越丰富，则主观权重影响因子越大；战场信息的完整度与可信度越大，则客观权重影响因子越大。简单线性加权法不仅考虑了主观因素，而且引入了客观因素，能够比较全面客观地反映各指标的实际相对重要程度。

在简单线性加权法中，只要权重因子选择合适，就既可兼顾到决策者对指标的偏好，又能体现客观性，实现两者的互补，使评估结果更加合理。

2. 基于方差的最优组合赋权法

最优组合赋权法就是对不同的赋值方法求解得出的权重进行协调取优的一种权重折中方法，克服单一赋权的片面性，使评估权重的获取更符合客观实际。不妨设 $w_i=kw_i'+(1-k)w_i''$，其中，$i=1,2,\cdots,m$，m 为指标个数，w_i 为主观权重 w_i' 与客观权重 w_i'' 的线性组合。如何确定主客观组合系数 k 的值是获得最优权重的关键。令 $x_i=(kw_i'+(1-k)w_i'')p_i$，$p_i$ 为评估系统的指标测度值，记 $X=\{x_1,x_2,\cdots,x_m\}$。由概率论

知识可得被评估系统的数学期望为

$$\bar{x}=\frac{1}{m}\sum_{i=1}^{m}x_i=\frac{1}{m}\sum_{i=1}^{m}\left[(kw_i'+(1-k)w_i'')p_i\right] \tag{6.15}$$

下面考虑被评估对象的方差：

$$\begin{aligned}D&=\frac{1}{m}\sum_{i=1}^{m}(x_i-\bar{x})^2=\frac{1}{m}\left(\sum_{i=1}^{m}x_i^2-\sum_{i=1}^{m}\bar{x}^2\right)=\frac{1}{m}\sum_{i=1}^{m}x_i^2-\bar{x}^2\\&=\frac{1}{m}\sum_{i=1}^{m}\left[(kw_i'+(1-k)w_i'')p_i\right]^2-\left\{\frac{1}{m}\sum_{i=1}^{m}\left[(kw_i'+(1-k)w_i'')p_i\right]\right\}^2\end{aligned} \tag{6.16}$$

由于 D 值代表着指标量化值和数学期望的偏离程度，因此 D 值越小说明评估对象的评价就越好。为使 D 值尽可能地小，则有最优问题：

$$\begin{cases}\min D=\left\{\dfrac{1}{m}\displaystyle\sum_{i=1}^{m}\left[(kw_i'+(1-k)w_i'')p_i\right]^2-\left(\dfrac{1}{m}\displaystyle\sum_{i=1}^{m}\left[(kw_i'+(1-k)w_i'')p_i\right]\right)^2\right\}\\ \text{s.t.}\ \ k\geqslant 0\end{cases} \tag{6.17}$$

设求解上述模型的最优解为 k^*，则可得到最优主客观组合权重为

$$w_i=k^*w_i'+(1-k^*)w_i'',\quad i=1,2,\cdots,m \tag{6.18}$$

6.3.4 变权赋权法

主观赋权法、客观赋权法和组合赋权法在确定指标权重时，仅考虑了不同指标对总体效能的影响程度，给出了每项指标的静态权重，而没有考虑相同指标在不同取值时对效能的影响变化，即无论评估对象指标评价值如何，各评估对象对应的指标权重都是相同的。变权赋权法就是指标权重是变化的，指标权重随着战场态势变化而变化。变权更能反映指标的实际状况。

20 世纪 80 年代，我国学者汪培庄在研究多目标决策时，提出了变权的概念。此后，李洪兴等一些学者对变权理论进行了系统研究，给出了惩罚型变权、激励型变权、混合型变权的公理化体系，以及基于状态向量变权、均衡函数等概念的目标决策方法。变权的目的即根据目标状态向量的动态变化来相应地调整它在整体评估中的影响。李洪兴等人针对变权给出了如下描述。

假设目标属性状态向量为 $\boldsymbol{X}=(x_1,x_2,\cdots,x_n)$，常权向量为 $\boldsymbol{W}=(w_1,w_2,\cdots,w_n)$，变权向量可看作目标状态向量和权系数向量的函数 $w_i(\boldsymbol{X})$，并满足以下条件。

(1) 归一性，各个权重值 $w_i(\boldsymbol{X})$ 之和等于 1。

(2) 连续性，$w_i(\boldsymbol{X})$ 关于每个状态变量连续。

(3) 激励性，$w_i(\boldsymbol{X})$ 关于 x_i 单调递增。

(4) 惩罚性，$w_i(\boldsymbol{X})$ 关于 x_i 单调递减。

其中，若满足(1)(2)(3) 即为激励型状态变权；若满足(1)(2)(4) 即为惩罚型状态变权。

假设评估指标为 $f_1,f_2,\cdots,f_m$，常权向量 $\boldsymbol{W}=(w_1,w_2,\cdots,w_m)$，评估指标的状态向

量 $\boldsymbol{X}=(x_1,x_2,\cdots,x_m)$，则对于 n 个目标 $X_j=(x_{j1},x_{j2},\cdots,x_{jm})$，$j=1,2,\cdots,n$，评估排序采用常权综合模型：

$$y_j=\sum_{i=1}^{m}w_i x_{ji} \tag{6.19}$$

其中，w_i 表示第 i 个指标所占的重要程度，然而当指标的重要性实际发生变化时，若权重向量 $\boldsymbol{W}$ 保持不变，将会造成评估结果失真。为了考虑指标信息变化与权重的关联性，李洪兴定义了状态变权向量，给出了 3 种主要方式，分别是惩罚型、激励型和混合型；并提出了均衡函数的概念，即状态变权向量一般可通过均衡函数进行构造。

(1) 变权向量。

$$\boldsymbol{W}(\boldsymbol{X})=(w_1(x_{j1},x_{j2},\cdots,x_{jm}),w_2(x_{j1},x_{j2},\cdots,x_{jm}),\cdots,w_m(x_{j1},x_{j2},\cdots,x_{jm}))$$

可表示为常权向量 $\boldsymbol{W}$ 和状态变权向量 $\boldsymbol{S}(\boldsymbol{X})$ 的 Hadamard 乘积，然后进行归一化：

$$\boldsymbol{W}(\boldsymbol{X})=\frac{\boldsymbol{W}\cdot\boldsymbol{S}}{\sum_{i=1}^{m}(w_iS_i)}=\frac{(w_1S_1,w_2S_2,\cdots,w_mS_m)}{\sum_{i=1}^{m}(w_iS_i)} \tag{6.20}$$

(2) 状态变权向量 $\boldsymbol{S}(\boldsymbol{X})$ 用均衡函数 $\boldsymbol{B}=(x_1,x_2,\cdots,x_m)$ 的梯度向量来描述：

$$\boldsymbol{S}(\boldsymbol{X})=\mathrm{grad}\,\boldsymbol{B}=(x_1,x_2,\cdots,x_m)=\left(\frac{\partial B}{\partial x_1},\frac{\partial B}{\partial x_2},\cdots,\frac{\partial B}{\partial x_n}\right) \tag{6.21}$$

式(6.21) 反映了各因素状态的一阶变化情况。

状态变权向量 $\boldsymbol{S}(\boldsymbol{X})$ 为均衡函数 $\boldsymbol{B}=(x_1,x_2,\cdots,x_m)$ 的一阶导数。常用的均衡函数包括和型均衡函数与积型均衡函数，这里主要对和型均衡函数进行简要介绍。

设 $g(x)$ 为定义在 $[0,1]$ 上的实值函数，$g'(x)$ 连续，把形如 $B_\Sigma(x)=\sum_{j=1}^{m}g(x_j)$ 的均衡函数称为和型均衡函数，则状态变权向量 $S_j(\boldsymbol{X})=\frac{\partial B_\Sigma(x)}{\partial x_j}=g'(x_j)$，变权向量为 $w_j(\boldsymbol{X})=\frac{w_jg'(x_j)}{\sum_{k=1}^{m}w_kg'(x_k)}$，对其两边关于 x_j 求偏导：

$$\frac{\partial w_j(\boldsymbol{X})}{\partial x_j}=\frac{w_jg''(x_j)\sum_{k=1,k\neq j}^{m}w_kg'(x_k)}{\left[\sum_{k=1}^{m}w_kg'(x_k)\right]^2} \tag{6.22}$$

$B_\Sigma(x)=\sum_{j=1}^{m}g(x_j)$ 表示和型均衡函数，成立的条件是 $g'(x)\geqslant 0$。

当 $g''(x)\leqslant 0$ 时，是惩罚型均衡函数；当 $g''(x)\geqslant 0$ 时，是激励型均衡函数。例如，$g(x)=x^a\geqslant 0$，和型均衡函数 $B_1(\boldsymbol{X})=\sum_{j=1}^{m}x_j^a$，$a\geqslant 0$。当 $0\leqslant a<1$ 时，是惩罚型均衡函数；当 $a\geqslant 1$ 时，是激励型均衡函数。则构造的变权向量为

$$w_j^1(\boldsymbol{X})=\frac{w_jx_j^{a-1}}{\sum_{k=1}^{m}w_kx_k^{a-1}}$$

徐则中提出了一种简化的变权算法，只要调整变权因子就可以实现变权，对应因素 j 的变权权重值为

$$w_j(x_1, x_2, \cdots, x_m, \boldsymbol{W}) = w_j + \alpha w_j(x' - x_j) \tag{6.23}$$

其中，$x' = \sum_{j=1}^{m}(w_j x_j)$；$\alpha$ 是在常权基础上，基于对综合决策的不同偏好进行权值系数的调整，称作变权因子。变权因子 α 的取值范围为 $[-0.5, 0.5]$。当 $0 < \alpha \leqslant 0.5$ 时，为惩罚型变权；当 $-0.5 \leqslant \alpha < 0$ 时，为激励型变权；当 $\alpha = 0$ 时，为常权综合。

思考题

1. 简述作战评估框架的定义内涵。
2. 简述美军作战评估指标分类及各类评估指标之间的区别。
3. 简述确定指标权重的常见方法，并比较各自有何优缺点。

第 7 章　作战评估方法

本书 5.3 节介绍了作战评估的方法手段，其中，按照评估内容，作战评估可分为作战方案评估、作战能力评估、作战效能评估等，而作战方案评估的研究相对比较成熟。常用的作战方案评估方法有数学解析法、专家评估法、试验统计分析法、作战仿真模拟法、新兴作战方案评估法及其他方法等。评估活动整体呈现周期长而要求高的特点，针对这些矛盾，作战评估人员开展了一系列方法研究，其中一个明显的趋势为：形成了一套先推后仿、反复迭代的作战评估方法论，而仿真在作战评估中越来越重要。基于此，本章重点以仿真评估进行介绍。

7.1　仿真评估概念

仿真评估是以计算机建模仿真为工具，以仿真评估系统为平台，通过在给定的限定环境约束下运行数学模型来进行作战仿真试验，由试验得到的结果数据为支撑开展的一类评估活动。仿真评估是一种能够充分适应战争系统复杂性特点且经济可靠高效的评估手段，随着现代仿真技术的快速发展，仿真评估在作战筹划、装备论证等军事实践环节得到了广泛应用，取得了较好的效益。本节重点关注运用于作战筹划环节的仿真评估，该类评估活动通常具有以下特点。

7.1.1　目的式方案计划比较寻优

在军事实践中，作战方案与作战计划是两个不同的概念。作战方案是根据指挥员的作战决心拟制的对作战进程和战法的设计。通常包括本级的作战企图、主要作战方向、重点打击目标、基本战法、兵力部署、完成作战准备的时限、指挥系统的组织等。作战计划是对作战方案的明确、具体和细化。如果说作战方案是对作战重要问题的回答与组织，那么作战计划就是依据方案中的回答，具体安排作战资源、组织作战行动，使作战方案具体落地。一般来说，方案比计划粗略，侧重于重点谋划，而计划则重在落实，要求落实到具体部队、资源、时间、空间和要求上，这是二者的主要区别所在。

制定作战方案与作战计划的过程是一个反复迭代的过程，是指挥员及其参谋团队更好地理解"目的 — 方法 — 手段 — 风险"的过程，也是综合考虑多种因素、从诸多备选中确定最优决策的过程，需要以仿真评估为代表的多种定性与定量分析工具的支持。对作战方案计划的评估，不是对静止建设参数如体系作战能力的评估，不是对作战半径、射程距离等实际参数的测量，也不是对打击效果、可能程度的分析判断，而是对动态作战行动设想的评估。这种动态评估，一方面表现在作战的二元对抗性上，一方行动以另一方行动为先导和基础，在一定程度的反馈下进行；另一方面表现在对特定作战行动时序集合的推演评估上，时空次序不同，结果也会不同。仿真评估的动态性，还表现在其时间预先性上，是在实战前对双方作战行动的预判，己方和敌方的行动均是未知的。即要依据现有的情况，去探讨将来敌我双方可能的未知行动，再从这个未知行动来确定己方的行动方案，这是一个非常复杂的过程，稍有不慎就会被卷进战争不确定性的漩涡，胜败都一头雾水、不明不白。

7.1.2 方法是动态对抗仿真推演

通过分析第二次世界大战以来美军参加的主要战争发现："美军用兵必下兵棋，非兵推不用兵"。在战前和战中，运用多种兵棋系统对作战方案和计划进行充分的论证评估和反复组织战争推演，已成为美军打赢战争的一个重要环节。在美军联合作战方案计划的制定流程中，作战推演仿真评估具有重要地位。

作战方案计划具有极强的实践性，战时方案计划中的每一句话都将转化为部队的行动，是行动的准则。方案计划仿真推演可以近似看作一场实战，推演过程就是作战过程，在实战中检验被近似化为在推演中检验。相比定性思辨，仿真推演可以模拟实战的战略背景、战场环境、作战力量、武器装备等，通过对作战方案计划的执行，得出交战结果，再经过多种形式的评估研讨，检验方案、计划的有效性，提升作战筹划的质量。

现代信息化战争是复杂系统的对抗，涉及的行动和影响因素十分复杂，战争的因果关系也并非线性，而是具有复杂系统的涌现、突变等特征。评估作战方案计划，不仅是单方面的简单行动，而且是敌我行动、先后行动、协同行动的相互交织，如此复杂的评估仅靠逻辑思考、理论推断和专家辨析，在时效性和准确度上已经无法满足需要。所以，在作战筹划中必须通过方案计划的推演评估，尤其是利用信息化手段的推演评估，来分解、细化、深化每一个作战行动和环节，通过近似实战的方式解析各种作战行动之间的相互关系和制约因素，来提升作战方案的可行性和可信度。

7.1.3 依据是实战方案计划

作战方案计划不是传统理解的、较为定性和抽象的文字方案，而应当是具有细颗粒度的、实际操作性较强的、具备一定执行计划性质的方案，作战行动具体到作战单元、作战时间范围、具体作战目标、弹药使用基数和毁伤要求，这样的作战方案计划才具有可推演评估性。完全定性的、方向性的、原则性较强的作战方案计划，推演评估的难度很高，结果的价值也不大。

在推演己方的作战方案计划时，必须有敌对方甚至中立方、友方的行动方案，这些行动方案会对己方方案计划推演评估的最终结果产生种种正面或负面的影响。需要考虑到其他方为达成作战目的，可能采取何种行动，同步推演其他方的行动设想。这里的其他方，不仅要考虑敌方和可能潜在敌方的作战行动，还要考虑到中立方的应对之策、友方可能的帮助行动。其他方的行动设想，是依据对其作战目的、作战指导和作战规则的基本认识来预判的。

作战环境是客观存在的，是可以被认知的。认识战场环境，其作用在于揭示环境对敌我双方作战行动的利弊得失，为指挥员提供准确的客观环境态势，辅助指挥员权衡利弊，做出正确判断。推演评估过程中,应严格依照战场环境组织。不仅看静态的战场环境,还要考虑战场环境可能发生的变化,以及这一时段环境变化的主要特点;不仅要适应利用作战环境,还要考虑规避改造作战环境的情况,力争形成最切合实际环境的方案计划以及环境发生突变时的紧急应对预案。

7.2　建模仿真基础

7.2.1　建模仿真基本概念

(1) 定义。

建模与仿真是作战模拟的两个不可或缺的部分。建模是对所要模拟的对象特征进行抽象提取、构建模型的过程;仿真是基于模型的活动,通过模型的建立、实现、验证、分析、应用,以达到模拟现实系统、认识现实系统、改进现实系统的目的。作战过程的建模与仿真是以作战行动为原型,按照给定的作战背景、情况条件和应用程序与规则,构建各种作战实体的功能模型、作战环境模型等,对交战双方的对抗过程进行模拟的活动。

(2) 建模的过程和方法。

建模是利用模型来代替系统原型的抽象化或形象化的过程。模型可以具体定义为三要素(S,Q,M)的集合体,其中S是系统,Q是与系统S相关的问题,M是用来回答问题Q的一组数学表达式。

一般模型的建模过程如图 7.1 所示。

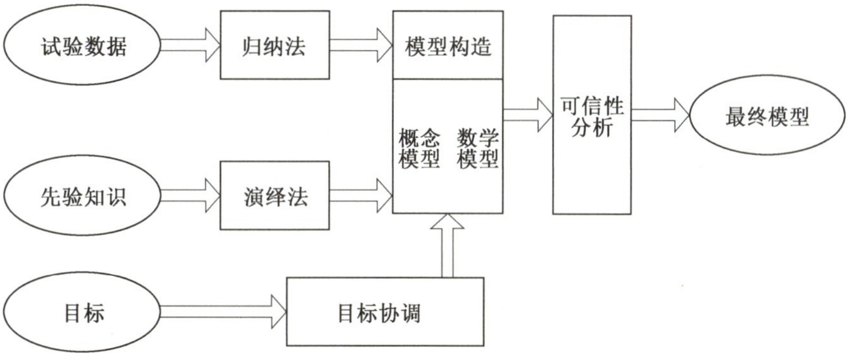

图 7.1　一般模型的建模过程

① 建模的信息源。

目标。一个数学模型,事实上只对研究的真实过程给出一个非常有限的映象。同一个实际系统可以有许多研究对象,这些研究对象将规定建模过程的方向,并对与这些对象相关的环境等进行一定的约束。

先验知识。建模过程是基于以往的知识源触发而进行开发的。在某项建模工作的开始阶段,所研究的过程常常是前人研究过的。通常,随着时间的进展,关于某一类现象的知识已经被稽核,被统一成一个科学分支。在这个科学分支中,已经发现了许多定理、原理和模型。因此,这些先验知识可作为建模的信息源加以利用。

试验数据。建模过程的信息来源,也可以通过现象的试验和量测来获得。合理的定量观测是解决建模信息的另一种途径。建模所需要的试验数据量,来自对真实系统的试验和调查统计,或者来自在一个仿真器上对模型的试验。

建模过程主要包括上述三类主要的信息源。建模任务的困难程度取决于信息来源的特殊性质,例如,模型的特殊目的是什么,先验信息有多大的利用价值,信息的质量如何,精确性和一般性如何,能收集到多少试验和调查数据,设计的试验或调查是否可行,测量或调查获得的数据信噪比有多少等。

② 建模的主要途径。

建模的方案取决于对信息源的利用,同时也取决于信息的结构。根据建模信息源的不同,建模途径主要有演绎法和归纳法。

演绎法。这是一种运用先验信息的较为经典的建模方法。根据已知的先验信息,在某些假设和原理的基础上,通过数学的逻辑演绎来建立有效而清晰的数学描述。这种方法是从一般到特殊,并且将模型看作是在一组前提下经过演绎而得出的结果。

归纳法。这种方法从观测到的行为出发,试图推导出与观测结果相一致的更高一级的知识。因此,这是一个从特殊到一般的过程。归纳法从系统描述分类中最低一级水平开始,试图推断出较高水平的信息。

③ 模型的可信度。

仿真是基于模型的试验,在建模过程中不可避免地会忽略一些次要因素和不可观察因素,且对系统做了一些理论假设和简化处理。因此,模型是对所研究的系统的近似描述,模型是否合理,是否满足与仿真对象的一致性要求,仿真实现是否正确等都是开发者和用户很关心的问题,模型的校核、验证及确认(verification,validation and accreditation,VV&A)就是在这个背景下产生的。VV&A 技术的应用能提高和保证仿真的可信度,降低因仿真系统在实际应用中的模型不准确和仿真可信度水平低所引起的风险。

(3) 建模的基本原则。

在系统分析中建立能较全面、集中、精确地反映系统的状态、本质特征和变化规律的数学模型是系统建模的关键。在实际问题中,要求直接用数学公式描述的事物是有限的,在许多情况下模型与实际现象完全吻合也是不大可能的。系统分析下的数学模型只是系统结构和机理的一个抽象,只有在系统满足一些原则的前提下,所描述的模型才趋于实际。因此,一般建模遵循以下原则。

① 可分离原则。系统中的实体在不同程度上都是相互关联的,但是在系统分析中,绝大部分的关联是可以忽略的,系统的分离依赖于对系统的充分认识、对系统环境的界定、系统因素的提炼及约束条件与外部条件的设定。

② 合理性原则。在实际问题中,数学建模的过程是基于一些合理的假设对系统进行抽象。假设的合理性直接关系到系统模型的真实性,无论是物理系统、经济系统,还是其他自然科学系统,它们的模型都是在一定的假设下建立的。

③ 因果性原则。按照集合论的观点,因果性原则要求系统的输入量和输出量满足函数映射关系,它是数学模型的必要条件。

(4) 模型的分类。

如前所述,数学模型包含系统 S、问题 Q 和一系列数学表达式 M,这三个要素构成了数学模型的空间。基于该定义,可在 SQM 空间内对数学模型进行分类。下面介绍两种比较常用的分类方法。

① 黑盒白盒分类。

图 7.2 所示为基于黑盒白盒模型分类方法的 SQM 空间示意图。心理学系统和社会学系统占据了黑盒的最左端,这类问题复杂性极高,包含很多子过程,比较难以理解,只能通过构建唯象模型去解决。另外,机械系统、电路系统等位于白盒的最右端,通过机理模型,很容易掌握这些系统的特性(如航天任务仿真中的轨道运动模型)。

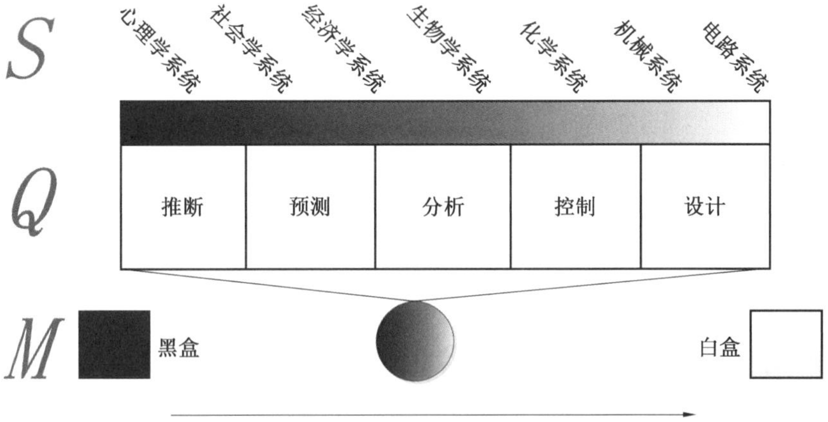

图 7.2　基于黑盒白盒模型分类方法的 SQM 空间示意图

② SQM 空间分类。

由于数学模型的特性取决于 SQM 的"值",因此可以认为,每一个模型都处于 SQM 空间的某个位置。基于 Cellier 在 1991 年提出的分类标准,数学模型可以在 SQM 轴上进行分类。由此可以得到如图 7.3 所示的 SQM 空间模型分类标准。

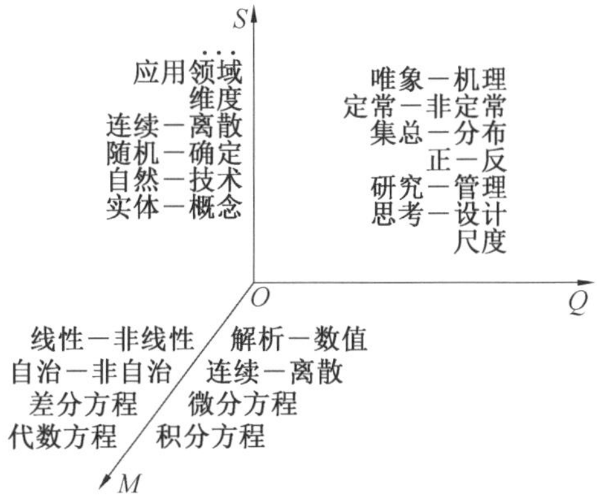

图 7.3　SQM 空间模型分类标准

为了对图 7.3 中的分类建立更清晰的认识,下面将 SQM 空间模型分类说明列于表 7.1 中。需要注意的是,以上数学模型分类是互有交叉的。

表 7.1 *SQM* 空间模型分类说明

空间轴	分类	说明
S 轴	实体 — 概念模型	实体模型是真实世界的一部分,概念模型主要由思想、创意等组成
	自然 — 技术模型	自然模型是自然界的一部分,技术模型是人为产生的,如一辆车
	随机 — 确定模型	随机模型包含随机效应,确定模型不包含或者很少包含随机效应
	连续 — 离散模型	连续模型中包含与连续时间变化相关的变量,离散模型只包含与离散时间变化相关的变量
	维度	基于空间对称性,可采用 1 个、2 个或 3 个空间变量对实体系统进行描述
	应用领域	可以对化学系统、物理系统和生物系统等进行区分
Q 轴	唯象 — 机理模型	唯象模型基于试验数据构建,不使用系统先验信息,机理模型的表达式基于系统的先验信息构建
	定常 — 非定常模型	定常模型的系统参数和因变量均与时间无关,非定常模型中至少一个系统参数或因变量与时间有关
	集总 — 分布模型	集总模型中系统参数或因变量都与空间变量无关,分布模型中至少一个系统参数或因变量与空间变量有关
	正 — 反模型	正模型是给定输入量和系统参数来确定输出量,反模型是确定输入量和系统参数
	研究 — 管理模型	如果问题是为了理解系统可使用研究模型,如果问题是确定系统实际问题的解可使用管理模型
	思考 — 设计	—
	尺度	针对问题,模型以合适的尺度对系统进行描述
M 轴	线性 — 非线性模型	在线性模型中,未知量只通过线性数学运算组合在一起,在非线性模型中,可能涉及未知量相乘或超越函数
	解析 — 数值模型	在解析模型中,可通过包含系统参数的数学公式对系统行为进行解读,数值模型主要用于研究给定参数情况下的系统特性
	自治 — 非自治模型	属于定常 / 非定常模型的数学分类
	连续 — 离散模型	在连续模型中,自变量在一定时间间隔内是任意值,在离散模型中,自变量被假定为某些离散值
	差分方程	在差分方程中,获得的结果是一系列离散数据
	微分方程	包含未知函数导数的方程,它是建立机理模型的主要工具
	积分方程	包含未知函数积分项的方程
	代数方程	包含加、减、乘、除等基本代数运算的方程

(5) 模型的校核、验证及确认。

校核、验证及确认是建模与仿真过程中的重要组成部分,是保证建模与仿真置信度的有效途径。没有足够的置信度，仿真结果是毫无意义的，甚至可能造成错误的决策。

① 校核、验证与确认基本概念。

校核、验证与确认从字面上理解其意义非常接近，但在建模与仿真中，它们的含义存在一定的差异。

校核。确定仿真系统准确地代表了开发者的概念描述和设计的过程。校核关心的是“是否正确地建立模型及仿真系统的问题”。更详细地说，校核关心的是设计人员是否将问题的陈述转化为模型阐述，是否按照仿真系统应用目标和功能需求正确地设计出仿真系统的模型，仿真软件开发人员是否按照设计人员提供的仿真模型正确地实现了模型。

验证。从仿真系统应用目的出发，确定仿真系统代表真实世界的正确程度的过程。验证关心的是“建立的模型和仿真系统是否正确”，更详细地说，验证关心的是仿真系统在具体的应用中多大程度地反映了真实世界的情况。

验收。权威机构正式地接受仿真系统为专门的应用目的服务的过程。仿真系统的验收是在校核验证的基础上，由仿真系统的主管部门和用户组成的验收小组，对仿真系统的可接受性和有效性做出正式的验收。

校核、验证与验收之间有着十分密切的联系。校核工作为验收系统的各项功能提供了依据，验证工作为系统的有效性评估提供了依据，而系统性能的好坏可能是校核与验证都关心的问题。

② 校核、验证与验收的技术与方法。

校核、验证与验收的技术与方法是在建模与仿真过程中为完成校核、验证与验收工作各阶段目的而采用的各种技术、工作策略的总称。仿真系统是融合了建模技术、系统科学、软件工程和其他有关领域知识的复杂系统，因此复杂系统的校核、验证与验收应该充分吸收相关领域成功的测试与评估方法。美国国防部公布的校核、验证与验收规范中总结了 76 种校核与验证的方法，分为非形式化方法、静态方法、动态方法和形式方法四大类。该部分内容非常繁杂，下面仅列出一些代表性的方法。

a. 模型校核方法。

模型校核的主要目的和任务是考察模型从一种形式转化成另一种形式的过程是否正确。由此可以发现，实际上软件工程中的很多技术方法都可以直接认为是校核方法。表 7.2 列出了常用的模型校核方法。

表 7.2　常用的模型校核方法

分类	方法名称
非正规方法	程序员自查；概念执行；代码自查；设计审查；过程审查
静态分析方法	词法分析；语义分析；结构分析； 数据流分析；一致性分析
动态测试方法	自上而下测试；自下而上测试； 黑箱测试；白箱测试；临界测试；调试；运行跟踪；运行监控； 运行描绘；符号调试；递归测试
符号分析	符号运行；路径分析；原因－效果图示；分区分析

续表7.2

分类	方法名称
约束分析	断言检测；归纳检测；边界分析
理论证明	正确性证明；Lamda 微积分；谓词变换；推理；逻辑演绎；归纳

表 7.2 中，符号分析、约束分析、理论证明是模型验证的高级手段，虽然效果较好，但是实施起来困难较大，对于有些复杂的程序甚至是不可能的。

b. 模型验证方法。

模型验证的目的是考察模型在作用域内是否准确地代表了原型系统，主要包括以下两方面的含义。

(a) 检查概念模型是否正确地描述了原型系统；

(b) 检测模型输入输出行为是否充分接近原型系统的输入输出行为。

对于复杂系统的模型和仿真，要想从理论上证明其正确性或得到其准确度，是十分困难的甚至是不可能的。模型验证的最终方法就是通过实践来检验，即通过比较模型结果与实际系统的运行结果的偏差来表示模型的准确度。如果实际系统的准确结果无法获取或者只能部分获取，则无法准确地得到模型的准确程度，可以用参考系统的数据替代实际系统数据来近似验证。

几种常用的模型验证方法见表 7.3。

表 7.3 几种常用的模型验证方法

名称	描述
主观有效性评价法	由熟悉实际系统的专家评价模型及其输出结果是否合理
理论比较法	将模型结果与理论计算结果进行比较，以判断模型的正确性
手算法	模型的所有输入值和内部变量都采用规定值，看模型输出结果是否与手算结果相同
模型比较法	将模型输出结果与已被普遍认为有效的模型输出结果进行比较，根据偏差评价模型的有效性
事件有效性检验法	将仿真过程中出现的事件与实际发生的事件进行比较，看其是否相同
局部测试法	移走模型的某些部分，或设定适当的输入值，然后测试模型输出结果，看其是否符合一定的规律
历史数据法	利用历史数据中的一部分建立模型，而用另一部分来检验模型的正确性
内部有效性评价法	通过多次运行模型来确定模型随机性的大小
参数有效性检验法	改变模型的内部变量和输入值，观察其对输出结果的影响，判断这种影响关系与真实系统是否一致
极端条件测试法	采用极端条件或对不同层次的影响因素进行组合，看模型的输出结果是否合理
追踪测试法	对模型中不同类型实体的行为进行追踪，以确定模型逻辑上是否正确

续表7.3

名称	描述
动态关联分析法	提出关联性能指标，利用该指标对仿真输出与原型系统输出进行定性分析、比较，据此给出两者一致性的定性结论
灵敏度分析法	用灵敏度分析技术确定模型的输入输出关系，并检查其合理性
多阶段校核法	分三个阶段，首先提出模型假设，然后检验假设的有效性，最后检验模型输入输出关系的正确性
子模型有效性分析法	按照一定的原则将模型分解成若干个子模型，通过对子模型的确认得到对总模型的有效性认识
预测有效性法	把模型的测试结果与实际系统的输出结果进行比较，看其是否相同
统计检验法	使用数理统计方法检验和评估模型的有效性
曲线法	比较模型输出结果曲线和实际系统输出结果曲线之间的吻合程度
动画法	将模型输出结果进行动画显示，凭直觉判断模型的正确性

7.2.2　建模仿真试验设计

从试验设计的角度，可将仿真试验中的因素分为两类。第一类因素的取值可视为确定的若干档位，将该类因素称为确定型因素，而将其取值的不同档位称为水平；第二类因素的取值可视为服从某种随机分布(如正态分布)，将该类因素称为随机型因素。针对两类因素，需采用不同的试验设计方法。对于确定型因素，目前普遍采用的试验设计方法有全面试验法、正交试验法、均匀试验法等。对于随机型因素试验，应用最为广泛的方法是蒙特卡洛(Monte Carlo)抽样，该方法模型简单、便于操作，在使用中需要高度关注的是随机变量的计算机生成策略。本节将分别介绍这些试验设计方法。

1. 确定型因素试验设计

(1) 全面试验法。

全面试验法又称为穷举法。该方法将每一个因素的不同水平进行组合，并对每一组合作进行试验。设一项试验中有 m 个因素，它们各有 $n_1, n_2, \cdots, n_m$ 个水平，则全面试验法至少要做 $n_1 \times n_2 \times \cdots \times n_m$ 次试验。

当因素个数及其水平数不多时，采用全面试验法可以获得较丰富的试验结果，结论也比较精确可靠。全面试验对各种因素与响应指标之间的关系分析得比较清楚，但试验的次数太多。特别是当因素多、每个因素水平数也较多时，试验量可能会大得惊人。以 3 个因素为例，每个因素若取 10 个水平，就需要进行 1 000 次试验。若有 5 个因素、6 个水平，则试验次数将达到 $6^5 = 7\ 776$ 次。

(2) 正交试验法。

所有试验设计方法本质上都是在全部试验范围内挑选代表点的方法。正交设计根据正交准则来挑选代表点，使得这些点能够反映试验范围内各因素和试验指标之间的关系。正交设计在挑选代表点时有两个特点，即均匀分散和整齐可比。均匀分散使得试验点具有代表性,整齐可比便于试验数据的分析和处理。

田口玄一将正交试验选择的水平组合列成表格,称为正交设计表。正交试验法就是使用已经设计好的表格(正交设计表)来安排试验并进行数据分析的一种方法,具有高效、准确的特点。正交试验法一般包括以下步骤:

① 根据试验目的,确定考察指标 y;

② 确定考察的影响因素,$y=f(A,B,\cdots)$;

③ 根据考察范围和精细度要求,确定各因素的取值范围及其可取的水平;

④ 选择正交设计表;

⑤ 按照正交设计表安排试验;

⑥ 分析试验结果,找出最优化条件;

⑦ 验证最优化条件下的指标。

正交试验一般通过一系列表格来实现这种设计,即所谓的正交设计表。表 7.4 给出了一个典型的正交设计表,记作 $L_9(3^4)$,其中 L 代表一个正交设计表,9 代表共需做 9 次试验,4 代表有 4 个因素,3 代表每个因素都有 3 个水平。易知若对同样的问题采用全面试验法,共需要 $3^4=81$ 次试验,而正交试验法仅需 9 次试验,可见其确实能够大大节约试验次数。

表 7.4　正交设计表 $L_9(3^4)$

试验	因素			
	1	2	3	4
1	1	1	1	1
2	1	2	2	2
3	1	3	3	3
4	2	1	2	3
5	2	2	3	1
6	2	3	1	2
7	3	1	3	2
8	3	2	1	3
9	3	3	2	1

为了保证整齐可比性,正交试验法至少需要安排 q^2 次试验,其中 q 为每个因素的水平数。不难看出,当因素水平数较大时,采用正交试验法的试验次数仍然存在较大的问题。

(3) 均匀试验法。

均匀试验法是一种考虑试验点在试验范围内均匀散布的试验设计方法。该方法由方开泰和王元在 1978 年共同提出。与正交设计相比,均匀设计可能用更少的试验次数获得期望的结果,因此当试验成本较高或由于其他原因希望减少试验次数时,往往采用均匀设计来产生试验方案。

与正交试验法相近,均匀试验法也有相应的均匀设计表来进行试验,表 7.5 给出了一个典型的均匀设计表,记作 $U_7(7^4)$。其中,U 表示一个均匀设计表,下标 7 表示要做 7 次试验，括号内的 7 表示每个因素有 7 个水平，4 表示该表有 4 列。

均匀试验法具有以下特点：

① 每个因素的每个水平做且仅做一次试验；

② 任意两个因素的试验点在平面的格子点上，每行每列有且仅有一个试验点；

③ 均匀设计表任意两列组成的试验方案一般并不等价，为此每个均匀设计表必须有一个附加的使用表；

④ 当因素水平数增加时，使用数按水平数的增加量增大。

表 7.5　均匀设计表 $U_7(7^4)$

试验	因素			
	1	2	3	4
1	1	3	5	7
2	2	6	2	6
3	3	1	7	5
4	4	4	4	4
5	5	7	1	3
6	6	2	6	2
7	7	5	3	1

2. 随机型因素试验设计

(1) 蒙特卡洛抽样基本原理。

蒙特卡洛抽样亦称为随机仿真法，有时也称作随机抽样法或统计试验法。蒙特卡洛抽样是一种与一般数值计算方法有本质区别的计算方法，属于试验数学的一个分支，起源于早期的用几率近似概率的数学思想，它利用随机数进行统计试验，以求得的统计特征值(如均值等)作为待解问题的数值解。蒙特卡洛抽样以概率统计理论为其主要理论基础，以随机抽样为其主要手段，可用于解决各种类型的问题。

在概率论中，随机事件发生的可能性大小是遵循一定的概率分布的。通过对某一现象的多次模拟观察，并把观察结果加以平均，便得到所求量的近似值，统计次数越多，结果越精确。蒙特卡洛抽样的主要做法是用数学方法产生服从已知特定分布的随机数，一个或多个这种随机数输入到求解未知随机变量的数学模型中，计算出未知随机变量的随机数。独立进行足够多次这样的计算，可以得到未知随机变量的一组随机数。这组随机数的集合称为该随机变量的一个样本。统计处理所得到的随机样本，就得到所求随机变量分布或数字特征的统计估值。

用蒙特卡洛抽样求解问题的基本步骤如下。

① 根据实际问题的特点，构造简单而又便于实现的概率统计模型，使所求解恰好是所建立模型的概率分布或数学期望。

② 给出概率模型中各种不同分布随机变量的抽样方法。

③ 统计处理模拟结果，给出问题解的估计值和精度估计值。

用数学方法产生具有给定分布的随机数的工作可以方便地由计算机实现，下面对这一问题进行介绍。

(2) 随机变量计算机生成方法。

随机变量被广泛地应用于各种计算机数值仿真计算的算法里。对于蒙特卡洛抽样方法,其应用的核心就是需要产生服从所需特定概率分布的随机变量。

在实际应用中,一般把各种不同分布的随机变量的抽样序列简称为随机数。在理论上,只要有了一种具有连续分布的随机变量,就可以通过直接抽样、函数变换、舍远补偿或渐近模拟等方法产生其他任意分布的随机变量。而在连续分布的随机变量中,[0,1] 区间内均匀分布的随机变量是最简单、最基本、最重要的随机变量。因此,在计算机模拟时,总是先产生[0,1] 区间内均匀分布的随机数,然后再利用它获得其他分布的随机数。

在计算机上常用的产生[0,1] 区间内均匀分布的随机数的方法大致可分为三类,以下分别进行介绍。

① 随机数表法。把已有的随机数表输入计算机。

② 物理法。用物理方法,如噪声型随机数发生器、放射型随机数发生器等,产生真正的随机数。

③ 伪随机数法。用数学方法产生伪随机数,如 MATLAB 语言中的 rand()。

第一种方法要占用大量的内存且随机数表长度有限。第二种方法需要增加额外的物理随机数发生器。第三种方法是目前普遍使用的一种方法,它根据一个适当选取的递推公式,由计算机程序直接产生具有均匀总体简单子样统计性质的随机数序列。常用的方法有迭代取中法、移位法和同余法。需要指出的是,由于字长的限制,计算机只能表示有限个不同的数,所以在计算机上不能产生真正连续分布的随机数,而只能用离散分布的随机数代替连续分布的随机数。另外,用递推公式产生的数值序列本质上是完全确定的,到一定程度后就会出现周期重复现象。毫无疑问,这些都和随机数应该具备的基本统计性质相矛盾。换句话说,用数学方法根本不可能产生真正的随机数。用数学方法如何产生与真正随机数相近的伪随机数是当今数学界的一项重大课题。

要把伪随机数当作真正随机数使用,就需要对用数学方法产生的伪随机数提出一定的要求:

① 产生的数值序列要具有均匀总体简单子样的一些概率统计特征,通常包括分布的均匀性、抽样的随机性、试验的独立性和前后的一致性;

② 产生的伪随机数要有足够长的周期,满足模拟实际问题的要求;

③ 产生随机数的速度快,占用计算机的内存小。

除了[0,1] 区间内均匀分布的随机数外,在仿真中常用的随机数还有[a,b] 区间内均匀分布的随机数、指数分布的随机数、瑞利分布的随机数、威布尔分布的随机数、正态分布的随机数等。若已有[0,1] 区间内均匀分布的随机数,则可通过反函数法和舍选法等产生服从各种分布的随机变量。

(3) 蒙特卡洛抽样典型用例。

下面给出蒙特卡洛抽样方法的一个典型简单用例。

已知函数 $Y=f(X_1,X_2,\cdots,X_n)$,其中变量 $X_1,X_2,\cdots,X_n$ 均为随机变量且概率分布已知,则 Y 亦为随机变量,那么如何求取 Y 的期望?

该问题可由多重积分解析求解，此处不再赘述。而使用蒙特卡洛抽样同样可以获得较为满意的解答。求解步骤如下：

① 利用随机数发生器直接或间接抽取每一随机变量 $X_1, X_2, \cdots, X_n$ 的样本(x_{1i}，$x_{2i}, \cdots, x_{ni}$) ($i=1,2,\cdots,m$)；

② 由($x_{1i}, x_{2i}, \cdots, x_{ni}$) 依据下式确定 y_i，进而得到 Y 的一个样本 $y_1, y_2, \cdots, y_m$：

$$y_i = f(x_{1i}, x_{2i}, \cdots, x_{ni}) \tag{7.1}$$

③ 由样本 $y_1, y_2, \cdots, y_m$ 计算 Y 的期望，即

$$\mu = E(Y) \approx \bar{y} = \frac{1}{m}\sum_{i=1}^{m} y_i \tag{7.2}$$

蒙特卡洛抽样以随机数发生器产生样本，用样本分布逼近总体分布。由中心极限定理可知

$$\bar{y} \sim N(\mu, \sigma/\sqrt{m}) \tag{7.3}$$

可见，$\bar{y}$ 是 Y 的期望 μ 的无偏估计，估计精度随抽样次数的增大而提高。样本分布逼近总体分布的收敛速度为 $m^{1/2}$。

7.2.3　建模仿真支撑技术

1. 视景仿真

视景仿真又称虚拟现实，是计算机技术、图形图像处理与图像生成技术、立体影像和音响技术、信息合成技术、显示技术、传感技术等多种高新技术的综合运用。视景仿真技术在数值仿真的基础上，以图形和动画形式表达数值仿真的过程或结果，使仿真效果更逼真、仿真交互功能更强。对于工程应用来说，视景仿真给人们具体而真实的体验，以便于理解原本不是很熟悉的问题，对相关领域专家透过现象看到问题的本质也有极大的辅助作用。同时，视景仿真有利于缩短试验和研制周期，有利于提高试验质量、节省研发经费。

20 世纪 80 年代之前，视景仿真是一项非常专业的技术，工程应用并不甚多。20 世纪 80 年代后期，现代图形系统性能的提升简化了视景仿真工作。多家公司推出了自己的图像生成系统，1992 年，SGI 公司推出了 OpenGL(Open Graphics Library)1.0 版，定义了跨编程语言、跨平台的专业图形程序接口，提供了独立于操作系统的三维图形软件包。使得原来必须在高档图形工作站上运行的 3D 图形处理软件也可以在微机上运行。20 世纪 90 年代出现的广角投影系统，不仅显著降低了投影系统的质量，而且由多个投影仪投射得到的图像通过精细融合能够实现连续曲面视景。视景仿真在不同领域的应用开始呈现井喷式发展。

目前，国内外用于视景仿真的工具种类繁多，下面从商业和开源两方面对使用较多的视景仿真工具进行介绍。

(1) 商业视景仿真工具。

①STK(Systems Tool Kit)。

AGI 公司开发的商业软件 STK 是一个功能强大、可靠性高的系统分析工具包，是航

天领域应用最为广泛的仿真分析工具之一。STK 可以方便地进行复杂的航天任务分析，并能对分析过程和结果以二维、三维可视化、曲线图表和文本形式展示，使仿真结果更加直观，分析和解释过程更为简单。国际上目前有80%以上的航天部门都在使用STK。虽然STK具有诸多性能优势，但也存在一些不足：① 价格昂贵，一个模块往往需要多达几百万人民币；② 一些高精度和敏感用途模块禁止对国内出售；③ 不公开源代码，很难进行软件扩展，可复用性较差。

②Vega。

随着三维视景仿真应用的普及，涌现出一批以 OpenGL 为底层的图形视景仿真开发平台。美国MultiGen－Paradigm公司的Vega系列产品，就是其中的典型代表。Vega是用于实时视觉模拟、虚拟现实和普通视觉应用的软件环境。它充分体现了面向对象的设计思想，在视景仿真系统中模型、特效、视点、窗口等都以对象形式存在。在系统开发过程中，只需要定义对象并设置它们的属性，即可达到所要求的效果。为了简化对象定义和程序设计，Vega 提供了可以定义对象、设置对象属性、对应用程序进行预览的图形界面环境，称为 LynX。对于非专业人员，可以利用 LynX 图形用户界面进行大范围、高质量的小型仿真应用。对于专业人员，可以利用 Vega 所提供的 API 创建自己的视景仿真系统，在系统中直接调用以 OpenGL 编写的函数来进一步提高开发效率。

③Unity 3D。

视景仿真技术发展最为迅猛的无疑是电子游戏领域。一些先进的游戏开发工具正逐渐被推广到更加广阔的应用领域，其中最具代表性的就是Unity 3D游戏引擎。Unity 3D是由 Unity Technologies 开发的一个让玩家轻松创建诸如三维视频游戏、建筑可视化、实时三维动画等类型互动内容的多平台综合型游戏开发工具，是一个全面集成的专业游戏引擎。Unity软件将交互的图形化开发环境作为首要方式，其编辑器运行在 Windows 和 Mac OS X 操作系统下，可发布游戏至 Windows、Mac、Wii、iPhone、WebGL(需要HTML5)、Windows phone 8 和 Android平台。也可以利用Unity Web Player插件发布网页游戏，支持Mac和 Windows的网页浏览。

(2) 开源视景仿真工具。

① OpenGL。

OpenGL 即开放性图形库，是由 SGI 公司开发的一套与图形绘制相关的 API。作为硬件图形发生器的软件接口，它与硬件、窗口系统和操作系统相互独立，不提供与硬件密切相关的设备操作函数。同时，OpenGL支持网络开发，在网络系统中用户可以在不同的图形终端上运行程序和显示图形。高性能的三维图形绘制功能和良好的移植性使OpenGL 成为目前三维图形开发的工业标准，成为三维图形开发者所必须掌握的开发工具之一。与 OpenGL 类似的图形接口库是 Direct3D，其只能用于 Windows 操作系统。

OpenGL作为高性能的图形绘制软件包，包括了100多个图形操作函数，开发者可以利用这些函数来构造景物模型、进行三维图形交互软件的开发。一些扩展工具也被开发用来扩展 OpenGL 的功能，包括 GLFW、GLUT、GLEW 等，特别是 SGI 开发的 OpenGL Performer 库，可以创建实时可视化仿真程序。

② OSG(OpenSceneGraph)。

OSG是一个基于工业标准OpenGL的开源场景图形程序开发接口(API),提供了高性能3D程序所需的空间数据组织能力及其他特性,使程序员能够更加快速、便捷地创建高性能、跨平台的交互式图形程序。

相比工业标准OpenGL或其他图形库,OSG封装并提供了数量众多的提升程序运行性能的算法;提供针对包括分页数据库在内的几乎所有主流数据格式的直接数据接口;支持脚本语言系统Python和tcl,对脚本语言系统的支持将突破现有交互式图形系统在人—机交互性能方面的限制。

2. 仿真架构

仿真架构(simulation architecture)是描述计算机仿真系统在运行环境中部署情况的顶层概念,用于指导计算机仿真系统的总体设计。按照是否配置在多台计算机上,可将系统架构区分为集中式仿真架构(centralized simulation architecture)和分布式仿真架构(distributed simulation architecture)两类。下面对两种架构的概念、分类和优缺点进行阐述。

(1) 集中式仿真架构。

集中式仿真架构是使程序在一台计算机上配置并执行的一种仿真体系架构。注意,集中式仿真架构并不等同于单软件仿真架构,它可能是由部署在一台计算机上的多个仿真软件互联形成的架构。

根据部署在一台计算机上的软件个数,集中式仿真架构存在两种结构。

① 单软件结构。

仿真系统中所有的核心计算、仿真控制、显示等功能集中在一个软件中称为单软件结构。

单软件结构的仿真运行控制可分为串行控制和并行控制两类。

串行控制是较为常用的控制方式,仿真中由主控模块串行依次调用各计算模块,完成仿真。例如,一个火箭的上升段仿真,就需要依次调用导航、制导、控制、动力学等模块,完成上升段状态计算。

如果要在火箭仿真的同时,通过曲线显示火箭位置、速度等信息,就可以采用并行控制,单软件结构的并行控制需要借助多线程(multithreading)技术,多线程允许在一个软件进程内并发执行多个线程。采用多线程技术时,特别需要注意线程之间的同步,不同操作系统提供了不同的API函数用于多线程同步,通常采用事件(event)、临界区(critical section)、互斥量(mutex)、信号量(semaphore)四种同步机制。例如,火箭上升段仿真,位置速度等状态计算分配一个线程,曲线显示分配一个线程,火箭状态计算线程将数据存储到共享存储区,曲线显示读取共享存储区的数据,实时显示当前火箭状态。

② 多软件结构。

仿真系统中采用多个软件联合计算并部署在一台计算机上称为多软件结构。多软件结构的仿真运行控制也可分为串行控制和并行控制两类。串行控制是多软件结构较少采用的控制方式,这是由于串行控制并不能提高仿真整体速度,从根本上违背了将仿真系统分为多个软件的初衷。但是,在某些模块之间必须有顺序关系的仿真系统中,依然存在串行控制方式。多软件结构采用较多的是并行控制。

多软件结构中多个进程必须交互仿真数据，因此必须解决进程间通信(inter－process communication，IPC)问题，常用的IPC方式包括管道、消息队列、共享内存等。

集中式仿真架构多软件结构最适合的IPC方式是共享内存，它具有最快的数据交换速度。一旦共享内存区映射到其他共享进程的地址空间，这些进程间的数据传输就不再涉及操作系统内核，这样就可以减少系统调用事件，提高仿真效率。

集中式仿真架构的主要优点是部署结构简单、功能集中。集中式仿真架构从结构和实现角度来看最简单，因为所有的仿真计算、显示等都在单个计算机上进行。例如，单颗卫星飞行仿真或卫星对地观测仿真就很适合集中式仿真架构。

集中式仿真架构的优点也限制了它的扩展性，当仿真程序规模逐渐变大时，将可能带来开发维护困难，如果需要将仿真系统扩展到大量实体，将可能没有足够计算资源来为所有实体服务，同时如果需要多人员协调开发，也存在功能耦合难以独立并行开发的缺点。

综上所述，集中式仿真架构特别适合开发人员较少的中小规模仿真系统。

(2) 分布式仿真架构。

分布式仿真架构是使程序在分布计算机系统(即由多个互联的计算机组成的系统)上执行的一种仿真体系架构。分布式仿真架构包含两个关键要素：仿真和在分布的计算机系统上执行。

分布式仿真与并行仿真都是指仿真程序在包含有多个处理器的计算机系统上执行的技术，但两者是不同的概念。分布式仿真是与集中式仿真对应的概念，强调仿真程序的地理分布性，并行仿真是与串行仿真相应的概念，强调仿真程序内部计算的并发性。

分布式仿真与并行仿真的关键特征差异在于地理分布性。并行仿真系统很少按地理上分布的方式执行，因为当通信时延高时很难取得加速比。而分布式仿真中用户和其他资源(例如模拟器、数据库)地理上分布是很平常的。因此，并行仿真典型情况下配置在多处理器上，而分布式仿真通常配置在通过局域网或广域网互联的计算机上。

根据仿真计算的物理分布，分布式仿真架构存在以下三种结构，如图7.4所示。

① 集中服务器结构。

系统中存在一个维护虚拟世界共享状态的中央计算机(服务器)，负责维护仿真的全局状态(如每个卫星的位置速度)，其他局部计算机仅进行与本地实体相关的局部仿真计算，或仅用于展示仿真实体信息。集中服务器结构的概念来自计算机网络架构中的客户机/服务器(C/S)。如果局部计算机仅用于展示仿真实体信息，那么该种结构通常又称为集中计算分布显示结构。例如，在航天飞行训练仿真中，每个局部计算机可执行参与训练人员的用户接口程序，定期为服务器产生用户输入信号，服务器维护整个飞行任务的全局状态，负责将全局状态通知所有其他参与仿真的计算机。

② 分布服务器结构。

分布服务器结构与集中服务器结构类似，不同之处在于用一组互联的计算机实现服务器功能，虚拟世界的共享状态分布在计算服务器上，必须通过计算机间交互消息来维护。纯计算实体在计算服务器上执行，以利用其高性能互联设施，局部计算机与计算服务器之间的数据传递可采用性能稍低的网络连接。

③ 分布无服务器结构

分布无服务器结构不采用服务器，而是将仿真计算机分别安排至地理上分布的计算机上。

集中服务器结构从实现角度来看最简单，因为与仿真状态相关的全局信息全部在单个计算机上维护，但是它的缺点是不能扩展到大量实体建模，当更多实体加入时，将可能没有足够计算资源来为所有实体服务。

分布服务器结构和分布无服务器结构原则上允许人们绕开集中服务器结构的伸缩性问题，计算机数量能够与被仿真实体的数量成比例增长。分布服务器结构用户之间的通信需要两次消息传递，一次从用户传递到服务器，一次从服务器传递到另一个用户，因此可能导致较高的时延，而分布式无服务器结构由于只需一次消息传递，因此用户消息时延较低。

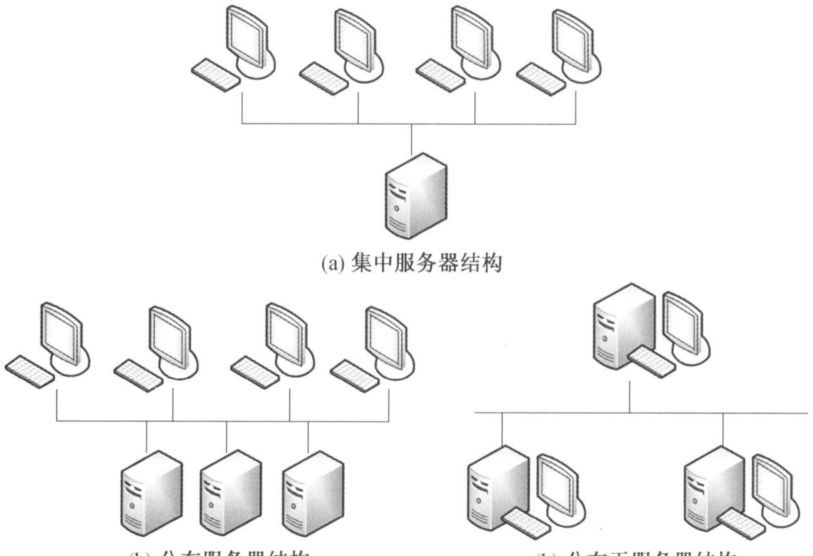

(a) 集中服务器结构

(b) 分布服务器结构　　(b) 分布无服务器结构

图 7.4　分布式仿真架构的三种结构

分布式仿真架构的主要优点包括以下几点。

① 缩短运行时间。通过将大型仿真系统分解为多个子系统，并且在多个处理器上并行运行，就可以将运行时间大大减少。

② 地理上分布。在一组地理上分布的计算机上运行仿真程序，能够构建一个让位于不同地理位置的人员共同参与的虚拟世界。

③ 集成现有模拟器。假设已经研制了一些模拟器，与把这些不同程序移植到单台计算机上相比，通过把现有运行于不同计算机上的模拟器相连接来构成一个虚拟环境可能花费更少。

④ 容错。使用分布式仿真架构的一个潜在好处就是增加容错能力。如果一台计算机失效，就可以由其他计算机来替代它，让仿真计算继续进行下去，如果失效计算机是数据监视等非关键节点，甚至可以直接抛弃该节点。相反，如果在单个计算机上仿真，计算

机的失效就意味着整个仿真必须停止。

当然,分布式仿真架构也有许多缺点。为了将分布在不同计算机上的仿真程序互联起来共同仿真,就需要增加数据管理、时间管理等底层软件,这大大增加了系统的复杂性。另外,计算机之间通信网络的性能限制,会导致额外的网络数据传递时间消耗,这也会在一定程度上降低仿真系统整体计算速度,特别是计算机之间数据交换频率增大、数据量增加时,网络消耗的时间资源有可能超过计算机仿真消耗的时间资源,这时就需要仔细衡量分布式仿真架构的必要性。

综上所述,相比于集中式仿真架构,分布式仿真架构更适合中大规模仿真系统,尤其是扩展性、集成性要求较高的多方参与开发的中大规模仿真系统。

7.3 常用评估算法

7.3.1 多属性决策问题

多属性决策问题是决策与评估领域的经典问题,反映了对以多属性体系结构描述的对象系统做出全局性、整体性评估的过程。由于影响评估结果的因素很多,且评估对象往往是复杂系统,因此多属性决策的过程通常也是极为复杂的。

多属性决策问题的求解通常分为 5 个步骤,如下。

① 明确评估对象。评估对象取决于评估目的,如武器系统效能评估的对象是特定的武器系统,作战方案质量评估的对象是一个或多个作战方案等。

② 建立评估指标体系。评估指标体系提供了衡量评估对象好坏的一套标准。对于复杂系统的评估,往往需要建立层次化的指标体系,体系中的每一个指标仅仅反映评估对象的一个侧面的特征。

③ 选定评估算法。评估算法是处理指标数据、求解多属性决策问题的工具。在实际操作中,需要结合评估对象、评估指标体系的特点选择合适的评估算法。

④ 开展综合评估。

⑤ 给出评估结果。

在作战筹划环节,多属性决策问题的一类常见表现形式是有限方案排序问题,也即综合考虑多方面属性(因素),对有限个不同的作战方案进行排序寻优的问题。这类问题有两个特点:一是评估对象通常为多个方案,需要对多个方案分别进行评估计算,按照统一的评价尺度来对比其优劣;二是评估指标体系中的指标多从不同侧面反映了作战方案的成本、效益、风险等特征,需要权衡折中,优选更加合适的方案。

下面将介绍可用于求解有限方案排序问题(及其他多属性决策问题)的两种典型评估算法。

7.3.2 层次分析法

层次分析法(analytic hierarchy process,AHP)是 T. L. Sualy 于 20 世纪 70 年代提出的一种系统分析方法。层次分析法是一种实用的多属性决策方法,该方法定性与定量相结合，具有灵活、简洁、便于操作的优点，在工程实践中得到了广泛的应用。

1. 基本原理

AHP 方法求解多属性决策问题的总体思路是：针对刻画评估对象的层次化指标体系，在每一层次分别依据相对重要性确定指标权重，下层指标线性加权得到上层指标，以此类推直到获得顶层的指标综合评分，以分值大小作为排序寻优的依据。

(1) 依据相对重要性确定指标权重的原理。

AHP 方法中至关重要的环节是依据相对重要性确定指标权重的过程，下面举例说明其原理。

设有 n 个物体，它们的质量分别为 $w_1,w_2,\cdots,w_n$。若将它们两两地比较质量，其比值可以构成 $n\times n$ 矩阵 $\boldsymbol{A}$，即

$$\boldsymbol{A}=\begin{bmatrix}\frac{w_1}{w_1} & \frac{w_1}{w_2} & \cdots & \frac{w_1}{w_n}\\ \frac{w_2}{w_1} & \frac{w_2}{w_2} & \cdots & \frac{w_2}{w_n}\\ \vdots & \vdots & & \vdots\\ \frac{w_n}{w_1} & \frac{w_n}{w_2} & \cdots & \frac{w_n}{w_n}\end{bmatrix}$$

该矩阵有如下性质，若以权重向量 $\boldsymbol{w}=[w_1,w_2,\cdots,w_n]^{\mathrm{T}}$ 右乘 $\boldsymbol{A}$ 矩阵，则得到

$$\boldsymbol{A}\boldsymbol{w}=\begin{bmatrix}\frac{w_1}{w_1} & \frac{w_1}{w_2} & \cdots & \frac{w_1}{w_n}\\ \frac{w_2}{w_1} & \frac{w_2}{w_2} & \cdots & \frac{w_2}{w_n}\\ \vdots & \vdots & & \vdots\\ \frac{w_n}{w_1} & \frac{w_n}{w_2} & \cdots & \frac{w_n}{w_n}\end{bmatrix}\begin{bmatrix}w_1\\ w_2\\ \vdots\\ w_n\end{bmatrix}=n\begin{bmatrix}w_1\\ w_2\\ \vdots\\ w_n\end{bmatrix}=n\boldsymbol{w}$$

即

$$(\boldsymbol{A}-n\boldsymbol{I})\boldsymbol{w}=0 \tag{7.4}$$

式(7.4)说明，n 与 $\boldsymbol{w}$ 构成了矩阵 $\boldsymbol{A}$ 的一组特征值和特征向量。换句话说，若已知 n 个物体的质量比值构成的判断矩阵 $\boldsymbol{A}$，那么求解式(7.4)即可确定特征向量 $\boldsymbol{w}$，也即确定各物体的质量。类似地，设有位于同一层次的 n 个指标，若已知 n 个指标的相对重要性构成的判断矩阵 $\boldsymbol{A}$，那么求解式(7.4)即可确定特征向量 $\boldsymbol{w}$，也即确定各指标的权重。

注意，由判断矩阵 $\boldsymbol{A}$ 的定义可知，其满足完全一致性条件，即

$$a_{ii}=1,\quad a_{ij}=1/a_{ji},\quad a_{ij}=a_{ik}/a_{jk},\quad i,j=1,2,\cdots,n$$

根据正矩阵理论可以证明，满足完全一致性条件的 $n\times n$ 矩阵具有唯一非零的最大特征值 $\lambda_{\max}$，且 $\lambda_{\max}=n$。但在实际操作中，判断矩阵的计算存在主观性，不能保证满足完全一致性条件，此时判断矩阵的最大特征值不为 n。为避免这种情况，提高相对重要性评价的可靠性，需要对判断矩阵做一致性检验，下面将给出一致性检验的算法。

(2) 判断矩阵的计算。

判断矩阵 $\boldsymbol{A}$ 的计算需要引入相对重要性标度的概念，也即为衡量指标两两之间的相

对重要性提供一个判别标准。心理学研究表明，人类区分信息等级的极限能力为 7±2 个标度，因此引入表 7.6 所示的 1 ～ 9 相对重要性标度。

表 7.6　1 ～ 9 相对重要性标度

标度 a_{ij}	定义
1	指标 i 与指标 j 同等重要
3	指标 i 略微比指标 j 重要
5	指标 i 明显比指标 j 重要
7	指标 i 当然比指标 j 重要
9	指标 i 绝对比指标 j 重要
2,4,6,8	为以上标度表征的重要性程度之间的标度值
倒数	若指标 j 与 i 比较，其标度值为 $a_{ji}=1/a_{ij}$

(3) 特征向量与特征值的求解。

已知 $n\times n$ 判断矩阵 $\boldsymbol{A}$，求其特征向量和最大特征值的方法很多，下面介绍一种常用的近似计算方法 —— 方根法，计算步骤如下。

① 计算判断矩阵 $\boldsymbol{A}$ 每一行所有元素的几何平均值，为

$$\bar{w}_i=\left(\prod_{j=1}^{n}a_{ij}\right)^{\frac{1}{n}},\quad i=1,2,\cdots,n$$

② 对 $\bar{w}_i$ 进行归一化处理，即

$$w_i=\frac{\bar{w}_i}{\left(\sum_{i=1}^{n}\bar{w}_i\right)},\quad i=1,2,\cdots,n$$

则所求权向量 $\boldsymbol{w}=[w_1,w_2,\cdots,w_n]^{\mathrm{T}}$。

③ 计算判断矩阵 $\boldsymbol{A}$ 的最大特征值 $\lambda_{\max}$：

$$\lambda_{\max}=\sum_{i=1}^{n}\frac{[\boldsymbol{A}\boldsymbol{w}]_i}{nw_i}$$

其中，$[\boldsymbol{A}\boldsymbol{w}]_i$ 表示 $\boldsymbol{A}\boldsymbol{w}$ 向量中的第 i 个元素。

(4) 计算结果的一致性检验。

为检验判断矩阵 $\boldsymbol{A}$ 的一致性，引入平均特征值差作为它的一致性指标，记作 CI，其计算式为

$$\mathrm{CI}=\frac{\lambda_{\max}-n}{n-1}$$

不难看出，当 $\lambda_{\max}=n$ 时，CI=0，表示完全一致；CI 值越大，判断矩阵的完全一致性越差。通常情况下，当 CI ≤ 0.1 时，认为该判断矩阵的一致性可以接受；否则，需重新进行两两比较判断，修改判断矩阵。

判断矩阵的维数 n 越大，判断的一致性越差，故应放宽对高维判断矩阵一致性的要求。于是引入随机一致性指数 RI 对一致性指标加以修正，形成相对一致性指标 CR，其计算式为

$$\mathrm{CR}=\frac{\mathrm{CI}}{\mathrm{RI}}$$

类似地，当 CR ⩽ 0.1 时，认为该判断矩阵的一致性可以接受；否则，需重新进行两两比较判断，修改判断矩阵。

随机一致性指数 RI 的取值应随矩阵维数 n 的变化而改变，修正函数表见表 7.7。

表 7.7　修正函数表

维数 n	1	2	3	4	5	6	7	8	9
RI	0	0	0.58	0.96	1.12	1.24	1.32	1.41	1.45

(5) 指标的规范化处理。

考虑到不同属性指标的量纲与物理含义等存在差异，需要对其进行规范化处理，使不同指标之间具备可比性与可加性。常用的指标规范化方法包括矢量规范化方法、极变差法、线性变换法、Z－Score 法等。下面介绍一种离散信息损失相对较少的指标规范化方法 —— 线性变换法，其思路为

$$\begin{cases} z_i=\dfrac{x_i}{x^{\max}}, & i=1,2,\cdots,m,x_i\in\Omega_{\mathrm{b}} \\ z_i=\dfrac{x^{\min}}{x_i}, & i=1,2,\cdots,m,x_i\in\Omega_{\mathrm{c}} \end{cases} \tag{7.5}$$

其中，$x^{\max}=\max\{x_1,x_2,\cdots,x_m\}$；$x^{\min}=\min\{x_1,x_2,\cdots,x_m\}$；$x_i$ 为原始的指标数值；z_i 为 x_i 规范化的结果；Ω_{b} 为效益型指标(越大越好)；Ω_{c} 为成本型指标(越小越好)。

2. 操作步骤

依据 AHP 方法的基本原理，给出其具体操作步骤，如下：

① 对评估对象的指标体系中的指标数据进行必要的预处理，如指标规范化等，确保指标体系层次清晰、同一层次指标具有可比性；

② 对同一层次中各指标相对于其上一层次指标的重要性进行两两比较，构造判断矩阵；

③ 由判断矩阵计算得到同一层次各指标的权重，并进行一致性检验；

④ 利用简单线性加权(simple additive weighting，SAW) 方法，自底向上依次进行指标的聚合，直到获得顶层综合评分。SAW 的计算式可表示为

$$z=\sum_{i=1}^{n}w_iz_i$$

其中，z 为指标体系中的某一上层指标，其向下分解为 n 个下层指标 z_i；w_i 为计算获得的下层指标权重。

若求解的问题涉及对比寻优(如有限方案排序问题)，则进一步依据顶层综合评分进行排序，得到最优的选项。

AHP 方法把一个复杂的评估对象视为一个有序的层次结构，通过构造两两指标相对重要性矩阵计算各层指标的相对权重，从而聚合得到总体的评估结果。该方法的主要特点如下：

① 将定性和定量分析相结合，是分析和评估多目标、多准则的复杂系统的有力工具；

② 思路清晰、方法简便、适用范围广；

③ 提供了较好的权重计算方法，具有很强的推广应用价值；

④ 评估结果以指标数据与权重乘积的累加和体现；

⑤ 属于主观评估法，以专家打分的方式获得判断矩阵，所以评估结果具有较强的主观性。

7.3.3 模糊综合评估法

1. 基本原理

(1) 基本要素。

模糊综合评估法主要依据模糊数学的模糊变换方法进行，其数学模型主要由 U、V、$\tilde{\boldsymbol{R}}$、$\boldsymbol{w}$ 等基本要素构成，其中

$U=\{u_1,u_2,\cdots,u_m\}$ 为指标集，$u_i(i=1,2,\cdots,m)$ 表示第 i 个评估指标；

$V=\{v_1,v_2,\cdots,v_s\}$ 为评语集（如好坏等级：好、较好、一般、较差、差等），$v_j(j=1,2,\cdots,s)$ 表示第 j 个评价等级；

$\tilde{\boldsymbol{R}}=[\tilde{r}_{ij}]_{m\times s}$ 是从指标集 U 到评语集 V 上的一个模糊变换关系，被视为从指标集 U 到评语集 V 的一个模糊变换器；$\tilde{r}_{ij}(i=1,2,\cdots,m;j=1,2,\cdots,s)$ 称为指标 u_i 被评价为评语 v_j 的模糊隶属度。$\tilde{r}_{ij}$ 可以采用专家打分确定，也可采用模糊隶属函数法确定，下面将详细阐述。$\tilde{\boldsymbol{R}}$ 中第 i 行反映了评估对象的第 i 个指标对应于评语集中各等级的模糊隶属度；第 j 列反映了评估对象各指标分别取评语集中第 j 个等级的模糊隶属度。

$\boldsymbol{w}=[w_1,w_2,\cdots,w_m]$ 为评估指标权重向量，w_i 是第 i 个指标的权重，满足$\left(0\leqslant w_i\leqslant 1,\sum_{i=1}^{m}w_i=1\right)$。

(2) 模糊隶属度。

上面提到，指标 u_i 被评价为评语 v_j 的模糊隶属度 $\tilde{r}_{ij}$，可以采用专家打分确定，也可采用模糊隶属函数法确定，下面结合例子来介绍这一过程。

在弹道导弹防御问题中，衡量防御系统探测能力的指标之一是预警雷达的交班误差，这是一个成本型指标，即越小越好。假设根据先验信息，已知这一指标通常分布在 $[u_{\min},u_{\max}]$ 的范围内。同时构建包含 5 个等级的评语集，从 v_1 到 v_5 依次是好、较好、一般、较差、差。那么针对一次试验中获得的预警雷达交班误差 u，如何确定其模糊隶属度呢？

① 专家打分法。

设邀请 x 名专家对指标 u 进行评价，由于认识存在主观差异，因此不同专家的评价结果可能不同，统计结果如表 7.8。

表 7.8 专家评价统计结果

评语	v_1	v_2	v_3	v_4	v_5
次数	x_1	x_2	x_3	x_4	x_5

根据统计结果，指标 u 对评语 v_j 的模糊隶属度 $\tilde{r}_j$ 可表示为

$$\tilde{r}_j = \frac{x_j}{\sum_{j=1}^{5} x_j} = \frac{x_j}{x} \tag{7.6}$$

② 模糊隶属函数法。

模糊隶属函数法的思想是引入从指标数据到评语模糊隶属度的映射函数，根据指标数据散布情况，分布函数的具体形式可取为三角模糊分布函数、梯形模糊分布函数等不同形式。下面引入对于成本型指标较为常用的一种模糊隶属函数，如图 7.5 所示。

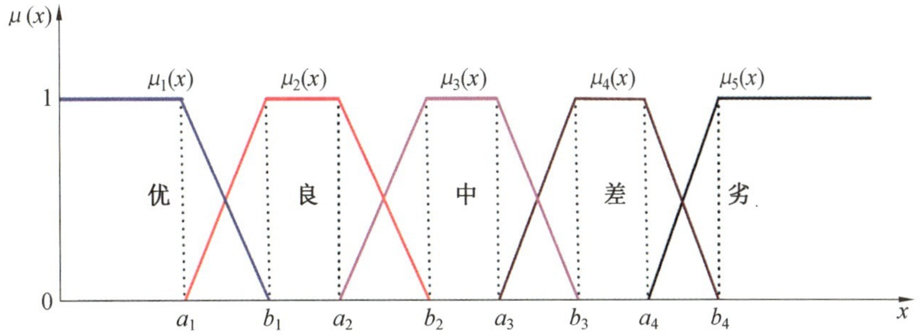

图 7.5 成本型指标评语模糊隶属函数

图 7.5 中 $\mu_j(x)$ 函数的表达式为

$$\mu_1(x) = \begin{cases} 1, & x \leqslant a_1 \\ (b_1 - x)/(b_1 - a_1), & a_1 < x \leqslant b_1 \\ 0, & x > b_1 \end{cases} \tag{7.7}$$

$$\mu_i(x) = \begin{cases} 0, & x \leqslant a_{i-1} \\ (x - a_{i-1})/(b_{i-1} - a_{i-1}), & a_{i-1} < x \leqslant b_{i-1} \\ 1, & b_{i-1} < x \leqslant a_i \\ (b_i - x)/(b_i - a_i), & a_i < x \leqslant b_i \\ 0, & x > b_i \end{cases} \quad (i=2,3,4) \tag{7.8}$$

$$\mu_5(x) = \begin{cases} 0, & x \leqslant a_3 \\ (x - a_3)/(b_4 - a_3), & a_3 < x \leqslant b_4 \\ 1, & x > b_4 \end{cases} \tag{7.9}$$

其中，$\{a_1, a_2, a_3, a_4\}$ 与 $\{b_1, b_2, b_3, b_4\}$ 为人为引入的等差数列，$a_1 = u_{\min}$，$a_4 = u_{\max} - h$，$b_1 = u_{\min} + h$，$b_4 = u_{\max}$，$h = (u_{\max} - u_{\min})/(5+2)$。

不难看出，指标 u 对评语 v_j 的模糊隶属度 $\tilde{r}_j$ 可由下式计算：

$$\tilde{r}_j = \mu_j(u) \tag{7.10}$$

(3) 模糊算子。

模糊综合评估实质上是一个模糊变换问题，若把模糊关系 $\tilde{\boldsymbol{R}}$ 和权重向量 $\boldsymbol{w}$ 作为输入，模糊评估向量 $\tilde{\boldsymbol{B}}$ 作为输出，则模糊综合评估就成为已知 $\tilde{\boldsymbol{R}}$ 和 $\boldsymbol{w}$ 求 $\tilde{\boldsymbol{B}}$ 的模糊计算问题，这一计算过程在很大程度上取决于采用的模糊算子。模糊综合评估中多采用 5 类模糊算子：$M(\wedge, \vee)$ 算子、$M(\cdot, \vee)$ 算子、$M(\wedge, \oplus)$ 算子、$M(\cdot, \oplus)$ 算子、$M(\cdot, +)$ 算子。下面仅介绍最常用的 $M(\cdot, +)$ 算子，利用该算子计算模糊评估向量 $\tilde{\boldsymbol{B}}$ 的过程为

$$b_j = \sum_{i=1}^{m} w_i r_{ij}, \quad j = 1, 2, \cdots, s \tag{7.11}$$

不难看出，$M(\cdot, +)$ 算子的运算方式与矩阵运算相一致。

2. 操作步骤

本节以两层指标体系为例，给出模糊综合评估法的具体操作步骤。

已知某评估对象的两层指标体系 U，其中上层指标为 $\{u_1, u_2, \cdots, u_m\}$，每个上层指标 u_i 可分为若干下层指标 $U_i = \{u_{i1}, \cdots, u_{ik}, \cdots, u_{ip}\}$ $(i = 1, 2, \cdots, m; k = 1, 2, \cdots, p)$。则模糊综合评估步骤如下：

① 确定各层次评估的评语集，在不影响评价准确性的前提下，可以为上下层评估设置一致的评语集，如 $V = \{v_1, v_2, \cdots, v_s\}$；

② 先进行下层指标的模糊评估。以 u_i 为例，已知其指标集 U_i、评语集 V，通过专家打分、模糊隶属函数等方法确定从指标集 U_i 到评语集 V 的模糊变换关系 $\widetilde{\boldsymbol{R}}_i = [\tilde{r}_{kj}]_{p \times s}$，通过层次分析法等方法确定对应于指标集 U_i 中各指标的权重向量 $\boldsymbol{w}_i = [w_{i1}, w_{i2}, \cdots, w_{ip}]$，采用 $M(\cdot, +)$ 算子计算模糊评估向量 $\widetilde{\boldsymbol{B}}_i$ 的过程为

$$\widetilde{\boldsymbol{B}}_i = \boldsymbol{w}_i \widetilde{\boldsymbol{R}}_i \tag{7.12}$$

③ 完成所有下层指标的模糊评估后，进行上层指标的模糊评估。已知指标集 U、评语集 V，将下层指标评估的结果 $\widetilde{\boldsymbol{B}}_i (i=1, 2, \cdots, m)$ 直接作为从指标集 U 到评语集 V 的模糊变换关系 $\widetilde{\boldsymbol{R}} = [\tilde{r}_{ij}]_{m \times s}$，通过层次分析法等方法确定对应于指标集 U 中各指标的权重向量 $\boldsymbol{w} = [w_1, w_2, \cdots, w_m]$，采用 $M(\cdot, +)$ 算子计算模糊评估向量 $\widetilde{\boldsymbol{B}}$ 的过程为

$$\widetilde{\boldsymbol{B}} = \boldsymbol{w} \widetilde{\boldsymbol{R}} \tag{7.13}$$

模糊综合评估计算过程如图 7.6 所示。

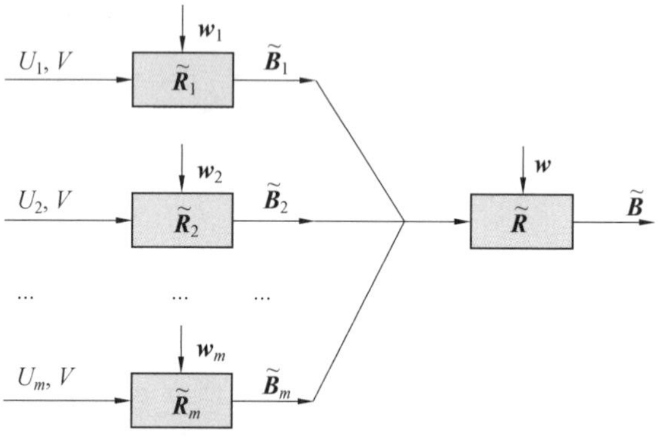

图 7.6　模糊综合评估计算过程

④ 若求解的问题涉及对比寻优，则需要结合评估结果进行排序。这里介绍一种常用的排序方法 —— 字典式排序法。设两个选项的模糊评估结果为

$$\widetilde{\boldsymbol{B}}^{(1)} = (b_1^{(1)}, b_2^{(1)}, \cdots, b_s^{(1)}), \quad \widetilde{\boldsymbol{B}}^{(2)} = (b_1^{(2)}, b_2^{(2)}, \cdots, b_s^{(2)})$$

若存在正整数 $q(1 \leqslant q \leqslant s)$，满足

$$\begin{cases} b_p^{(1)} = b_p^{(2)}, & p > q \\ b_p^{(1)} > b_p^{(2)}, & p = q \end{cases}$$

则认为$\widetilde{\boldsymbol{B}}^{(1)}$优于$\widetilde{\boldsymbol{B}}^{(2)}$，若 q 不存在，则认为$\widetilde{\boldsymbol{B}}^{(1)}$差于$\widetilde{\boldsymbol{B}}^{(2)}$。

模糊综合评估法的主要特点如下：

① 将模糊理论应用到效能评估中，较好地解决了系统效能评估存在不确定性的问题；

② 评估结果既是对被评估系统的定量评估又是定性评估；

③ 数学模型简单，容易掌握，对多属性、多层次的复杂问题评判效果比较好；

④ 若采用专家打分确定模糊变换关系与指标权重，则具有主观性；

⑤ 计算指标隶属度的隶属函数定义将对评估结果产生重要影响。如何选择一个较好的隶属函数是一个必须解决的问题。

思考题

1. 什么是仿真评估？其核心内涵是什么？

2. 试分析理解正交设计表含义，并写出 $L_{16}(3^4)$。

3. 试分析层次分析法的优缺点。

第 8 章　作战评估典型应用

本书第 6 章和第 7 章分别介绍了作战评估的理论和方法，本章将以弹道导弹防御过程为背景，介绍作战评估典型应用，将上述理论方法和实践进行有机结合，以加深理论方法的理解和吸收。

8.1　作战评估背景介绍

弹道导弹防御系统探测能力，是指系统中以星载探测器、地基雷达为代表的传感器对来袭目标的发现、测量、识别、跟踪的能力。在弹道导弹防御作战中，迅速地发现来袭目标威胁、准确地定位来袭目标状态是实施成功拦截的先决条件。随着机动、诱饵、干扰等突防技术在现代导弹中的应用，弹道导弹武器的反探测、反跟踪能力有了大幅度的提高，弹道导弹防御系统的探测与拦截面临越来越严峻的挑战。在防御作战筹划中，通过建模仿真手段，开展弹道导弹防御系统探测能力分析评估，寻找最优作战方案，可以增强防御系统的探测能力，为提高防御系统的作战效能提供参考。

8.1.1　弹道导弹防御系统构成

依据在进攻方导弹的哪一阶段实施拦截，可以将弹道导弹防御系统分为三类：助推段防御系统、中段防御系统、末段防御系统。本章以美军的地基中段防御(ground－based midcourse defense,GMD)系统为对象，开展探测能力仿真评估，下面首先介绍其系统构成。

弹道导弹防御系统由三部分构成：目标探测系统，反导拦截弹系统，指挥、控制、作战管理与通信系统(command control battle management and communications, C2BMC)，图 8.1 给出了三部分之间的关系。

图 8.1 中，天基预警卫星、地基预警雷达与制导雷达构成了目标探测系统，承担来袭导弹预警探测与精确跟踪等任务；以反导拦截弹(简称拦截弹)为核心的反导拦截弹系统，是导弹防御作战的直接杀伤单元；指挥、控制、作战管理与通信系统，是将目标探测系统与反导拦截弹系统紧密联系的枢纽，在导弹防御作战中起着指挥决策的重要作用。

下面针对构成弹道导弹防御系统的三部分分别展开阐述，详细介绍各部分的功能与原理。

(1) 目标探测系统。

① 预警卫星。

作为目标探测系统中的天基探测单元，预警卫星依靠星载光学探测器对敌方弹道导弹的尾焰进行探测。由于弹道导弹主动段发动机尾焰的红外辐射远强于周围地球背景的

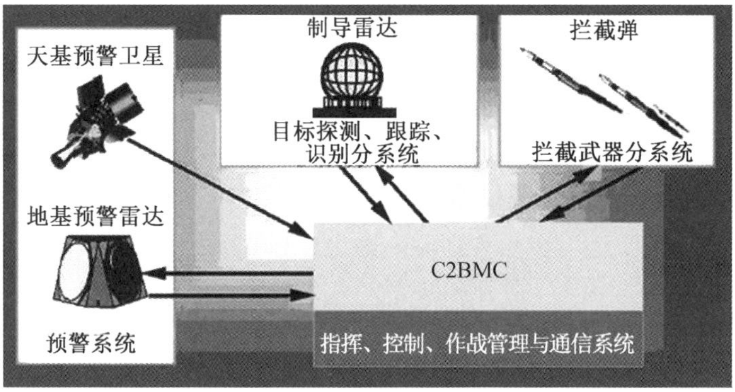

图 8.1　弹道导弹防御系统构成

辐射，因此预警卫星能够在发射初期就发现助推段飞行目标。目前在轨的预警卫星观测性能有限，尚不能实现对目标的精确定位，因此预警卫星对导弹防御作战的价值主要体现为对来袭导弹的及早发现和对导弹方位的粗略估计，从而为防御系统的其他作战单元提供准备时间和初步引导。

② 预警雷达。

预警雷达是目标探测系统的主力探测单元。弹道导弹主动段结束后，红外辐射强度骤降，此时预警卫星的短波红外探测器难以继续对导弹进行探测。在较长的一段时间内，防御系统必须依靠预警雷达对导弹进行探测与跟踪。依据指挥控制系统提供的引导信息，预警雷达向一定空域内发射雷达波，由目标反射回波的特性对目标进行探测，进而实现对目标的跟踪。作为目标探测系统的重要成员，预警雷达为导弹防御作战提供了大量的目标信息，从而为指挥控制系统的拦截分析决策和制导雷达的精确跟踪创造了充分条件。

③ 制导雷达。

经过预警雷达的跟踪，防御系统已经可以将目标定位在较小的空域内，但是还不足以保证拦截弹的直接碰撞杀伤，而诱饵的伴随飞行给拦截弹的作战进一步增加了难度。制导雷达以目标精确跟踪与真假识别为主要任务，为拦截弹的拦截作战提供直接引导。目前弹道导弹防御系统中的制导雷达为X波段相控阵雷达，其功能包括战场监视、目标跟踪识别、拦截火控支援与杀伤评价等。

(2) 反导拦截弹系统。

反导拦截弹是弹道导弹防御系统的武器部分，承担对来袭导弹进行直接杀伤的任务。在地基中段防御系统中，地基拦截弹(ground－based interceptor，GBI)采用“动能杀伤”方式，在地球大气层外拦截来袭的弹道导弹弹头并通过“直接碰撞”将其摧毁。

美国目前部署的GBI由以下几部分构成：大气层外杀伤飞行器(exo－atmospheric kill vehicle，EKV)、三级固体助推火箭以及发射拦截弹所需的地面指挥和发射设备等。

(3) 指挥、控制、作战管理与通信系统。

C2BMC是弹道导弹防御系统的大脑，它把组成防御系统的各部分有机地联系在一起：接收卫星、雷达获取的数据，分析来袭导弹的参数，计算最佳拦截点，引导雷达捕获目标，下达发射拦截弹的命令，向飞行中的拦截弹提供修正的目标信息等。目前美国的C2BMC系统分为两级：总部级与基地级。总部级C2BMC主要承担目标弹道参数估计、目标弹道预报与威胁评估、雷达探测引导、拦截分析决策等任务；基地级C2BMC根据来袭导弹的弹道性能特征和拦截弹的性能及阵地部署情况，实现拦截弧段分析、拦截弹发射诸元计算等功能，并在拦截弹拦截过程中对其进行制导。

8.1.2 弹道导弹防御系统作战过程

弹道导弹防御作战的过程，是防御系统与进攻方之间探测与反探测、识别与反识别、跟踪与反跟踪、拦截与反拦截的对抗过程。以GMD系统为例，图8.2所示为弹道导弹防御作战过程。

① 敌方导弹发射后，早期预警卫星观测到导弹发动机尾焰，将预警信息与测量数据传输至总部级C2BMC；总部级C2BMC进行目标弹道参数初步估计，为预警、制导雷达的搜索提供引导信息。

② 预警雷达依据引导信息对来袭导弹进行捕获、跟踪，将测量数据传输至总部级C2BMC，总部级C2BMC进行目标弹道预报与威胁分析。

③ 制导雷达依据引导信息对来袭导弹及伴随诱饵进行捕获、识别、精确跟踪，将测量数据传输至总部级C2BMC，总部级C2BMC进行拦截分析决策。

④ 基地级C2BMC计算拦截弹发射诸元并下达发射指令，拦截弹飞向目标，飞行过程中，制导雷达向拦截弹提供目标跟踪信息以及弹道修正指令。

⑤ 拦截弹主动段结束，释放EKV，制导雷达继续跟踪目标与EKV，引导EKV靠近目标。

⑥EKV进入末制导，依靠导引头捕获、识别真目标，直接碰撞杀伤。

⑦ 制导雷达继续监视作战区域、评估拦截效果。

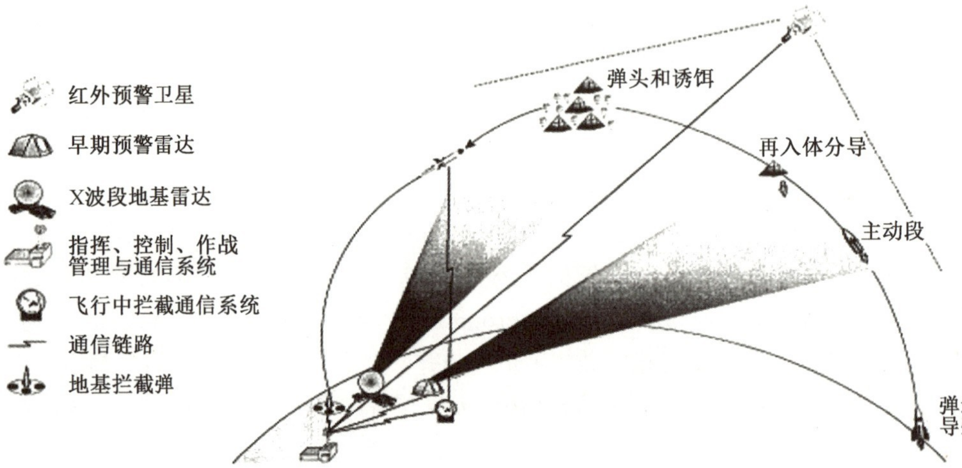

图8.2 弹道导弹防御作战过程

8.2 评估指标体系构建

8.2.1 弹道导弹防御系统探测过程分析

弹道导弹防御作战中的对抗，首先是来袭导弹与防御系统中卫星、雷达构成的探测系统的对抗。来袭导弹采取的一系列突防措施，其直接目的是干扰防御方的探测设备，延缓甚至阻碍防御方对来袭导弹的探测、识别与跟踪，进而达到影响拦截弹作战的目的。因此，弹道导弹防御系统对来袭目标的探测能力，是影响导弹防御作战的关键环节，开展防御系统探测能力分析与评估工作，具有重要的意义。

本书中，探测能力分析与评估考察的对象是目标探测系统对来袭导弹的发现、测量、识别、跟踪过程，这一过程起于来袭导弹的发射，止于总部级 C2BMC 的拦截分析决策，拦截弹发射后防御系统与来袭导弹的对抗不在本书研究范围之内。

为了更清晰地把握目标探测系统对来袭导弹的探测过程，将该过程用目标探测过程交互信息流来表示，如图 8.3 所示。

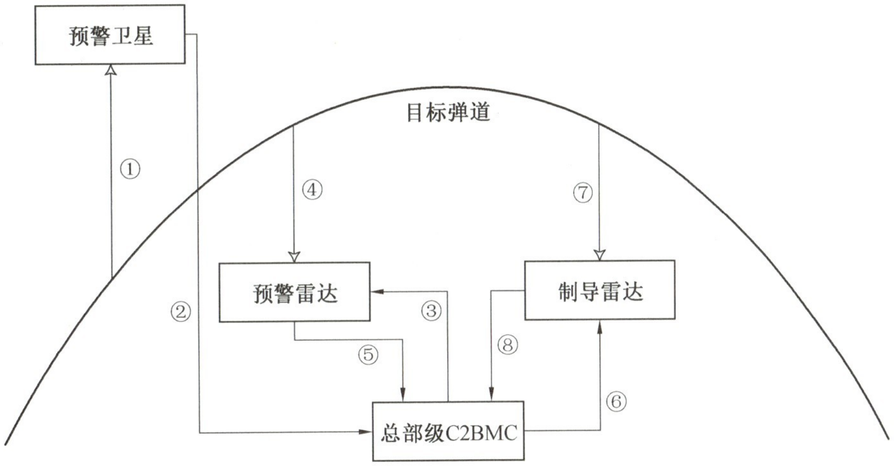

图 8.3　目标探测过程交互信息流

图 8.3 中，以空心箭头表示来袭导弹与防御系统成员的交互，以实心箭头表示防御系统各成员间的交互。整个探测过程的交互信息流包括：

① 预警卫星依据来袭目标的红外特性对其进行观测，产生测量数据；

② 预警卫星将预警信息与测量数据传输至总部级 C2BMC；

③ 总部级 C2BMC 为预警雷达的探测提供引导；

④ 预警雷达在一定空域内依据来袭目标的反射回波对其进行捕获、跟踪；

⑤ 预警雷达将测量数据传输至总部级 C2BMC；

⑥ 总部级 C2BMC 为制导雷达的探测提供引导；

⑦ 制导雷达在一定空域内依据来袭目标的反射回波对其进行捕获、识别、精确跟踪；

⑧ 制导雷达将测量数据传输至总部级 C2BMC。

由图 8.3 可知，目标探测系统对来袭导弹的探测过程，是卫星、雷达、总部级 C2BMC 等成员间密切配合、协同作战的过程。目标探测系统构成复杂，工作环境多样，使得来袭导弹探测过程包含大量的随机性与不确定性。本节通过抽象与归纳，提炼出表征探测能力的两大关键要素：时间、误差，以此为基础，开展探测能力分析研究。

(1) 时间。

目标探测过程中的时间要素，主要包括传感器对目标的发现时刻与跟踪弧段等。在导弹防御作战中，预警卫星、预警雷达、制导雷达按照由天到地，由远及近的顺序对目标实行接力式探测，前者的测量数据可以为后者的搜索提供重要的参考与引导，而制导雷达的测量数据将直接用于拦截决策与拦截作战。对于每部传感器而言，尽可能早地发现目标，可以为后续作战单元提供更多的准备时间；尽可能持久地跟踪目标，可以使目标状态估计误差更快地收敛。因此，提取目标探测过程中的时间要素，能够为探测能力评估工作提供参考。

(2) 误差。

传感器对目标的探测过程，不可避免地受到噪声信号的影响，因此传感器生成的测量数据必然包含误差。当测量数据传输至总部级 C2BMC 时，测量误差转化为目标状态估计协方差矩阵并随着数据处理过程不断传播，协方差矩阵的传播贯穿并影响着目标探测的整个过程。若将协方差矩阵化为误差椭球的形式，那么目标探测系统对来袭导弹的探测过程即伴随着误差(椭球) 管道的缩放过程，如图 8.4 所示。误差椭球的大小直接表征了目标弹道预估的精度，也即表征了传感器的测量误差，因此可以将其作为防御系统探测能力的评估指标。由图 8.4 还可以看出，目标状态估计误差椭球的大小与时间要素有关，这是由总部级 C2BMC 的数据处理算法(如 Kalman 滤波) 决定的。

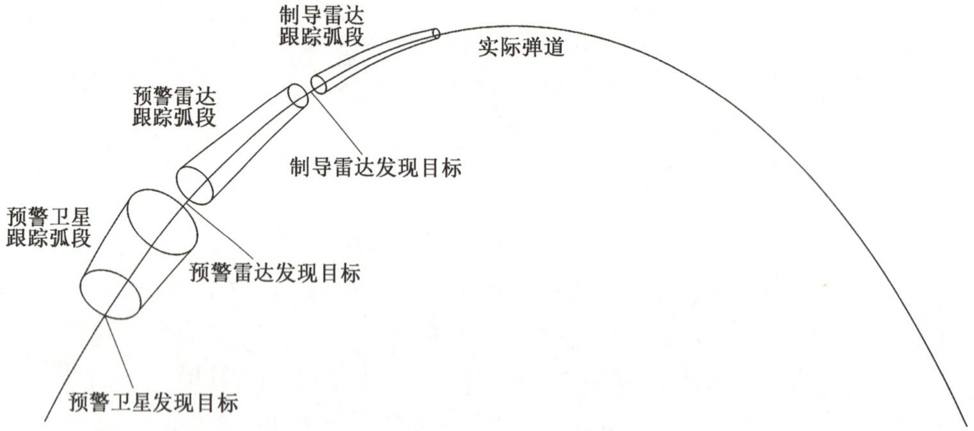

图 8.4 探测过程中目标状态估计误差(椭球) 管道的缩放

8.2.2 探测能力评估指标体系

防御系统探测能力评估指标体系应能全面而准确地反映目标探测系统对来袭导弹的发现、测量、识别、跟踪的能力。依据弹道导弹防御作战中目标探测系统的特点与原理，从时间、误差要素出发，建立弹道导弹防御系统目标探测能力评估的层次化指标体系，具体如图 8.5 所示。

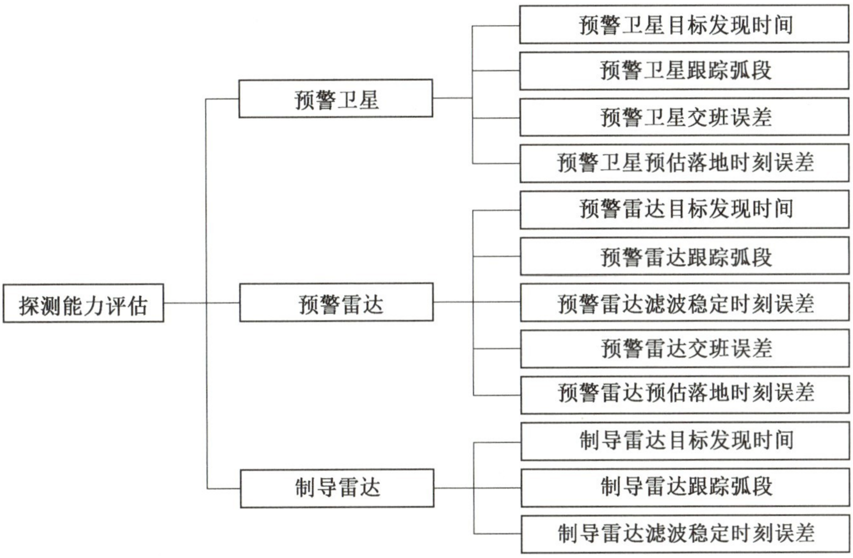

图 8.5　弹道导弹防御系统目标探测能力评估的层次化指标体系

8.2.3　指标体系的影响因素

影响目标探测系统探测能力的因素有很多，包括传感器性能、系统工作环境等。在考察探测能力的影响因素时，不可能也没有必要将所有因素都涵盖在内。本节在分析过程中，忽略那些取值较为固定、设计价值较低的因素（如雷达工作频率）以及难以掌控的因素（如外界环境影响），重点把握对探测能力可能具有显著影响并且设计价值较高的因素。

（1）测量误差。

以预警雷达对目标的探测为例讨论传感器的测距测角误差对各评估指标的影响。已知 $k-1$ 时刻防御系统对目标的状态估计均值为 $\hat{\boldsymbol{x}}(k-1|k-1)$，状态估计协方差矩阵为 $\hat{\boldsymbol{P}}(k-1|k-1)$。假设 k 时刻雷达对目标测量的方位角、仰角、斜距、斜距变化率真值分别为 $[\alpha_0,\beta_0,\rho_0,\dot{\rho}_0]$，测量误差分别为 $[\alpha_e,\beta_e,\rho_e,\dot{\rho}_e]$，那么 k 时刻预警雷达的测量值 $y(k)=[\alpha_0+\alpha_e,\beta_0+\beta_e,\rho_0+\rho_e,\dot{\rho}_0+\dot{\rho}_e]$。预估 k 时刻目标状态的算法为

$$\begin{cases}\hat{\boldsymbol{x}}(k|k)=F[\hat{\boldsymbol{x}}(k-1|k-1),\hat{\boldsymbol{P}}(k-1|k-1),\boldsymbol{y}(k)]\\ \hat{\boldsymbol{P}}(k|k)=G[\hat{\boldsymbol{x}}(k-1|k-1),\hat{\boldsymbol{P}}(k-1|k-1),\boldsymbol{y}(k)]\end{cases}\tag{8.1}$$

由式(8.1)可知，测量误差由测量值 $\boldsymbol{y}$ 引入目标预估状态的传播方程，从而直接影响目标状态预估精度，进而使目标探测能力指标发生改变。

（2）虚警概率。

由于噪声的存在，因此传感器的信号检测过程往往具有概率和统计特性。例如，在雷达探测过程中，由于噪声电压是任意起伏变化的，因此当混杂了噪声的回波信号进入接收机时，信号处理变得非常复杂，很难确定某一瞬间接收机输出的增加是由目标回波信号还是由偶然噪声起伏造成的。为了分析这一问题，分别引入噪声与叠加噪声的回波的概率

密度函数，以定量地说明检测过程。

定义当目标回波信号存在时，检测到信号的概率为探测概率 P_d。而当目标回波信号不存在时，将噪声起伏误认为信号的概率称为虚警概率 P_{fa}，则有

$$\begin{cases} P_{fa} = \int_{v_t}^{\infty} p_n(v)\mathrm{d}v \\ P_d = \int_{v_t}^{\infty} p_s(v)\mathrm{d}v \end{cases} \tag{8.2}$$

其中，v_t 为接收机门限电压；$p_n(v)$ 为噪声概率密度函数；$p_s(v)$ 为叠加噪声的信号（并非是线性相加）的概率密度函数。由式（8.2）可知，雷达的探测概率是受虚警概率影响的。当概率密度函数 $p_n(v)$、$p_s(v)$ 给定时，探测概率 P_d 与虚警概率 P_{fa} 由门限电压 v_t 建立起对应关系，因此虚警概率的取值将影响雷达对目标的探测。

对预警卫星星载探测器而言，虚警概率与探测概率之间有与雷达类似的关系。

（3）数据传输延迟。

数据传输延迟是指传感器将测量数据传输至总部级 C2BMC 所消耗的时间。若假设上面所列预警雷达数据传输延迟为 Δt，那么 k 时刻预警雷达的测量数据 $y(k)$ 将于 $k+\Delta t$ 时刻到达总部级 C2BMC。由式（8.1）得到 k 时刻目标状态的估计值 $\hat{\boldsymbol{x}}(k|k)$、$\hat{\boldsymbol{P}}(k|k)$ 后，需将其进一步递推，即

$$\begin{cases} \hat{\boldsymbol{x}}(k+\Delta t|k) = M[\hat{\boldsymbol{x}}(k|k), \hat{\boldsymbol{P}}(k|k), \Delta t] \\ \hat{\boldsymbol{P}}(k+\Delta t|k) = N[\hat{\boldsymbol{x}}(k|k), \hat{\boldsymbol{P}}(k|k), \Delta t] \end{cases} \tag{8.3}$$

其中，$k+\Delta t$ 时刻目标状态估计精度与数据传输延迟 Δt 有关，因此 Δt 的大小将可能影响整个探测过程。

综上所述，选取传感器的测量误差标准差、虚警概率、数据传输延迟作为影响目标探测系统探测能力的关键因素，为下面探测能力评估仿真试验奠定基础。表 8.1 给出了探测能力影响因素的详细说明。

表 8.1 探测能力影响因素的详细说明

探测器	影响因素
预警卫星	测量方位角误差标准差 α_{Se}
	测量仰角误差标准差 β_{Se}
	星载探测器虚警概率 P_{Sfa}
	传输延迟 Δt_S
预警雷达	测量方位角误差标准差 α_{Re}
	测量仰角误差标准差 β_{Re}
	测量斜距误差标准差 ρ_{Re}
	测量斜距变化率误差标准差 ν_{Re}
	虚警概率 P_{Rfa}
	传输延迟 Δt_R

续表8.1

探测器	影响因素
制导雷达	测量方位角误差标准差 α_{Xe}
	测量仰角误差标准差 β_{Xe}
	测量斜距误差标准差 ρ_{Xe}
	测量斜距变化率误差标准差 ν_{Xe}
	虚警概率 P_{Xfa}
	传输延迟 Δt_X

8.3　作战评估系统设计与开发

8.3.1　系统总体设计

(1) 总体架构。

本节建立的探测能力仿真评估系统总体架构如图 8.6 所示。图中，运行管理与支撑平台作为底层环境，对系统运行实施监控管理并建立数据交互的桥梁。红、蓝方模型构成目标探测回路，依据白方试验设计模块生成的试验方案，完成多次试验并将探测能力指标数据输出至数据库，由白方能力评估模块完成数据处理并给出评估结果。红、蓝、白方在运行管理与支撑平台的驱动下，形成试验设计、仿真运行、能力评估的完整流程。

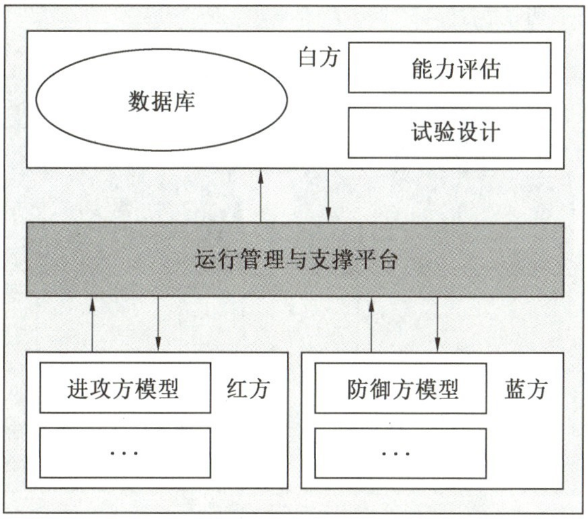

图 8.6　探测能力仿真评估系统总体架构

(2) 设计模式。

数据通信和模型调度是数字仿真的两个核心问题。在探测能力仿真评估系统的开发过程中，引入了中断回调与共享内存技术，形成了“模型隔离”的设计模式，在降低系统开发维护难度的基础上较好地解决了通信和调度问题。

中断回调是单个模型节点与仿真系统联通的主要途径。系统的同步推进即是以中断回调机制实现。仿真流程中,各模型节点分别调用其回调函数,依据仿真管理节点统一下发的消息获取仿真时钟与行为类型,进行必要的操作(包括数据读写)将自身状态推进至指定时刻,从而完成一步推进并等待下一次消息。中断回调推进原理如图 8.7 所示。

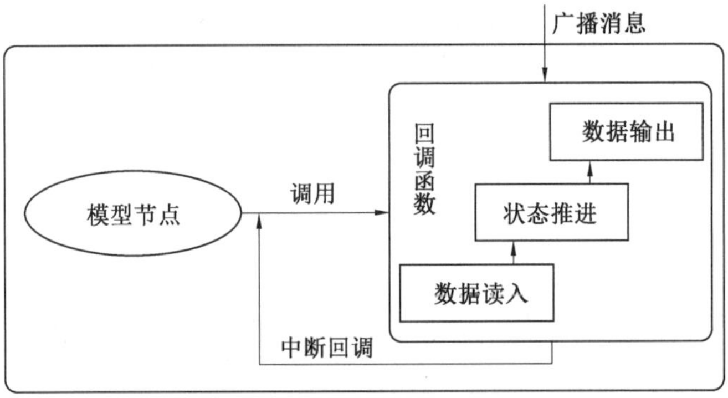

图 8.7 中断回调推进原理

共享内存是模型节点与支撑平台进行数据交互的枢纽。共享内存建立后,模型节点依据不同的数据交互需求,在共享内存中进行数据处理,从而推进仿真系统运行。对共享内存所作操作可由图 8.8 表示。

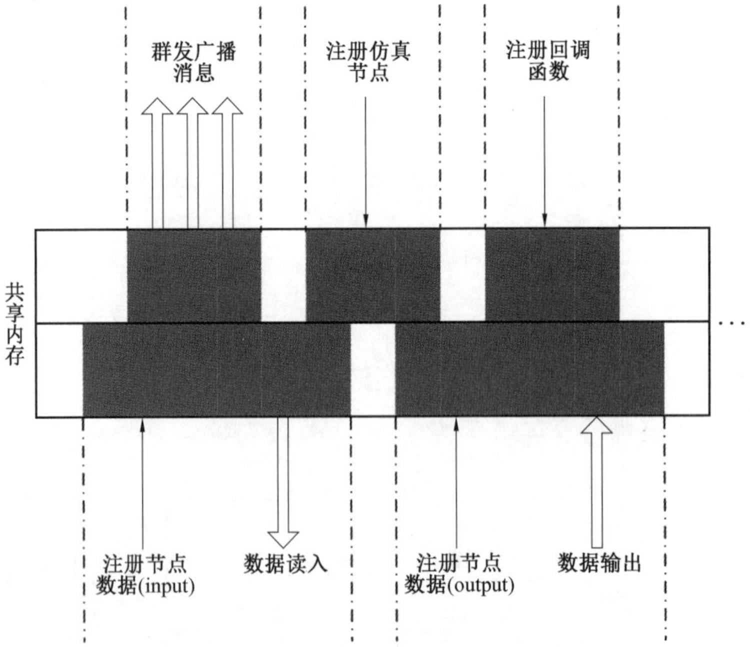

图 8.8 共享内存中的数据处理

中断回调与共享内存技术的引入,使得模型开发人员可以将主要精力集中在单个模型的内部实现上,不必因过多考虑模型与支撑平台的联通而影响开发过程。各模型节点开发完成后,搭配相应的仿真适配器,即可联入支撑平台。在中断回调机制下,仿真系统通过共享内存方便地实现了数据通信与时间同步,降低了模型开发难度,为仿真试验的顺利运行提供了保障。

(3) 运行流程与数据接口。

探测能力仿真评估系统运行流程与数据接口如图 8.9 所示。

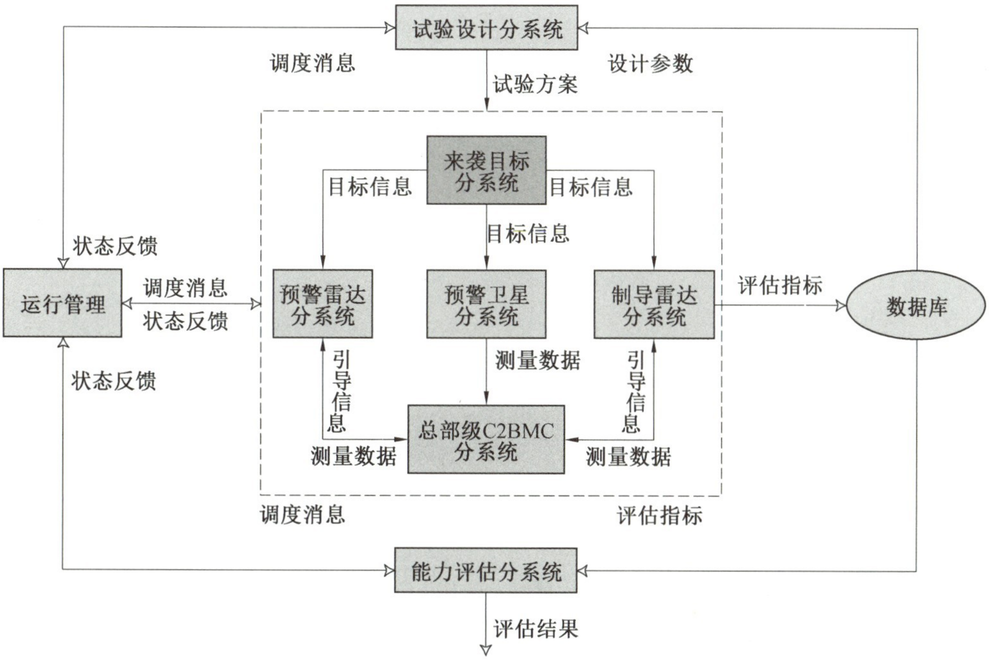

图 8.9　探测能力仿真评估系统运行流程与数据接口

图 8.9 给出的系统运行流程主要包括以下步骤：

① 试验设计分系统从数据库读取设计参数，开展试验设计，生成试验方案并输出至目标探测仿真回路；

② 在中断回调与共享内存机制下，由进攻方与防御方相关分系统构成的来袭目标探测仿真回路，依据试验方案完成一次或多次仿真试验，将评估指标数据存储至数据库；

③ 能力评估分系统从数据库读取评估指标，开展作战评估，给出评估结果。

需要强调的是，上述试验设计、仿真运行、能力评估的流程是在运行管理模块的统一调度下实现的，运行管理模块需发送特定的调度消息，并实时监控各分系统状态，确保整个系统运转顺利。

图 8.9 将仿真评估系统的数据接口分为两类。一类包括仿真回路内部红、蓝方成员间的数据交互接口，称为内部接口，以实心箭头表示；另一类包括仿真回路与外部环境的输入输出接口和白方成员间的数据交互接口，称为外部接口，以空心箭头表示。

8.3.2 试验设计分系统开发

依据探测能力仿真评估系统的要求，试验设计分系统的功能为：根据参与试验设计的因素及其特征，采用正交设计、均匀设计方法进行确定型因素试验设计，采用蒙特卡洛抽样、数论方法等进行随机型因素试验设计，将设计生成的试验方案分别输出到参与试验的各模型分系统。

试验设计分系统运行流程如图 8.10 所示。

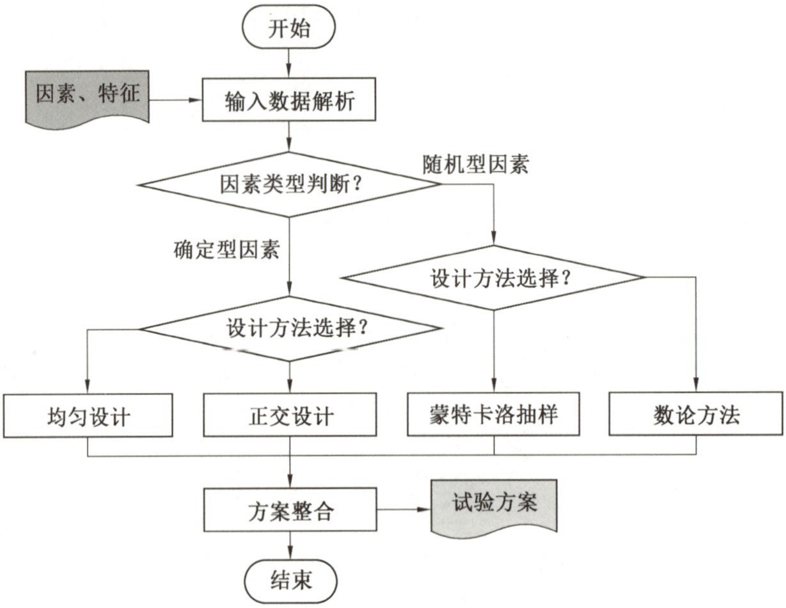

图 8.10 试验设计分系统运行流程

针对不同类型的因素,试验设计分系统可根据用户选择,采取相应的设计方法开展试验设计,并将生成的试验方案以文件的形式输出。

运行过程中,试验设计分系统的数据接口见表 8.2。

表 8.2 试验设计分系统的数据接口

数据接口	文件
输入	确定型因素名称、水平数、取值范围
	随机型因素名称、服从分布、分布特征
输出	设计生成的试验方案

8.3.3 预警卫星分系统开发

依据探测能力仿真评估系统的要求,预警卫星分系统的功能为:以来袭目标信息、配置参数文件为输入,模拟预警卫星的在轨飞行、目标搜索、目标发现、目标测量等过程,输出目标测量信息到总部级 C2BMC,输出目标发现时间、探测概率曲线等指标到数据库。

结合预警卫星功能及其目标探测过程数学模型,梳理预警卫星分系统仿真流程如图 8.11 所示。

图 8.11 中,配置参数、目标状态为输入参数,卫星实时状态、探测概率、发现时间和测量数据为输出指标。配置参数包括卫星初始状态和探测器性能参数等。卫星运行时,若目标处于卫星可测区域内,则由目标发动机尾焰红外辐射强度计算卫星探测器信噪比,进而得到探测概率。通过概率仿真,判断卫星是否发现目标,产生相应的输出数据。概率仿真的步骤:已知探测概率为 P_{sd},产生一个在[0,1]上均匀分布的随机数 q。若 $q \leqslant P_{sd}$,则

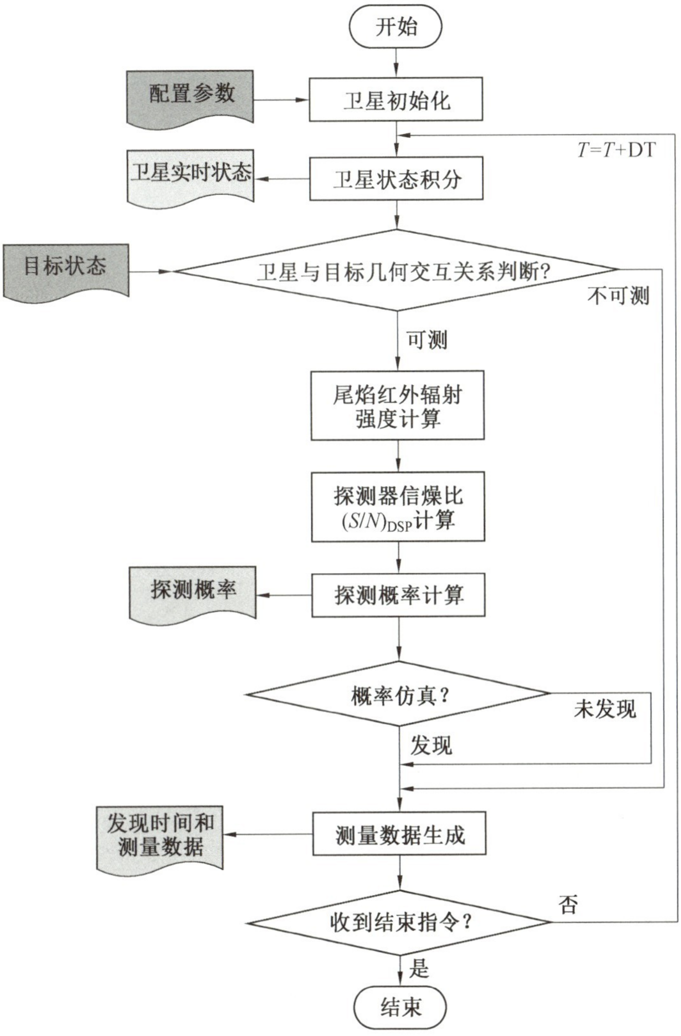

图 8.11　预警卫星分系统仿真流程

认为探测成功;反之,则认为探测失败。

仿真过程中,预警卫星分系统数据接口见表 8.3。

表 8.3　预警卫星分系统数据接口

数据接口	数据结构体	文件
输入	广播消息(仿真步长、行为类型等)	卫星轨道根数
	目标状态(位置、速度、姿态)	卫星测量误差标准差
	目标红外特性	星载探测器性能参数
输出	卫星测量误差标准差	卫星发现目标时间
	卫星状态	卫星探测概率曲线
	卫星测量数据	卫星跟踪目标弧段

8.3.4 预警雷达分系统开发

依据探测能力仿真评估系统的要求，预警雷达分系统的功能为：以来袭目标信息、总部级C2BMC引导信息、配置参数文件为输入，模拟预警雷达对目标（进攻弹或子弹头）的搜索、发现、跟踪等过程，输出目标测量信息到总部级C2BMC，输出目标发现时间、发现距离、探测概率曲线、跟踪弧段、目标RCS曲线等指标到数据库。

结合预警雷达功能及其目标探测跟踪数学模型，梳理预警雷达分系统仿真流程如图8.12所示。

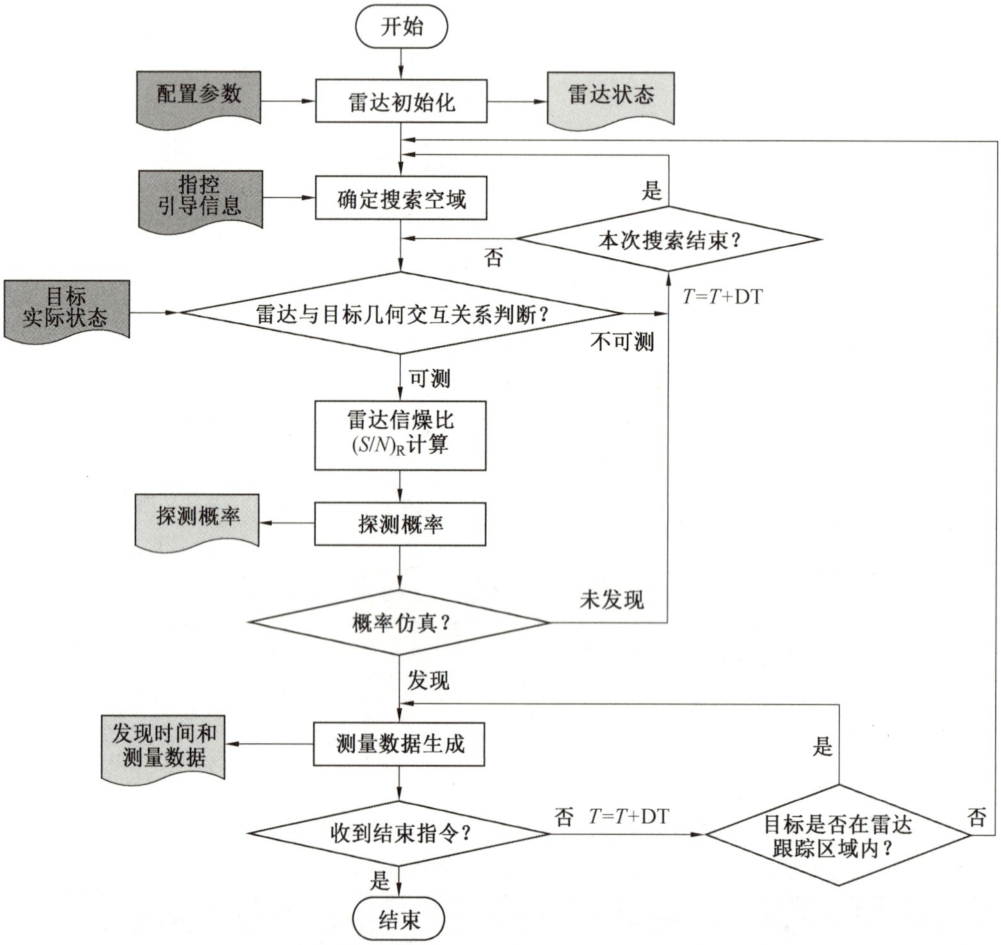

图 8.12 预警雷达分系统仿真流程

图8.12中，配置参数、指控引导信息、目标实际状态为输入参数，雷达状态、探测概率、发现时间和测量数据为输出指标。配置参数包括雷达状态等。雷达运行时，首先根据指控系统提供的引导信息确定搜索空域，若实际目标处于雷达搜索空域内，则由目标RCS计算雷达信噪比，进而得到探测概率，通过概率仿真，判断雷达是否发现目标，产生相应的输出数据。发现目标后，雷达转入跟踪模式，持续生成对目标的测量数据，直到目标飞出雷达跟踪区域。

仿真过程中，预警雷达分系统数据接口见表 8.4。

表 8.4　预警雷达分系统数据接口

数据接口	数据结构体	文件
输入	广播消息（仿真步长、行为类型等）	雷达部署位置
	指控引导信息（目标估计状态）	雷达测量误差标准差
	目标实际状态（位置、速度、姿态）	雷达性能参数
输出	雷达测量误差标准差	雷达发现目标时间、距离
	雷达部署位置	雷达跟踪目标弧段
	雷达测量数据	雷达探测概率曲线
	目标雷达散射截面积	目标 RCS 曲线

8.3.5　制导雷达分系统开发

依据探测能力仿真评估系统的要求，制导雷达分系统的功能为：以来袭目标信息、总部级 C2BMC 引导信息、配置参数文件为输入，模拟制导雷达对目标（进攻弹、子弹头、诱饵）的搜索、发现、识别、跟踪等过程；以拦截弹信息为输入，模拟制导雷达对拦截弹的跟踪。输出目标与拦截弹测量信息到总部级 C2BMC，输出目标发现时间、发现距离、探测概率曲线、识别概率曲线、跟踪弧段、目标 RCS 曲线等指标到数据库。

表 8.5 与图 8.13 分别给出了制导雷达分系统数据接口与仿真流程。由图 8.13 可知，与预警雷达相比，制导雷达可对来袭目标群进行观测，并从中识别真弹头，进行精确跟踪，以引导拦截弹作战。

表 8.5　制导雷达分系统数据接口

数据接口	数据结构体	文件
输入	广播消息（仿真步长、行为类型等）	雷达部署位置
	指控引导信息（目标估计状态）	雷达测量误差标准差
	目标实际状态（位置、速度、姿态）	雷达性能参数
	拦截弹实际状态（位置、速度、姿态）	—
输出	雷达测量误差标准差	雷达发现目标时间、距离
	雷达部署位置	雷达跟踪目标弧段
	雷达测量数据	雷达探测概率曲线
	目标雷达散射截面积	雷达识别概率曲线
	—	目标 RCS 曲线

8.3.6　总部级 C2BMC 分系统开发

依据探测能力评估仿真系统的要求，总部级 C2BMC 分系统的功能为：以预警卫星、预警雷达、制导雷达测量数据为输入，模拟总部级 C2BMC 对来袭导弹的状态滤波与落点预报过程，输出搜索引导信息到预警雷达、制导雷达，输出交班误差、滤波稳定时刻误差等

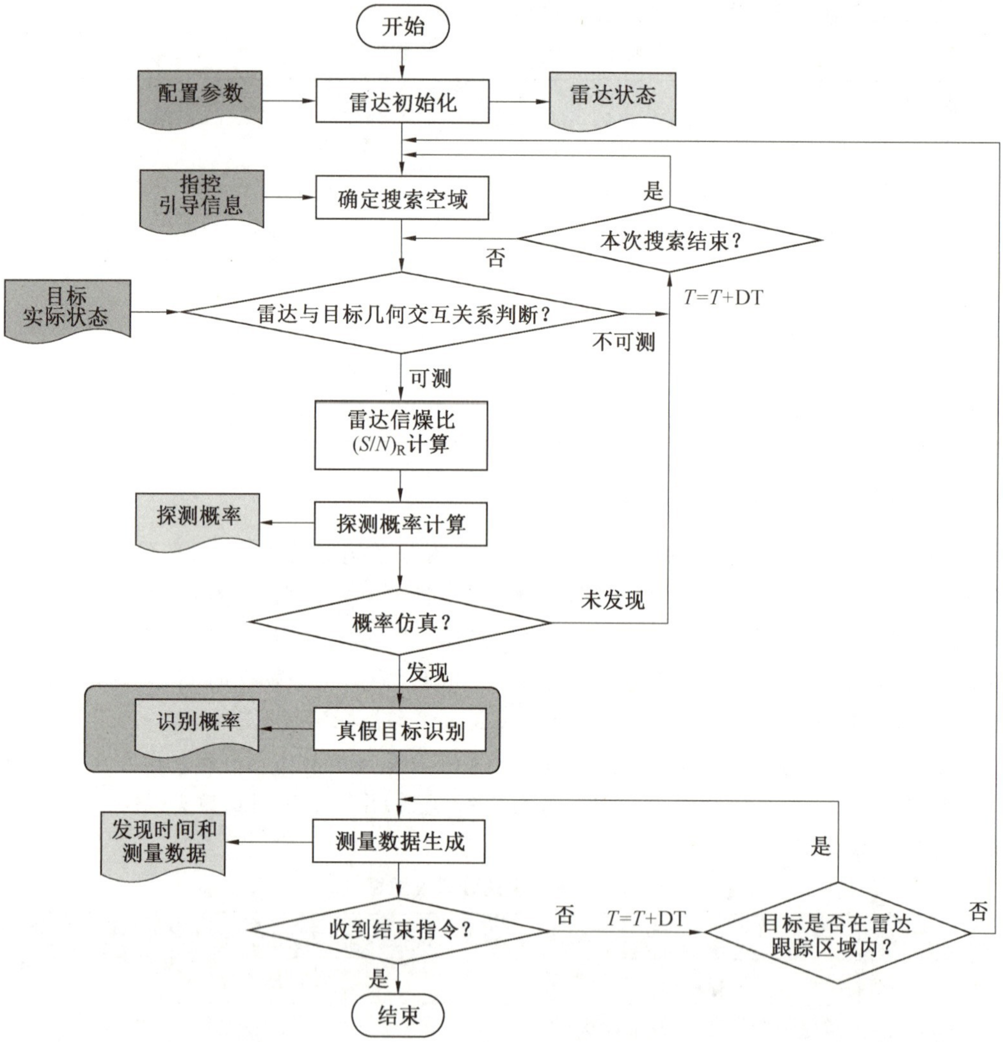

图 8.13　制导雷达分系统仿真流程

指标到数据库。

结合总部级 C2BMC 功能及其数据处理过程数学模型，梳理总部级 C2BMC 分系统。仿真过程中，总部级 C2BMC 分系统数据接口见表 8.6。总部级 C2BMC 分系统仿真流程如图 8.14 所示。

表 8.6　总部级 C2BMC 分系统数据接口

数据接口	数据结构体	文件
输入	预警卫星测量数据	部署位置
	预警雷达测量数据	—
	制导雷达测量数据	—
	目标实际状态(位置、速度、姿态)	—

续表8.6

数据接口	数据结构体	文件
输出	雷达搜索引导信息	落点预报误差
	—	交班误差
	—	滤波稳定误差

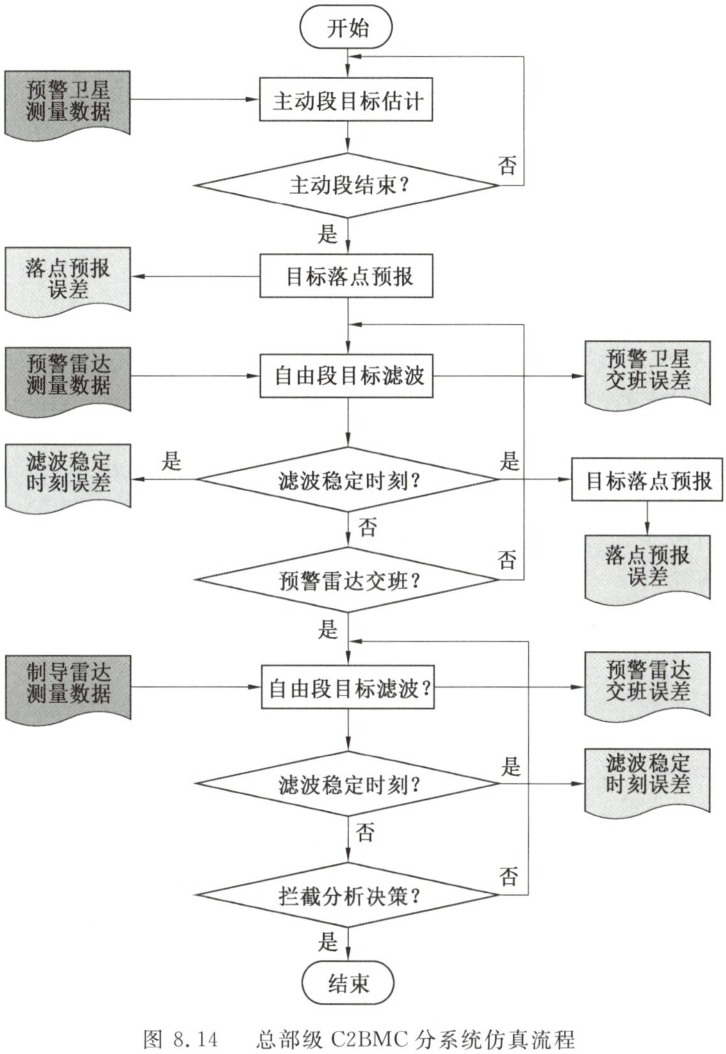

图 8.14　总部级 C2BMC 分系统仿真流程

8.3.7　能力评估分系统开发

依据探测能力仿真评估系统的要求，能力评估分系统的功能为：从数据库中读取探测能力仿真试验产生的评估指标数据，调用适当的评估算法进行评估计算，输出评估结果。

能力评估分系统运行流程如图 8.15 所示。

针对不同类型的评估对象，能力评估分系统可根据用户选择，采取相应的评估算法开

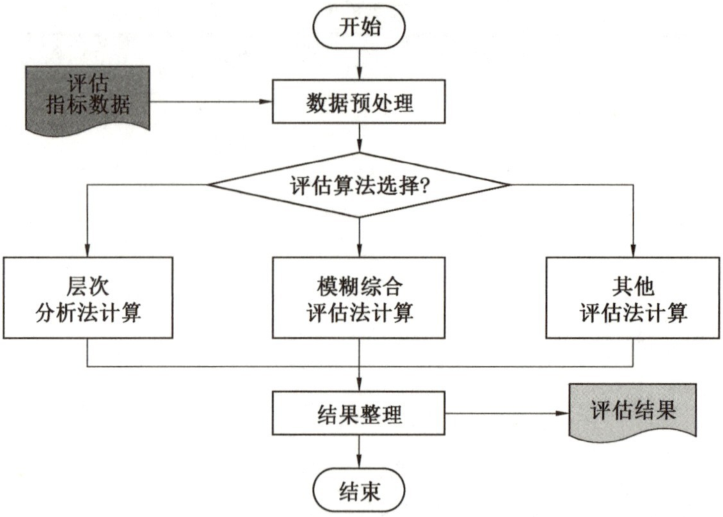

图 8.15 能力评估分系统运行流程

展评估计算,并将评估结果以文件的形式输出。

运行过程中,能力评估分系统数据接口见表 8.7。

表 8.7 能力评估分系统数据接口

数据接口	文件
输入	评估指标数据
输出	评估结果

8.4 作战评估仿真试验

8.4.1 初始条件

在导弹防御作战中,由预警卫星、预警雷达、制导雷达构成的目标探测系统,对来袭导弹实施由天到地、由远及近的接力式探测,单部传感器性能或配置参数的改变可能影响整个防御系统的探测能力。本节以此为背景,开展目标探测系统作战方案的仿真评估。

本节试验中,考虑目标探测系统由两颗预警卫星(地球静止轨道),一部预警雷达,一部制导雷达构成。预警卫星、制导雷达已选定,其配置参数见表 8.8。预警雷达有 3 个备选,其配置参数见表 8.9。假设所有探测设备的观测误差均服从均值为 0 的正态分布,其标准差见表 8.10。来袭弹道导弹目标的典型参数见表 8.11。

表 8.8 预警卫星、制导雷达配置参数

目标探测系统	参数名称	参数大小
预警卫星 1	星下点(经度)/(°)	150
预警卫星 2	星下点(经度)/(°)	180

续表8.8

目标探测系统	参数名称	参数大小
制导雷达	纬度 /(°)	71
	经度 /(°)	−175

表 8.9　可选预警雷达配置参数

目标探测系统	参数名称	参数大小
预警雷达 1	纬度 /(°)	67
	经度 /(°)	150
预警雷达 2	纬度 /(°)	60
	经度 /(°)	130
预警雷达 3	纬度 /(°)	70
	经度 /(°)	165

表 8.10　探测设备观测性能(标准差)

目标探测系统	因素名称	因素大小
预警卫星 1、2	方位角误差标准差 α_{S1e}/(°)	0.001
	仰角误差标准差 β_{S1e}/(°)	0.001
预警雷达 1、2、3	方位角误差标准差 α_{Re}/(°)	0.05
	仰角误差标准差 β_{Re}/(°)	0.05
	斜距误差标准差 ρ_{Re}/m	30
	斜距变化率误差标准差 ν_{Re}/(m · s^{-1})	0.3
制导雷达	方位角误差标准差 α_{Xe}/(°)	0.01
	仰角误差标准差 β_{Xe}/(°)	0.01
	斜距误差标准差 ρ_{Xe}/m	10
	斜距变化率误差标准差 ν_{Xe}/(m · s^{-1})	0.1

表 8.11　来袭弹道导弹目标的典型参数

目标探测系统	参数名称	参数大小
进攻导弹	发射点纬度 /(°)	38.5
	发射点经度 /(°)	128
	射程 /km	8 000

本节开展仿真评估的目的,即是确定选择表 8.9 中的哪一套预警雷达加入目标探测系统,可对潜在的目标取得最好的探测效果,也即评估哪一个探测系统作战方案为最优。

8.4.2　试验数据

针对上面给出的已知条件进行试验设计,采用蒙特卡洛抽样方法,针对预警雷达 1、2、3 加入目标探测系统的方案分别进行大样本重复试验,表 8.12 给出了探测能力评估指标数据的统计结果。

表 8.12 探测能力评估指标数据统计结果

评估指标	方案 1	方案 2	方案 3
预警卫星发现时间 /s	39.83	40.07	39.90
预警卫星跟踪弧段 /s	139.69	139.98	140.02
预警卫星交班误差 /m	2 239.54	2 161.32	2 189.22
预警卫星预估落点误差 /m	1 722 002.55	1 660 187.28	1 692 750.84
预警雷达发现时间 /s	360.16	252.58	507.70
预警雷达跟踪弧段 /s	1 539.04	1 543.62	1 532.48
预警雷达滤波稳定误差 /m	278.30	282.92	273.45
预警雷达交班误差 /m	222.80	202.63	230.93
预警雷达预估落点误差 /m	67 843.12	69 579.97	64 106.27
制导雷达发现时间 /s	537.28	532.44	538.52
制导雷达跟踪弧段 /s	1 535.62	1 530.46	1 534.38
制导雷达滤波稳定误差 /m	85.60	78.46	74.90

8.4.3 评估结果

(1) 构造判断矩阵。

预警卫星分系统指标体系对应的判断矩阵 $\boldsymbol{M}_1$ 见表 8.13。

表 8.13 预警卫星分系统指标体系对应的判断矩阵

$\boldsymbol{M}_1$	预警卫星目标发现时间	预警卫星跟踪弧段	预警卫星交班误差	预警卫星预估落地时刻误差
预警卫星目标发现时间	1	3	5	7
预警卫星跟踪弧段	1/3	1	3	5
预警卫星交班误差	1/5	1/3	1	3
预警卫星预估落地时刻误差	1/7	1/5	1/3	1

预警雷达分系统指标体系对应的判断矩阵 $\boldsymbol{M}_2$ 见表 8.14。

表 8.14 预警雷达分系统指标体系对应的判断矩阵

$\boldsymbol{M}_2$	预警雷达目标发现时间	预警雷达跟踪弧段	预警雷达滤波稳定时刻误差	预警雷达交班误差	预警雷达预估落地时刻误差
预警雷达目标发现时间	1	2	3	4	5
预警雷达跟踪弧段	1/2	1	2	3	5
预警雷达滤波稳定时刻误差	1/3	1/2	1	2	5
预警雷达交班误差	1/4	1/3	1/2	1	2
预警雷达预估落地时刻误差	1/5	1/5	1/5	1/5	1

制导雷达分系统指标体系对应的判断矩阵 $\boldsymbol{M}_3$ 见表 8.15。

表 8.15　制导雷达分系统指标体系对应的判断矩阵

$\boldsymbol{M}_3$	制导雷达目标发现时间	制导雷达跟踪弧段	制导雷达滤波稳定时刻误差
制导雷达目标发现时间	1	2	3
制导雷达跟踪弧段	1/3	1	2
制导雷达滤波稳定时刻误差	1/3	1/2	1

(2) 计算判断矩阵 $\boldsymbol{M}_1$ 每一行所有元素的几何平均值：

$$\overline{w}_1 = \left(\prod_{j=1}^{4} a_{1j}\right)^{1/4} = 105^{0.25}$$

$$\overline{w}_2 = \left(\prod_{j=1}^{4} a_{2j}\right)^{1/4} = 5^{0.25}$$

$$\overline{w}_3 = \left(\prod_{j=1}^{4} a_{3j}\right)^{1/4} = 0.2^{0.25}$$

$$\overline{w}_4 = \left(\prod_{j=1}^{4} a_{4j}\right)^{1/4} = (1/105)^{0.25}$$

(3) 对 $\overline{w}_i(i=1,2,3,4)$ 进行归一化处理，即

$$w_1 = \frac{\overline{w}_1}{\overline{w}_1 + \overline{w}_2 + \overline{w}_3 + \overline{w}_4} = 0.5638$$

$$w_2 = \frac{\overline{w}_2}{\overline{w}_1 + \overline{w}_2 + \overline{w}_3 + \overline{w}_4} = 0.2634$$

$$w_3 = \frac{\overline{w}_3}{\overline{w}_1 + \overline{w}_2 + \overline{w}_3 + \overline{w}_4} = 0.1178$$

$$w_4 = \frac{\overline{w}_4}{\overline{w}_1 + \overline{w}_2 + \overline{w}_3 + \overline{w}_4} = 0.0550$$

即判断矩阵 $\boldsymbol{M}_1$ 对应的权重向量为

$$\boldsymbol{W}_1 = [0.5638, 0.2634, 0.1178, 0.0550]$$

(4) 计算判断矩阵 $\boldsymbol{M}_1$ 的最大特征值 $\lambda_{\max}$，即

$$\lambda_{\max} = \sum_{i=1}^{4} \frac{[\boldsymbol{M}_1 w]_i}{4w_i} = 4.1169$$

(5) 计算结果的一致性检验。

一致性指标为 $\mathrm{CI} = \frac{\lambda_{\max} - n}{n-1} = \frac{\lambda_{\max} - 4}{4-1} = 0.0390$

查表得，四阶矩阵的一致性指数为

$$\mathrm{RI} = 0.96$$

相对一致性指标为

$$\mathrm{CR} = \frac{\mathrm{CI}}{\mathrm{RI}} = 0.0390/0.96 = 0.0406 < 0.1$$

说明该判断矩阵的一致性可以接受。

同理，判断矩阵 $\boldsymbol{M}_2$ 对应的权重向量为

$$\boldsymbol{W}_2=[0.460\,4,0.273\,7,0.158\,0,0.074\,7,0.033\,1]$$

判断矩阵 $\boldsymbol{M}_3$ 对应的权重向量为

$$\boldsymbol{W}_3=[0.488\,5,0.312\,1,0.199\,4]$$

(6) 指标的规范化处理。

① 利用式(7.5)，对预警卫星分系统指标的规范化处理得

$$z_{1,1}=\frac{x_1^{\min}}{x_{1,1}}=\frac{39.83}{39.83}=1$$

$$z_{1,2}=\frac{x_1^{\min}}{x_{1,2}}=\frac{39.83}{40.07}=0.994\,0$$

$$z_{1,3}=\frac{x_1^{\min}}{x_{1,3}}=\frac{39.83}{39.90}=0.998\,2$$

$$z_{2,1}=\frac{x_2^{\min}}{x_{2,1}}=\frac{139.69}{139.69}=1$$

$$z_{2,2}=\frac{x_2^{\min}}{x_{2,2}}=\frac{139.69}{139.98}=0.997\,9$$

$$z_{2,3}=\frac{x_2^{\min}}{x_{2,3}}=\frac{139.69}{140.02}=0.997\,6$$

$$z_{3,1}=\frac{x_3^{\min}}{x_{3,1}}=\frac{2\,161.32}{2\,239.54}=0.965\,1$$

$$z_{3,2}=\frac{x_3^{\min}}{x_{3,2}}=\frac{2\,161.32}{2\,161.32}=1$$

$$z_{3,3}=\frac{x_3^{\min}}{x_{3,3}}=\frac{2\,161.32}{2\,189.22}=0.987\,3$$

$$z_{4,1}=\frac{x_4^{\min}}{x_{4,1}}=\frac{1\,660\,187.28}{1\,722\,002.55}=0.964\,1$$

$$z_{4,2}=\frac{x_4^{\min}}{x_{4,2}}=\frac{1\,660\,187.28}{1\,660\,187.28}=1$$

$$z_{4,3}=\frac{x_4^{\min}}{x_{4,3}}=\frac{1\,660\,187.28}{1\,692\,750.84}=0.980\,8$$

方案 A 对应的预警卫星分系统指标为

$$\boldsymbol{Z}_{1,\mathrm{A}}=[z_{1,1},z_{2,1},z_{3,1},z_{4,1}]'=[1,1,0.965\,1,0.964\,1]'$$

方案 B 对应的预警卫星分系统指标为

$$\boldsymbol{Z}_{1,\mathrm{B}}=[z_{1,2},z_{2,2},z_{3,2},z_{4,2}]'=[0.994\,0,0.997\,9,1,1]'$$

方案 C 对应的预警卫星分系统指标为

$$\boldsymbol{Z}_{1,\mathrm{C}}=[z_{1,3},z_{2,3},z_{3,3},z_{4,3}]'=[0.998\,2,0.997\,6,0.987\,3,0.980\,8]'$$

② 对预警雷达分系统指标的规范化处理得

$$z_{5,1}=\frac{x_5^{\min}}{x_{5,1}}=\frac{252.58}{360.16}=0.701\,3$$

$$z_{5,2}=\frac{x_5^{\min}}{x_{5,2}}=\frac{252.58}{252.58}=1$$

$$z_{5,3}=\frac{x_5^{\min}}{x_{5,3}}=\frac{252.58}{507.70}=0.4975$$

$$z_{6,1}=\frac{x_6^{\min}}{x_{6,1}}=\frac{1\,532.48}{1\,539.04}=0.9957$$

$$z_{6,2}=\frac{x_6^{\min}}{x_{6,2}}=\frac{1\,532.48}{1\,543.62}=0.9928$$

$$z_{6,3}=\frac{x_6^{\min}}{x_{6,3}}=\frac{1\,532.48}{1\,532.48}=1$$

$$z_{7,1}=\frac{x_7^{\min}}{x_{7,1}}=\frac{273.45}{278.30}=0.9826$$

$$z_{7,2}=\frac{x_7^{\min}}{x_{7,2}}=\frac{273.45}{282.92}=0.9665$$

$$z_{7,3}=\frac{x_7^{\min}}{x_{7,3}}=\frac{273.45}{273.45}=1$$

$$z_{8,1}=\frac{x_8^{\min}}{x_{8,1}}=\frac{202.63}{222.80}=0.9095$$

$$z_{8,2}=\frac{x_8^{\min}}{x_{8,2}}=\frac{202.63}{202.63}=1$$

$$z_{8,3}=\frac{x_8^{\min}}{x_{8,3}}=\frac{202.63}{230.93}=0.8775$$

$$z_{9,1}=\frac{x_9^{\min}}{x_{9,1}}=\frac{64\,106.27}{67\,843.12}=0.9449$$

$$z_{9,2}=\frac{x_9^{\min}}{x_{9,2}}=\frac{64\,106.27}{69\,579.97}=0.9213$$

$$z_{9,3}=\frac{x_9^{\min}}{x_{9,3}}=\frac{64\,106.27}{64\,106.27}=1$$

方案 A 对应的预警雷达分系统指标为

$$\mathbf{Z}_{2,\mathrm{A}}=[z_{5,1},z_{6,1},z_{7,1},z_{8,1},z_{9,1}]'=[0.7013,0.9957,0.9826,0.9095,0.9449]'$$

方案 B 对应的预警雷达分系统指标为

$$\mathbf{Z}_{2,\mathrm{B}}=[z_{5,2},z_{6,2},z_{7,2},z_{8,2},z_{9,2}]'=[1,0.9928,0.9665,1,0.9213]'$$

方案 C 对应的预警雷达分系统指标为

$$\mathbf{Z}_{2,\mathrm{C}}=[z_{5,3},z_{6,3},z_{7,3},z_{8,3},z_{9,3}]'=[0.4975,1,1,0.8775,1]'$$

③ 对制导雷达分系统指标的规范化处理得

$$z_{10,1}=\frac{x_{10}^{\min}}{x_{10,1}}=\frac{532.44}{537.28}=0.9910$$

$$z_{10,2}=\frac{x_{10}^{\min}}{x_{10,2}}=\frac{532.44}{532.44}=1$$

$$z_{10,3}=\frac{x_{10}^{\min}}{x_{10,3}}=\frac{532.44}{538.52}=0.9887$$

$$z_{11,1}=\frac{x_{11}^{\min}}{x_{11,1}}=\frac{1\,530.46}{1\,535.62}=0.9966$$

$$z_{11,2}=\frac{x_{11}^{\min}}{x_{11,2}}=\frac{1\ 530.46}{1\ 530.46}=1$$

$$z_{11,3}=\frac{x_{11}^{\min}}{x_{11,3}}=\frac{1\ 530.46}{1\ 534.38}=0.997\ 4$$

$$z_{12,1}=\frac{x_{12}^{\min}}{x_{12,1}}=\frac{74.90}{85.60}=0.875\ 0$$

$$z_{12,2}=\frac{x_{12}^{\min}}{x_{12,2}}=\frac{74.90}{78.46}=0.954\ 6$$

$$z_{12,3}=\frac{x_{12}^{\min}}{x_{12,3}}=\frac{74.90}{74.90}=1$$

方案 A 对应的制导雷达分系统指标为

$$\boldsymbol{Z}_{3,\mathrm{A}}=[z_{10,1},z_{11,1},z_{12,1}]'=[0.991\ 0,0.996\ 6,0.875\ 0]'$$

方案 B 对应的制导雷达分系统指标为

$$\boldsymbol{Z}_{3,\mathrm{B}}=[z_{10,2},z_{11,2},z_{12,2}]'=[1,1,0.954\ 6]'$$

方案 C 对应的制导雷达分系统指标为

$$\boldsymbol{Z}_{3,\mathrm{C}}=[z_{10,3},z_{11,3},z_{12,3}]'=[0.988\ 7,0.997\ 4,1]'$$

(7) 各分系统能力评估。

① 预警卫星分系统能力评估。

$$C_{1,\mathrm{A}}=\boldsymbol{W}_1\boldsymbol{Z}_{1,\mathrm{A}}=0.993\ 9$$
$$C_{1,\mathrm{B}}=\boldsymbol{W}_1\boldsymbol{Z}_{1,\mathrm{B}}=0.996\ 1$$
$$C_{1,\mathrm{C}}=\boldsymbol{W}_1\boldsymbol{Z}_{1,\mathrm{C}}=0.995\ 8$$

注：下角标“_,A”“_,B” “_,C”代表方案 A、B、C，下同。

② 预警雷达分系统能力评估。

$$C_{2,\mathrm{A}}=\boldsymbol{W}_2\boldsymbol{Z}_{2,\mathrm{A}}=0.849\ 9$$
$$C_{2,\mathrm{B}}=\boldsymbol{W}_2\boldsymbol{Z}_{2,\mathrm{B}}=0.990\ 0$$
$$C_{2,\mathrm{C}}=\boldsymbol{W}_2\boldsymbol{Z}_{2,\mathrm{C}}=0.759\ 4$$

③ 制导雷达分系统能力评估。

$$C_{3,\mathrm{A}}=\boldsymbol{W}_3\boldsymbol{Z}_{3,\mathrm{A}}=0.969\ 6$$
$$C_{3,\mathrm{B}}=\boldsymbol{W}_3\boldsymbol{Z}_{3,\mathrm{B}}=0.990\ 9$$
$$C_{3,\mathrm{C}}=\boldsymbol{W}_3\boldsymbol{Z}_{3,\mathrm{C}}=0.993\ 7$$

(8) 探测能力评估。

假设 3 个分系统对探测能力的贡献度相同，即三个分系统的权重均为 1/3。

方案 A：

$$C_{\mathrm{A}}=\frac{1}{3}C_{1,\mathrm{A}}+\frac{1}{3}C_{2,\mathrm{A}}+\frac{1}{3}C_{3,\mathrm{A}}=0.937\ 8$$

方案 B：

$$C_{\mathrm{B}}=\frac{1}{3}C_{1,\mathrm{B}}+\frac{1}{3}C_{2,\mathrm{B}}+\frac{1}{3}C_{3,\mathrm{B}}=0.992\ 3$$

方案 C：

$$C_C=\frac{1}{3}C_{1,C}+\frac{1}{3}C_{2,C}+\frac{1}{3}C_{3,C}=0.916\ 3$$

由于探测能力评估指标体系为成本型指标，因此指标越小越好，比较可知，方案 C 得到的探测能力评估指标值最小，因此采用将第 3 套预警雷达加入目标探测系统，可对潜在的目标取得最好的探测效果。

思考题

1. 试分析本章案例构建指标体系的准则？并与美军作战评估指标进行比较，两者有何不同？

2. 试考虑采用其他评估方法对本章仿真试验数据进行处理，并比较结果异同。

附录　作战评估相关问题研究

在作战评估内涵、目的、主体、内容、层级、时机、指标、流程、方法、手段等有关问题上，通过对比中美作战评估活动与特点，梳理分析形成相关认识；针对作战评估指标标准这一作战评估核心问题通过寻找“参照值”提出研究思路，以期促进作战评估理论发展。

1. 作战评估内涵

（1）美军认识。

美军2015年1月颁布的1～15号联合条令注释出版物《作战评估》（参考文献3），将作战评估定义为一套连续进行的过程，它可通过衡量作战行动是否正朝着完成任务、创造行动所需的某种条件或实现作战意图的方向发展，以支持指挥官的决策活动。

（2）我军认识。

我军对作战评估的认识尚未统一，且内容分散。我军的作战评估包括作战效能评估、作战能力评估、作战方案评估、火力毁伤评估、打击效果评估等方面，且多以作战效果的评价与估计为主，具体分为武器系统效能评估、部队行动效果评估和战场态势评估等。尚看不出作战评估的内涵体系。

（3）对比。

从性质／本质来看，我军和美军都统一认为作战评估的本质是一种活动过程，我军认为作战评估属于评价和估量活动，美军认为作战评估是一套连续进行的过程。从内容来看，我军作战评估的概念里重点强调了作战评估的内容涉及的方面，包括指挥、行动、效果评估等，美军作战评估重点聚焦行动评估。从标准／关注点来看，我军作战评估概念中没有涉及，美军作战评估主要衡量两类问题：一是当前是否在做正确的事，考量对作战意图的满足程度；二是当前是否在正确做事，考量对作战任务的完成程度。

（4）新认识。

作战评估是指在作战准备、实施与结束的过程中，作战评估人员对作战指挥、行动、保障进行的评价和估量。作战评估按内容分为作战指挥评估、作战行动评估和作战保障评估，作战行动评估支持指挥决策并牵引保障评估，指挥评估是为了更加高效精确地指导和控制作战行动，作战保障评估是为了更加便利精准地支撑作战行动；按层次分为作战战略、战役、战术评估，下层评估支撑上层评估，上层评估指导下层评估；按时机分为基于关键事件评估和周期性评估，通常需要同步实施，相互补充。目的是衡量作战是否朝着完成预期作战任务、实现最终作战意图的方向发展，提出缩小当前和预期进展差距的建议，为作战指挥员决策、指挥控制作战行动提供支撑。

总之，上述内容是从服务指挥员决策、指挥控制作战行动的本质需求出发构设的，需从指挥、行动、保障等指挥员密切关注的方面进行分解。

2. 作战评估目的

（1）美军认识。

美军认为作战评估目的在于强化指挥员决策，更高效率地组织指挥作战行动，为指挥员提供关于作战环境当前的状态信息，行动或战役进展情况，以及最重要的关于缩小当前和预期行动进展差距的建议。来自作战评估的建议应能促进对作战行动的调整，以确保指挥官实现行动目标，达成预期军事结束状态。

（2）我军认识。

我军认为作战评估是为指挥员决策、指挥控制作战行动提供重要的支撑。

（3）对比。

中美作战评估目的的认识基本统一，都是服务指挥员，支持指挥员决策。美军认识里进一步明确了作战评估的落脚点，是要在评估结论中为指挥员提出明确的缩小当前和预期行动进展差距的建议。

（4）统一认识。

中美双方统一认为作战评估的目的是直接为指挥员服务，支持指挥员的决策活动。其地位作用主要体现为：一是回答"当前是否在正确做事"，反映对具体作战任务的完成程度；二是回答"当前是否在做正确的事"，反映对最终作战意图的实现程度；三是有助于指挥员在综合考虑整个任务目的的背景下判定当前作战行动所导致的结果；四是为当前作战行动和下一步作战行动计划的调整提供建议。

3. 作战评估主体

作战评估主体可从评估机构设置和评估人员职能两个方面进行说明。

（1）美军认识。

美军认为：方式一是成立专职的作战评估要素，独立编组，与侦察情报要素、作战计划要素、行动控制要素并列，自成一个参谋业务部门，其功能涵盖对接计划、情报、后勤和通信等相关业务部门的评估需求。通过参谋长直接向指挥员报告其评估结论，接受指挥官的直接指导，并常态运行；方式二是特别评估分组，由少数参谋军官组成，评估小组负责人不直接对参谋长和指挥员负责，而是直接向作战计划或行动控制部门的负责人报告，并常态运行；方式三是临时评估小组，主要依托作战计划或行动控制参谋部门组建，抽取情报、后勤和通信等相关业务部门力量临时组建，通过参谋长直接向指挥员报告其评估结论，接受指挥官的直接指导，但非常态运行。

（2）我军认识

我军认为：一种是专职的作战评估要素；另一种是某一指挥要素内部设置专门的作战评估岗位。

（3）对比借鉴。

一是借鉴美军作战评估机构编组的灵活设置方式。二是结合指挥机构实际情况设置编组，当侧重在某一指挥要素内部设置专门的作战评估岗位时，需注意作战评估职能不能被弱化。

（4）补充作战评估人员的职能。

作战评估人员是指作战评估过程中有关评估需求分析、指标设计、标准制定、数据采集、数据处理、方法优选、系统运用、建议生成、结论编报、采纳反馈等评估组织与实施人员的统称。作战评估人员按岗位形式分为专职评估岗位人员、兼职评估岗位人员等;按岗位层级分为上级、本级、下级作战评估人员等;按指挥要素分为侦察情报、作战计划、作战控制、作战保障评估人员等。作战评估人员是作战指挥机构内支持指挥员作战决策与行动控制的骨干力量之一。

4. 作战评估内容

(1) 美军认识。

美军认为作战评估内容主要围绕作战行动展开,聚焦对效果的评估。

(2) 我军认识。

我军认为作战评估内容按内容分为作战能力评估、作战方案计划评估、作战行动评估、作战保障评估、作战效果评估等。

(3) 对比。

在作战评估内容的认识上,中美差异较大,且各有优缺点,如图 1 所示。

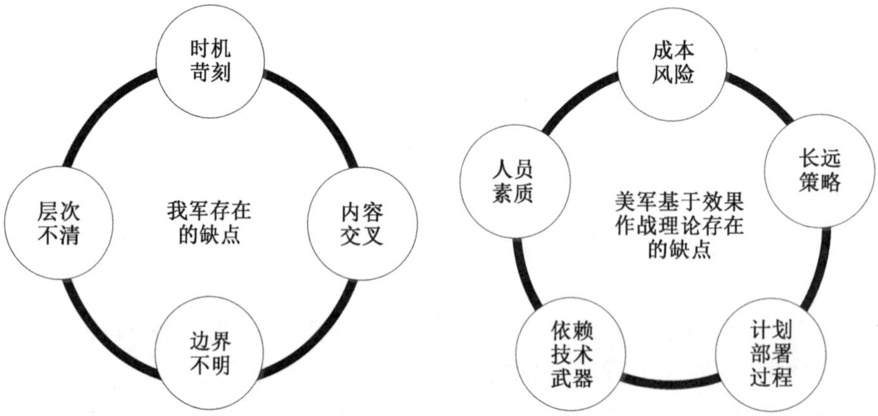

图 1　中美作战评估内容理论存在的差异

我军作战评估内容范畴广泛,全面性较好。但在一定程度上存在时机严格、内容交叉、边界不明、层次不清的问题。

① 时机苛刻。我军通常将作战能力评估、作战方案评估在作战准备和筹划阶段进行,作战行动评估与作战保障评估在作战实施过程中进行,作战效能评估在作战后进行。但在真实的作战过程中,对能力、保障、行动、效果、方案等的关注与评估是全过程的,时机难以严格切分。

② 内容交叉。如作战行动评估聚焦于任务完成程度的评价和估量,作战效果评估是对作战目的实现程度的评价和估量,作战方案评估有一个关键指标是用目的性来衡量是否符合上级意图,对任务目的与上级意图的评价多重交织,且没有提示出行动评估、效果评估、方案评估中对任务目的及上级意图的切分要点。

③ 边界不明。如作战行动评估会重点评估双方损耗与体系作战能力状况,作战能力评估会对双方部队作战能力进行评价和估量,作战保障评估包含评估保障资源损耗的

内容。

④ 层次不清。如作战能力、作战方案、作战保障、作战效果评估在不同层次的评估中，关注的方面并没有很清楚。

美军作战评估主要围绕作战行动展开，聚焦对效果的评估，更为聚焦、指向性非常明确，且便于操作实施。但美军作战评估理论的根源在于其基于效果作战理论，而基于效果作战理论存在一味追求效果，而易于忽视很多关键问题的缺点，如对成本风险考虑不足、缺乏长远策略、疏于计划部署过程、过于依赖技术武器、欠于考量人员素质等。

基于上述对比，结合中美军认识的优缺点分析，取其精华、互补缺点，对作战评估内容进行重新梳理。

（4）新认识。

作战评估内容包括作战指挥评估、作战行动评估、作战保障评估。

① 作战指挥评估。

作战指挥评估包括对作战指挥能力（侧重对下级）、指挥过程（包括多级联动的作战筹划与作战控制）、指挥效果（侧重对本级）进行的评价活动。其中，作战筹划与作战控制过程中进行的评估活动具体内容包括作战准备评估、作战态势掌握程度评估、作战双方强弱点对比评估、对手可能行动评估、作战目标选择评估、作战重心评估、作战时机评估、作战风险评估、作战阶段划分评估、作战阶段转换评估、作战决定点评估、作战顶点评估、作战主攻方向评估、作战主攻方向转换评估、作战方案有效性评估、作战方案优劣对比评估、作战计划更新周期评估、作战决心调整评估、作战协同效率评估、作战任务完成度评估、作战上级意图满足度评估、作战暂停评估、作战终止状态评估等。

② 作战行动评估。

作战行动评估包括遂行作战行动的主战力量能力、行动过程和效果进行的评估活动。按照基本行动样式分为进攻作战评估、防御作战评估；按照特定任务目的分为威慑作战评估、支援作战评估、支持作战评估、认知控制作战评估等。

③ 作战保障评估。

作战保障评估对支持作战行动的综合保障任务涉及的保障实力、需求、策略、代价、风险、时效、过程、结果等方面进行的评估活动。首先是保障业务分项评估，包括侦察情报保障评估、通信网络保障评估、指控系统保障评估、电磁频谱管控保障评估、综合信息服务评估、信息安全防护保障评估、机要密码保障评估、作战数据保障评估、财务保障评估、物资保障评估、卫勤保障评估、运输投送保障评估、军事设施保障评估、应急采购保障评估、装备调配保障评估、装备维修保障评估等。其次是保障业务关联评估，包括报知、约束、影响等方面的关系与范围评估。然后是在分项保障业务评估、业务关联评估的基础上进行动态的综合评估，包括综合保障对作战准备、实施、结束等进程的影响评估，综合保障对指挥筹划和控制过程的影响评估，综合保障对战局走势和战略态势的影响评估等。

5. 作战评估层级

（1）美军认识。

美军认为作战评估发生于军事行动的所有层级，而这些发生于战略、战役和战术层级的作战评估也都是相互联系和相互依存的。

(2) 我军认识。

我军认为作战评估按层级分为战略评估、战役评估和战术评估。

(3) 对比。

中美作战评估层级的认识基本统一,美的认识中突出强调了各层级作战评估之间的相互作用。

(4) 统一认识。

中美双方统一认为作战评估层级:一是战略和战役层次作战评估,主要由集群、群组织实施,重点集中在作战行动的使命、效果、目标和达到终态的进展程度上;二是战术层次的评估,主要由群、分群 / 大队实施,主要聚焦于具体任务的完成情况。如摧毁 xx 个目标、侦察 xx 个目标、保障 xx 时段通信等战术目的。

6. 作战评估时机

(1) 美军认识。

美军认为作战评估是所有作战行动的一个有机组成部分,贯穿作战过程始终,是指挥官调控下一步作战行动的主要依据。作战评估时机有基于关键事件的评估和周期性评估两类情况。

① 基于关键事件的评估。由特定事件所驱动,重点解决作战过程中对关键行动的衡量。典型的关键事件包括:作战阶段的转化;分支行动计划和后继行动计划的执行;作战力量和资源配置的调整;调整作战行动;修订行动命令、目的和结束状态;调整和修改欲实现行动效果的优先级;调整指挥关系和指挥体系;修订行动策略(如调整战术、技术和程序,或行动交战规则);修订行动的战略指导等。

② 周期性评估。以固定的时间间隔展开。通常周期性评估的间隔时段,取决于指挥官的决策需要、作战节奏和作战环境的具体条件而各有不同。

(2) 我军认识。

我军认为作战评估按时机分为战前评估、战中评估和战后评估。

(3) 对比。

中美作战评估时机的认识大致统一,需结合认识。

① 将我军与美军的作战评估时机结合起来梳理,提出战前基于关键事件评估、战前周期性评估、战中基于关键事件评估、战中周期性评估、战后基于关键事件评估、战后周期性评估各不相同的时机及要点。比如,战前更为关注敌我力量资源发挥有显著影响的关键事件评估;而战中更加聚焦于对战果战损影响较大的关键事件评估。例如,周期性评估的时间间隔在战前、战中、战后是有所区别的,战中的评估周期通常小于战前、战后评估周期,因为战中的评估活动相对频繁。

② 将美军明确列出的基于关键事件的评估与周期性评估循环结合起来运用,避免相互隔离独立展开,因为关键事件评估可能看不出周期性评估有关态势变化发展趋势的研判,周期性评估可能会忽视部分关键事件对指挥员决策的重大影响,需要结合运用,相互补充。

(4) 统一认识。

① 基于关键事件评估。

一是关注指挥员关键信息需求。如对双方力量部署情况、重点目标区域侦察情况、作战环境影响情况、作战时机把握情况、战果战损统计情况实施评估等。二是关注作战指挥过程和作战线走势关键节点实施基于关键事件评估。具体内容参照作战评估内容中指挥和行动评估要点。三是关注行动费效与保障实力动态变化评估。如作战代价难以承受、作战效果显著不足、作战进度严重滞后、作战保障响应困难时实施评估等。

② 周期性评估。

主要分析周期性评估的时间间隔设定，可从下面3个角度进行设计。一是按照固定的时间间隔实施，如每小时、每半天、每周等。二是依据作战阶段划分与作战计划更新周期，将其作为主要参考。三是指挥链、情报链、行动链、保障链的闭环时间也是重要参考，且在不同时期，侧重点不同。在战前和战后的周期性评估中，将指挥链闭环时间作为周期性评估时间间隔的主要参考。在战中的周期性评估中，将行动链闭环时间作为周期性评估时间间隔的主要参考。也可依据具体情况灵活调整，情报链、保障链闭环时间可作为灵活修订周期性评估时间间隔的参考。

7. 作战评估指标

作战评估指标是反映作战行动的特征表征，评估指标选择是否得当直接关系作战评估质量。

（1）美军认识。

美军认为作战行动涉及的环境、样式千差万别，针对每次作战设计整套独立评估指标并不现实；衡量作战行动的发展，可从其实施后所产生的直接效果、间接效果及时间维度三个方面着眼。直接效果是立即出现的，它是军事行动所导致的第一阶段即时结果。间接效果通常具有延迟性，而且这类效果通常都是由军事行动直接打击效果溢出、转换至第二阶段，甚至更高阶空间或领域的结果。

直接效果用执行评估指标（measures of performance，MOP）体现，衡量具体任务完成情况，也可细化为具体评估指标，即“具体任务完成情况 —— 直接效果（执行评估指标）—— 具体评估指标”。MOP多为可直接观测的、易于量化与统计的指标。

间接指标用绩效评估指标（measures of effectiveness，MOE）体现，衡量行动意图实现情况，也可细化为具体评估指标，即“行动意图实现情况 —— 间接效果（绩效评估指标MOE）—— 具体评估指标”。MOE多为定性的、较为宏观的目的或效果期待的指标。支撑MOE评估结论的具体评估指标设计，通常要求站在己方角度看敌方，列举那些能够回答是或否问题的指标，或一段时间内有关敌方数量、变化、趋势等的可获得的、可观测的、可估计的、可统计的、甚至可实证的指标。

（2）我军认识。

我军认为作战评估指标构建的特征主要有两点：一是内容不同，指标不同；二是视角不同，指标不同。如作战方案评估，通常从目的性、适应性/灵活性、可行性、可接受性、完整性、一致性等指标进行评估；也有区分为方案有效性评估、方案优劣对比评估两个环节的；也有拆解为方案的各部分进行细化评估，如情况判断准确度、任务理解准确度、力量部署合理性、政/后/装等保障配套度等。又如作战能力评估，从作战体系进行细化指标，区分为机动能力、指控能力、打击能力、防护能力、保障能力等静态评估指标；也有在静态能力评估的基础上，转为动态效能评估，在人、装、环、对抗、体制机制、交战规则等因素的影响下，对能力发挥程度的评估，分析作战效能，计算能力折算的情况等。

（3）对比。

指标设计中美差异较大，且各有优缺点。美军作战评估指标紧密结合具体作战场景、作战行动与效果，区分直接效果、间接效果指标，但相对单一。我军作战评估指标内容与视角多样，较为全面，层次较细，但易于淹没在庞大的指标体系中，关键指标不突出，关键评估问题不明晰，从而可能忽视作战评估需要回答的本质问题，影响评估效率。

基于上述对比，作战评估指标设计时需注意以下几个方面。

① 需避免庞大的作战评估指标体系以及复杂难以理解的处理方法，注重作战评估效率；

② 要避免拆解完整逻辑的或拆解成细碎化的指标体系，如方案评估不能将方案每部分进行拆解来列举评估指标，不能机械地认为对方案每部分评估结果的聚合就是方案评估的结论，而忽视了方案各部分之间的逻辑关系与整体呈现。

③ 需回归作战评估的根本目的，避免指标分解后没落脚点，没回答作战评估的本质问题。

④ 尽量偏重动态指标，当动态指标难以获得时，再利用静态指标折算表征动态指标。

（4）作战评估指标本质要求与构建思路建议。

① 本质要求。

一是服务于指挥员决策。二是遵循评估问题本质。三是紧紧围绕评估对象。四是适当展开多视角构建指标，如过程、范围、结果、效率、组成、结构、质量、影响等维度。

② 构建思路。

可以尝试从以下几个方面进行构建，并针对具体评估问题，对比以下不同思路产生的具体指标，是否适合评估该问题，来决定最终的指标。

一是核查表法。利用头脑风暴生成关键指标，分析指标满足程度。

二是档案袋法。从关键环节/时节去列举指标，如分别列出作战行动决定点 1、决定点 2 的指标。

三是观察法。从外观/行为/信号/其他等方面提出有关目标的指标，查看目标的受损情况。

四是语录分析法。依据双方仅有的交流情报对比印证与分析评估。

五是过程重播。对作战行动的整个过程进行回溯评估，如力量机动、抵近、进攻、撤回等过程评估。

六是效果呈现，对已获得的效果进行再次综合评估，如俘虏数量、占领目标地区范围、且查看对手是否再无进一步的反抗措施。

七是限时完成，评估作战力量是否具有在限定时间内完成任务的能力，比如 24 h 内完成作战部署的能力评估。

8. 指标标准确定

标准的确定是作战评估的核心问题，通常评估标准依据数值属性分为定性、定量两大类，但当前有关具体标准的制定思路比较模糊，没有参照值，难以制定出较为科学、合理、适用的标准。本节尝试通过寻找“参照值”来制定标准，提出以下几种思路。

(1) 依据需求确定标准。

通常以最高需求更优的标准为上限，以最低需求标准为下限，并划分一定的档级，可根据实际任务需求灵活设计。以某典型海上联合战场行动态势更新周期需求指标为例，舰载机的态势更新周期需求为 10 min 更新一次；舰船对态势更新周期需求为 20 min 一次。那么通信支持力量对态势更新周期的满足程度标准制定为：以最高需求为上限，以最低需求为下限，划分 4 个档级。第一档是完全可以满足需求：态势更新周期 $<$ 10 min；第二档是满足需求较好：15 min $>$ 态势更新周期 $\geqslant$ 10 min；第三档是满足需求一般：20 min $>$ 态势更新周期 $\geqslant$ 15 min；第四档是不能满足需求：态势更新周期 $\geqslant$ 20 min。

(2) 依据枚举情况组合，确定标准。

将各种情况进行枚举之后，再进行排序，进而确定标准，如等计量表的使用，枚举情况确定标准的等计量表示见表 1。

表 1　枚举情况确定标准的等计量表示

指标 1	指标 2	指标 3	评估结论
好	好	好	好
好	好	中	好
好	好	差	好
好	中	好	好
好	中	中	好
好	中	差	中
⋮	⋮	⋮	⋮
中	中	好	中
⋮	⋮	⋮	⋮
差	中	好	中
差	中	中	差
差	中	差	差
差	差	好	差
差	差	中	差
差	差	差	差

(3) 依据指标档次及数量确定标准。

不同指标属于不同档级，如划分为基础指标、中级指标、高级指标等，其中高级指标为最难满足或实现的指标。据此划分标准如下：三级水平是必须满足 3 项基础指标；二级水平是必须满足 3 项基础指标，以及大于 5 项以上的中级指标；一级水平是必须满足 3 项基础指标，全部中级指标，以及一半的高级指标。

(4) 按照期待愿景确定标准。

作战终止状态、上级意图、任务目的、阶段目标、计划规划等本质上看都是一种期待与愿景，有较为明确的状态刻画或数量规模要求等，可作为作战评估指标标准制定的参照。将期待愿景描述为几种边界有交叉的模糊隶属评语，并用梯度图／三角图等隶属度坐标图来刻画评语，进行直观展示。下面以终止状态为依据，以制定标准为例进行展示。

作战终止状态是对作战行动实施后的敌我双方状态的刻画，反映了上级意图。在预先明确作战任务的终止状态（如实控某区域、敌方在此区域的活动消失／微弱、敌方持续较长一段时间再无力／无意进入、敌方盟友不再支持其占领该区域、该区域战后民众受到保护并逐渐回归和平等）之后，作战评估可以依据终止状态制定评估标准，对依据终止状态对关键指标划设程度档级，作为评估标准制定的参照，如图 2 所示。

第一档：完全控制。在该区域大于 90% 的区域内，敌方活动消失／微弱，且持续 2～6 个月无进入、敌盟友散去，民众受到保护。

第二档：部分控制。在该区域大于 70% 的区域内，敌方活动一般，且持续 1 个月在我已经控制区域无进一步活动、敌盟友态度犹豫，民众受保护程度一般。

第三档：尚未控制。在该区域大于 30% 的区域内，敌方活动频繁，且间续出现，敌盟友态度较为坚决，民众未受到保护。

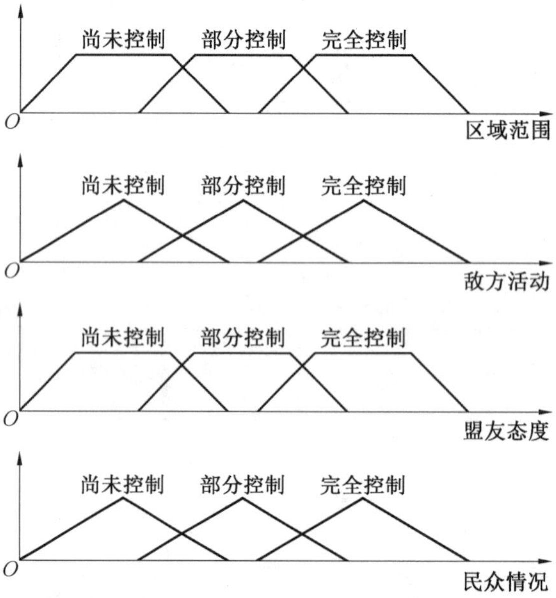

图 2　依据终止状态制定评估标准隶属评语示意图

据此，当以作战任务目的、上级意图、阶段目标、计划规划等为参照时，也都可尝试采用类似的方式制定评估标准。

（5）依据历史表现确定标准。

分析历史表现，对敌我双方的作战能力评估具有较好的借鉴价值。历史数据可以反映被评对象在过去的表现，利用历史数据进行模拟，可以在一定程度上反映被评对象的关键因素，以及关键因素表征指标曾经的取值范围，并获得与被评对象有关的模式、趋势、异常等信息。

依据历史数据制定评估标准，首先梳理出被评对象的关键因素指标，根据历史指标值制定标准底线来反映被评对象在当前或未来的进步情况。此外要关注促使指标值改进的原因，并将这些原因划分为可导致指标值实现线性增加的原因、可导致指标值实现幂指数级增加的原因等多种类型。因为促使指标值实现幂指数级增加的原因通常也是促使战争形态革命的部分原因。据此可将评估标准制定为以下 4 类：

① 不如历史；

② 与历史类似；

③ 实现线性增值；

④ 实现幂指数增值。

同时需要注意的是，历史数据主要作为一种参考，不能替代当前及未来情况，还需结合现状、发展及其他因素变化，及时调整评估标准，确保时效性与适应性。

(6) 按照限制规定确定标准。

当出现作战限制时，可以依据限制的作战时节、空间范围、力量使用来制定评估标准。下面以交战规则为例展示标准确定的思路。

交战规则可以看到各方的底线边界，也是一种限制规定。在作战交锋的过程中，根据交战规则制定作战评估标准，是各方确定红线底线的重要依据。从交战规则看，己方、我盟、敌方、敌盟各方有关作战活动的合规性、公正性、客观性的标准是不同的，有关人权、法规、非军事目的可接受的突破边界也是不一的。但大致都可以划分为以下 3 种情况：

① 未突破边界；

② 突破边界；

③ 极大突破边界。

在统一划分为以上 3 种情况的基础上，需要针对各方将每种情况中涉及的人权底线标准、法规底线标准、非战争军事目标底线标准进行划设，并利用一组组合标准来表示，见表 2 所示的各方边界。

表 2　依据交战规则制定评估标准示意表

标准底线	己方	我盟	敌方	敌盟
人权底线	○ 未突破边界； ○ 突破边界； √ 极大突破边界。	○ 未突破边界； √ 突破边界； ○ 极大突破边界。	○ 未突破边界； √ 突破边界； ○ 极大突破边界。	√ 未突破边界； ○ 突破边界； ○ 极大突破边界。
法规底线	类似上格	类似上格	类似上格	类似上格
非军事目标底线	类似上格	类似上格	类似上格	类似上格

这种制定标准的方式，与(2) 中依据枚举情况组合确定标准不同的是，一是涉及多方，且各方的标准底线不一；二是需要注意依据各方交战规则的变化和实际需要持续更新评估标准。

(7) 依据同行参考(或对手) 确定标准。

依据同行(或对手) 为参考确定己方的作战评估标准，就是假设己方的作战任务由同行担任(甚至对手包括敌盟)，作战评估指标值会出现哪些差异，并根据差异情况制定标准。通常会有以下 3 种情况；① 比我差的方面；② 与我相当的方面；③ 比我强的方面。据此将己方的作战评估标准制定为以下 5 档：

最高档：优于同行（或对手）参考最高值；

次高档：优于同行（或对手）参考中间值，但差于优于同行（或对手）参考最高值；

居中档：与同行（或对手）参考中间值类似；

较低档：优于同行（或对手）参考最差值，但差于优于同行（或对手）参考中间值；

最低档：差于同行（或对手）参考最差值。

（8）按照态势走向确定标准。

在敌、我、环等态势表征信息的支持下，对敌我双方的实时兵力规模、状态、行动力、指挥力、保障力进行比对，研判各方意图发展与行动方向，并分析出各方当前状态与下一步意欲发展的状态之间的差距与可能的实现途径，据此制定是否会拉大敌我差距的标准，包括我优敌劣的差距、敌我相当的差距、敌优我劣的差距，如图 3 所示，以战斗力的最小差距单元为“元”标准，制作底图，可以直观看到敌我差距的态势走向。

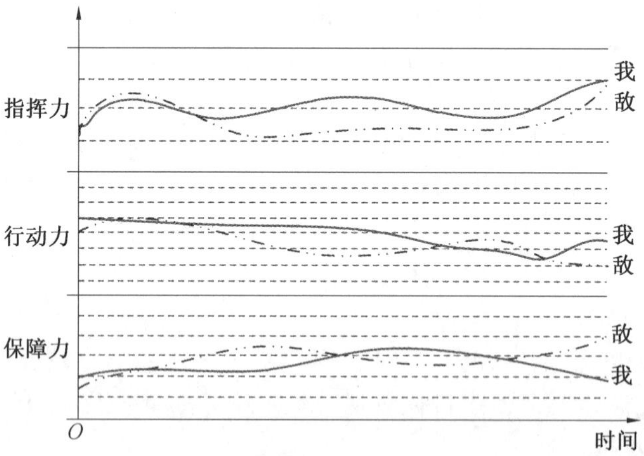

图 3 战斗力差距“元”标准为底图的态势走向

需要注意的是，图 3 中表征行动力、指挥力、保障力差距的“元”标准也各不相同的。

9. 作战评估流程

（1）美军认识。

美军认为作战评估流程包括明确信息和情报需求、制定并修订评估计划、收集信息和情报、基于关键事件评估和周期性评估、提供反馈和建议等 5 个环节。

（2）我军认识。

我军认为作战评估流程分为建立评估组织、制定评估计划、制定评估标准和实施细则、开展评估活动等 4 个环节。

（3）对比。

我军作战评估流程划分依据通用方式，适用性好。美军流程划分依据作战评估实施过程，并明确评估时机与内容要点，针对性较好。可将两者结合起来，在通用流程中，融入针对作战评估的必要环节。

(4) 统一认识。

中美双方统一认为作战评估流程主要包括建立评估组织、明确信息和情报需求、制定并修订评估计划、收集信息和情报、基于事件和周期性评估、提供反馈和建议等 6 个步骤。

① 建立评估组织。

建立评估组织的目的是明确作战评估主体。

② 明确信息和情报需求。

在任务规划时,重点关注作战目的、作战阶段划分等信息等。在计划制定时,重点关注任务预计完成情况、效果预计实现情况等。在作战实施时,重点关注临机调控、新任务完成情况、时敏目标的打击效果等。

③ 制定并修订评估计划。

制定并修订评估计划时通常需要规定评估主体(谁评)、客体(评谁)、内容(评什么)、指标(评哪些方面)、方法(怎么评)、时机(什么时候评)、结论(评估结论如何描述)、要求(具体要求和注意事项)等。同时需要根据指标明确与数据采集有关的问题。

一是数据采集规范。规定了数据采集的范畴、主体、对象、时机、内容、来源、流程、基本要求、注意事项等方面。

二是数据采集需求。根据评估指标明确采集数据项的数据量纲、采集精度要求、采集手段和方法、采集次数、采集地点/单位、采集席位、数据预处理方法、数据来源、数据应用等信息。

三是数据处理指南。对采集到的原始数据进行统计分析方法的规定,从而获得底层指标定性/定量结果的指导性文档,明确了指标内涵、需要的采集数据、处理方法与模型、评估准则及确定依据等内容。

四是数据采集表。即专门的采集信息需求表。

五是数据采集分工计划。明确采集人员、采集时间、采集对象、内容、要点等。

六是数据归档要求。对数据归档提出要求,如格式、编号规律、提交期限、提交途径等。这些需要在长期的训练中熟练实施,战时可顺利进行,也可依据具体情况简化实施。

④ 收集信息和情报。

收集信息和情报主要指收集关于作战环境、任务力量行动等用于评估的数据。提供的时机即可以是周期性的,也可以由指挥员决策需要触发随时提供。

⑤ 基于关键事件和周期性评估。

基于关键事件的评估,由作战环境中(且不局限于)的特定关键事件所驱动。作为驱动的关键事件既可能是有计划的,也可能是非计划的。周期性评估,通常以固定的时间间隔展开,以明确作战力量执行行动计划,实现预期结束状态的进展情况。

⑥ 提供反馈和建议。

反馈和建议简明扼要地集中呈现在一页纸或 PPT 上,包括文字及表格叙述、色斑图表、进度条、雷达图、饼图、地理图形等形式。要求及时清晰地阐释当前作战行动情况和程度,描述当前可能涉及的风险,并形成调控当前作战行动以及修订未来行动计划的建议,从而推动作战行动朝着实现预期作战目的和终止条件前进。

10. 作战评估方法

中美作战评估方法差异不大。主要包括以下 4 种

(1) 指标关联分析方法。

指标关联分析的目的是确定指标间的影响关系与层级分布。依据指标间影响关系，确定出影响范围较大的指标。依据指标层级分布，获得下层指标是上层指标产生或变化的根本或部分原因。

(2) 指标权重确定方法。

指标权重确定方法包括主观赋权法、客观赋权法、组合赋权法、变权赋权法等。主要使用建议如下。

一是时间要求紧迫、指标数量较少，指标间独立性和差异性较好、各指标灵敏度相对均衡时，主要使用主观赋权法。

二是指标关联分析结论可以为主观赋权法提供权重对比结论的依据。如通过指标关联分析得出部分指标与很多其他指标都有影响，而部分指标只对少量其他指标有影响，那么影响数量多的指标就相对重要一些。又如，通过指标关联分析得出部分指标是其他指标产生或者变化的主要或部分原因，那么这些更为根源的指标就相对重要一些。

三是善用组合赋权法。如果可以满足客观赋权法使用条件，且时间允许时，尽量选用客观赋权法，也可以同时借助军事评估专家的经验，进行组合权重设计。

四是在动态可调的有关问题中灵活使用变权赋权法。如打击目标选择评估，通常指标包括对手力量体系高价值目标、对手力量体系薄弱点目标、我方打击范围覆盖内目标、较好满足打击条件的目标、契合任务目的的目标、动态时敏目标等。在不同情况下，指标权重会有调整，如当天气条件恶劣时，可适当增加"较好满足打击条件"指标的重要度。当规模化目标出现时，可适当增加"契合任务目的"指标、"敌力量体系薄弱点"指标的重要度等。

(3) 指标类型处理方法。

指标类型处理方法包括指标类型的一致化、指标的无量纲化方法。

(4) 综合通用评估方法。

综合通用评估方法主要包括定性法、统计法、解析法、模拟法、先进智能方法等。切忌选择太过复杂、难以让作战人员理解的方法。通常选择能够解决评估问题，获得评估结论的适用性方法即可。

11. 作战评估手段

中美作战评估手段在研制产品方面都分为定制化作战评估工具和通用商业化评估工具两类。

(1) 定制化作战评估工具。

定制化的评估工具，主要包括将评估要点固化在系统内、或专门支持评估工作的评估软件两类。一是各领域的作战行动效果评估系统通常都是将评估指标、标准与方法固化在内，针对性较强，速度较快，支持结论生成报告，但支持评估的问题局限，通用性较差。二是如 Appwee 作战效能评估软件等是专门支持评估业务的软件，并没有将评估指标固

化，而且算法丰富，评估流程完整，支持结论生成报告，设计细致。但使用过程细碎化，指标体系搭建较为费时，算法选择参考不足，对于不熟悉评估业务或者算法积淀不足的用户并不友好，尚未广泛应用。

（2）通用商业化作战评估工具。

Spsspro、Spssau、Spss、Matlab、Sas、R 等通用商业化数据统计与处理软件，在各领域都已经广泛使用，且都有专门的评估模块，集合了多种方法。而且像 Spsspro、Spssau 等本土化软件面向用户较好，易于掌握使用，也支持自动生成评估报告。

（3）使用建议。

在实际运用时，需根据具体问题，搭配使用。一是当定制化评估工具满足评估该问题的使用门限时，即可使用；二是当定制化评估工具存在指标设计不完善、算法使用不灵活、输入操作效率较差的情况时，改为使用通用的评估工具。三是平时需要积累较为丰富的、符合直接导入通用评估工具的接口数据与格式，支持高效使用通用化评估工具。四是使用定制化工具时，需训练出熟练业务的人员。

参考文献

[1] 赵国宏,罗雪山.作战任务规划系统研究[J].指挥与控制学报,2015,1(4):391-394.

[2] 赵国宏.作战任务规划若干问题再认识[J].指挥与控制学报,2017,3(4):265-272.

[3] 胡晓峰,荣明.关于联合作战规划系统的几个问题[J].指挥与控制学报,2017,3(4):273-280.

[4] 孙鑫,陈晓东,曹晓文,等.军用任务规划技术综述与展望[J].指挥与控制学报,2017,3(4):289-298.

[5] 谢苏明,毛万峰,李杏.关于作战筹划与作战任务规划[J].指挥与控制学报,2017,3(4):281-285.

[6] 杨任农,张滢.对任务规划系统建设的认识和建议[J].指挥与控制学报,2017,3(4):286-288.

[7] 赵国宏.美军核打击作战任务规划研究[J].指挥与控制学报,2017,3(4):299-304.

[8] 朱晓梅,李磊,仇建伟.美军联合任务规划过程分析和系统建设思考[J].指挥与控制学报,2017,3(4):305-311.

[9] 耿松涛,操新文,李晓宁,等.美军作战任务规划系统体系发展与启示[J].兵工自动化,2018,37(12):25-29.

[10] 谭乐祖.规划理论及其军事应用[M].北京:北京理工大学出版社,2020.

[11]《运筹学》教材编写组.运筹学[M].4版.北京:清华大学出版社,2012.

[12] 胡运权.运筹学教程[M].5版.北京:清华大学出版社,2018.

[13] 李工农.运筹学基础及其MATLAB应用[M].北京:清华大学出版社,2016.

[14] 吴祈宗,侯福均.运筹学与最优化方法[M].2版.北京:机械工业出版社,2013.

[15] 王晖,潘高田,孙俊峰,等.军事运筹学基础[M].北京:国防工业出版社,2015.

[16] 申卯兴,曹泽阳,周林.现代军事运筹[M].北京:国防工业出版社,2014.

[17] 温睿.作战方案计划推演评估[M].北京:兵器工业出版社,2021.

[18] 王华,李海阳,周晚萌.载人航天系统建模与仿真[M].北京:中国宇航出版社,2019.

[19] 杜晓明,古平,高鲁,等.基于仿真的装备保障效能评估[M].北京:国防工业出版社,2017.

[20] 李志猛,徐培德,冉承新,等.武器系统效能评估理论及应用[M].北京:国防工业出版社,2013.

[21] 毛翔,褚睿,邢蓬宇.美军作战评估理论与实践[M].北京:知识产权出版社,2017.

[22] 李智,肖斌,来嘉哲.复杂大系统分布交互仿真技术[M].长沙:国防科技大学出版社,2007.

[23] 郭齐胜,郅志刚,杨瑞平,等.装备效能评估概论[M].北京:国防工业出版社,2005.

[24] 黄炎焱. 面向军民领域的系统仿真及效能评估技术[M]. 北京:国防工业出版社,2014.

[25] 徐克虎,孔德鹏,王国胜,等. 陆战目标威胁评估方法及其应用[M]. 北京:北京理工大学出版社,2020.

[26] 李琳琳,张壮,罗眉,等. 指挥控制系统建模与评估[M]. 北京:国防工业出版社,2020.

[27] 韦灼彬,熊先巍. 装备保障效能评估与建模[M]. 北京:国防工业出版社,2020.

[28] 王杰娟,于小红. 作战评估相关问题对比研究[J]. 军事运筹与评估,2024,2(39):15-22.